本书是国家社会科学基金项目"甘宁青地区多元文化发展与和谐民族关系构建研究"和江苏师范大学博士学位教师科研支持项目"民国以来的人口迁移与甘宁青地区民族居住格局的发展演变研究"的研究成果

江苏师范大学哲学社会科学文库

甘宁青地区人口迁移与多民族居住格局发展演变研究
——基于民族关系与多元文化发展视角

刘有安 著

中国社会科学出版社

图书在版编目（CIP）数据

甘宁青地区人口迁移与多民族居住格局发展演变研究：基于民族关系与多元文化发展视角/刘有安著．—北京：中国社会科学出版社，2016.12

（江苏师范大学哲学社会科学文库）

ISBN 978-7-5161-9611-3

Ⅰ.①甘… Ⅱ.①刘… Ⅲ.①人口迁移—研究—甘肃、宁夏、青海 Ⅳ.①C922.2

中国版本图书馆 CIP 数据核字（2016）第 325831 号

出 版 人	赵剑英
责任编辑	卢小生
责任校对	周晓东
责任印制	王 超

出　　版	中国社会科学出版社
社　　址	北京鼓楼西大街甲 158 号
邮　　编	100720
网　　址	http://www.csspw.cn
发 行 部	010-84083685
门 市 部	010-84029450
经　　销	新华书店及其他书店
印刷装订	北京君升印刷有限公司
版　　次	2016 年 12 月第 1 版
印　　次	2016 年 12 月第 1 次印刷
开　　本	710×1000　1/16
印　　张	16.5
插　　页	2
字　　数	286 千字
定　　价	70.00 元

凡购买中国社会科学出版社图书，如有质量问题请与本社营销中心联系调换
电话：010-84083683
版权所有　侵权必究

在创新语境中努力引领先锋学术
（总序）

任 平[*]

  2013年江苏师范大学文库即将问世，校社科处的同志建议以原序为基础略做修改，我欣然同意。文库虽三年，但她作为江苏师大学术的创新之声，已名播于世。任何真正的创新学术都是时代精神的精华、文明的活的灵魂。大学是传承文明、创新思想、引领社会的文化先锋，江苏师大更肩负着培育大批"学高身正"的师德精英的重责，因此，植根于逾两千年悠久历史的两汉文化沃土，在全球化思想撞击、文明对话的语境中，与科学发展的创新时代同行，我们的人文学科应当是高端的，我们的学者应当是优秀的，我们的学术视阈应当是先锋的，我们的研究成果应当是创新的。作为这一切综合结果的文化表达，本书库每年择精品力作数种而成集出版，更应当具有独特的学术风格和高雅的学术品位，有用理论穿透时代、思想表达人生的大境界和大情怀。

  我真诚地希望本书库能够成为江苏师大底蕴深厚、学养深沉的人文传统的学术象征。江苏师大是苏北大地上第一所本科大学，文理兼容，犹文见长。学校1956年创始于江苏无锡，1958年迁址徐州，1959年招收本科生，为苏北大地最高学府。60年代初，全国高校布局调整，敬爱的周恩来总理指示："徐州地区地域辽阔，要有大学。"学校不仅因此得以保留，而且以此为强大的精神动力得到迅速发展。在50多年办学历史上，学校人才辈出，群星灿烂，先后涌现出著名的汉语言学家廖序东教

---

[*] 任平，江苏师范大学校长。

授,著名诗人、中国现代文学研究专家吴奔星教授,戏剧家、中国古代文学史家王进珊教授,中国古代文学研究专家吴汝煜教授,教育家刘百川教授,心理学家张焕庭教授,历史学家臧云浦教授等一批国内外知名人文学者。50多年来,全校师生秉承先辈们创立的"崇德厚学、励志敏行"的校训,发扬"厚重笃实,艰苦创业"的校园精神,经过不懈努力,江苏师大成为省重点建设的高水平大学。2012年,经过教育部批准,学校更名并开启了江苏师范大学的新征程。作为全国首批硕士学位授予单位、全国首批有资格接收外国留学生的高校,目前有87个本科专业,覆盖十大学科门类。有26个一级学科硕士点和150多个二级学科硕士点,并具有教育、体育、对外汉语、翻译等5个专业学位授予权和以同等学力申请硕士学位授予权,以优异建设水平通过江苏省博士学位立项建设单位验收。学校拥有一期4个省优势学科和9个重点学科。语言研究所、淮海发展研究院、汉文化研究院等成为省人文社会科学重点研究基地;以文化创意为特色的省级大学科技园通过省级验收并积极申报国家大学科技园;包括国家社科基金重大、重点项目在内的一批国家级项目数量大幅度增长,获得教育部和江苏省哲学社会科学优秀成果一等奖多项。拥有院士、长江学者、千人计划、杰出青年基金获得者等一批高端人才。现有在校研究生近3000人,普通全日制本科生26000余人。学校与美国、英国、日本、韩国、澳大利亚、俄罗斯、白俄罗斯、乌兹别克斯坦等国的20余所高校建立了校际友好合作关系,以举办国际课程实验班和互认学分等方式开展中外合作办学,接收17个国家和地区的留学生来校学习。学校在美国、澳大利亚建立了两个孔子学院。半个世纪以来,学校已向社会输送了十万余名毕业生,一大批做出突出成就的江苏师范大学校友活跃在政治、经济、文化、科技、教育等各个领域。今日江苏师大呈现人文学科、社会学科交相辉映,基础研究、文化产业双向繁荣的良好格局。扎根于这一文化沃土,本着推出理论精品、塑造学术品牌的精神,文库将在多层次、多向度上集中表现和反映学校的人文精神与学术成就,展示帅大学者风采。本书库的宗旨之一:既是我校学者研究成果自然表达的平台,更是读者理解我校学科和学术状况的一个重要窗口。

努力与时代同行、穿透时代问题、表征时代情感、成为时代精神的精华,是本书库选编的基本努力方向。大学不仅需要文化传承,更需要创新学术,用心灵感悟现实,用思想击中时代。任何思想都应当成为时代的思想，任何学术都应当寻找自己时代的出场语境。我们的时代是全球资本、科技、经济和文化激烈竞争的时代，是我国大力实施科学发展、创新发展、走向中国新现代化的时代，更是中华民族走向伟大复兴、推动更加公正、生态和安全的全球秩序建立和完善的时代。从以工业资本为主导走向以知识资本为主导，新旧全球化时代历史图景的大转换需要我们去深度描述和理论反思；在全球化背景下，中国遭遇时空倒错，前现代、现代和后现代共时出场，因而中国现代性命运既不同于欧美和本土"五四"时期的经典现代性，也不同于后现代，甚至不同于吉登斯、贝克和哈贝马斯所说的西方（反思）的新现代性，而是中国新现代性。在这一阶段，中国模式的新阶段新特征就不同于"华盛顿共识"、"欧洲共识"甚至"圣地亚哥共识"，而是以科学发展、创新发展、生态发展、和谐发展、和平发展为主要特征的新发展道路。深度阐释这一道路、这一模式的世界意义，需要整个世界学界共同努力，当然，需要本土大学的学者的加倍努力。中国正站在历史的大转折点上，向前追溯，五千年中国史、百余年近现代史、六十余年共和国史和三十余年改革开放史的无数经验教训需要再总结、再反思；深析社会，多元利益、差异社会、种种矛盾需要我们去科学把握；未来展望，有众多前景和蓝图需要我们有选择地绘就。历史、当代、未来将多维地展开我们的研究思绪、批判地反思各种问题，建设性地提出若干创新理论和方案，文库无疑应当成为当代人的文化智库、未来人的精神家园。

我也希望：文库在全球文明对话、思想撞击的开放语境中努力成为创新学术的平台。开放的中国不仅让物象的世界走进中国、物象的中国走向世界，而且也以"海纳百川、有容乃大"的宽阔胸襟让文化的世界走进中国，让中国精神走向世界。今天，在新全球化时代，在新科技革命和知识经济强力推动下，全球核心竞争领域已经逐步从物质生产力的角逐渐次转向文化力的比拼。民族的文化精神与核心价值从竞争的边缘走向中心。发现、培育和完善一个民族、一个国家、一个地区的优秀的思想观念、文化精神和价值体系，成为各个民族、国家和地区自立、自强、自为于世界民族之林的重要路径和精神保障。文化力是一种软实力，更是一种持久影响世界的力量或权力（power）。本书库弘扬的中国汉代精神与文化，就是培育、弘扬这种有深厚民族文化底蕴、对世界有巨大穿透力和影响力的本土文化。

新全球化具有"全球结构的本土化"（glaocalization）效应。就全球来看，发展模式、道路始终与一种精神文化内在关联。昨天的发展模式必然在今天展现出它的文化价值维度，而今天的文化价值体系必然成为明天的发展模式。因此，发展模式的博弈和比拼，说到底就必然包含着价值取向的对话和思想的撞击。20世纪90年代以来，世界上出现了三种发展模式，分别发生在拉美国家、俄罗斯与中国，具体的道路均不相同，结果也大不一样。以新自由主义为理论基础的"华盛顿共识"是新自由主义价值观支撑下的发展模式，它给拉美和俄罗斯的改革带来了严重后果，替代性发展价值观层出不穷。2008年爆发的全球金融危机更证明了这一模式的破产。1998年4月，在智利首都圣地亚哥举行的美洲国家首脑会议，明确提出了以"圣地亚哥共识"替代"华盛顿共识"的主张。但是，"拉美社会主义"至今依然还没有把南美洲从"拉美陷阱"中完全拔出。从欧洲社会民主主义价值理论出发的"欧洲价值观"，在强调经济增长的同时，倡导人权、环保、社会保障和公平分配；但是，这一价值并没有成为抵御全球金融危机的有效防火墙。改革开放以来，中国是世界上经济增长最快的国家。因此，约瑟夫·斯蒂格利茨指出，中国经济发展形成"中国模式"，堪称很好的经济学教材。[1] 美国高盛公司高级顾问、清华大学兼职教授乔舒亚·库珀·拉莫（Joshua Cooper Ramo）在2004年5月发表的论文中，把中国改革开放的经验概括为"北京共识"。通过这种发展模式，人们看到了中国崛起的力量源泉[2]。不管后金融危机时代作为"G2"之一的中国如何，人们不可否认"中国经验"实质上就是中国作为一个发展中国家在新全球化背景下实现现代化的一种战略选择，它必然包含着中华民族自主的社会主义核心价值——和合发展的共同体主义。而它的文化脉络和源泉，就是"中国精神"这一理想境界和精神价值，与努力创造自己风范的汉文化精神有着不解之缘。文库陆续推出的相关著作，将在认真挖掘中华民族文化精神、与世界各种文化对话中努力秉持一种影响全球的文化力，为中国文化走向世界增添一个窗口。

文库也是扶持青年学者成长的阶梯。出版专著是一个青年人文学者

---

[1] 《香港商报》2003年9月18日。
[2] 《参考消息》2004年6月10日。

学术思想出场的主要方式之一,也是他学问人生的主要符码。学者与著作,不仅是作者与作品、思想与文本的关系,而且是有机互动、相互造就的关系。学者不是天生的,都有一个学术思想成长的过程。而在成长过程中,都得到过来自许许多多资助出版作品机构的支持、鼓励、帮助甚至提携和推崇,"一举成名天下知"。大学培育自己的青年理论团队,打造学术创新平台,需要有这样一种文库。从我的学术人生经历可以体会:每个青年深铭于心、没齿难忘的,肯定是当年那些敢于提携后学、热荐新人,出版作为一个稚嫩学子无名小辈处女作的著作的出版社和文库;慧眼识才,资助出版奠定青年学者一生学术路向的成名作,以及具有前沿学术眼光、发表能够影响甚至引领学界学术发展的创新之作。我相信,文库应当热情地帮助那些读书种子破土发芽,细心地呵护他们茁壮成长,极力地推崇他们长成参天大树。文库不断发力助威,在他们的学问人生中,成为学术成长的人梯,学人贴心的圣坛,学者心中的精神家园。

是为序。

2011 年 2 月 28 日原序
2013 年 11 月 5 日修改

内容提要

民族居住格局是研究民族关系十分重要的场景和变量。研究今日甘宁青地区民族居住格局与多元文化源流，必须将其置于中国历史发展长河之中，考察自古以来生活在此的各民族的发展演变、迁徙互动，探寻其历史脉络。本书在梳理历史上甘宁青地区人口迁移与民族分布格局的基础上，重点研究了民国以来人口迁移对甘宁青地区民族居住格局及民族关系的影响。

从考古资料及历史文献来看，在远古时期甘宁青地区就是齐家文化、马家窑文化、仰韶文化等文化的辐射区，并因区域差异形成了许多各具特色的亚系文化。古人类文化的多元流变和区域特点说明甘宁青地区文化从源流上就具有明显的多元性。其后，因自然环境变迁、部落争战以及不同政权之间的征伐，甘宁青地区形成了游牧文化与农耕文化并存又相互吸收融合的特点。在域外文明与中华文明的交流与碰撞中，甘宁青地区形成了独具特色的藏传佛教文化和伊斯兰教文化。在民族居住格局方面，既有汉（华夏）与其他民族统治区域的此消彼长，又有疆域统一后多民族（部落）交错分布的格局。

从甘宁青地区民族居住格局发展演变来看，元代是甘宁青地区民族居住格局的酝酿期，明清时期是甘宁青地区现有人口和民族居住格局的奠定期，民国时期是甘宁青地区民族居住格局的最终形成期，中华人民共和国成立至今是甘宁青地区民族居住格局局部的调整和发展期。

当前，随着人口迁移与流动的加快，多民族杂居的居住模式更为明显，民族之间的交流与互动更加频繁，不同民族文化传统的碰撞与摩擦、传统与现代之间的重构与整合，对甘宁青地区民族关系和地区稳定带来了新的问题与挑战。有效回应这些问题不仅对甘宁青地区民族关系和地区稳定具有重要意义，而且对我国国家安全、疆域统一、社会和谐具有重要价值。

目 录

绪 论 ··· 1

第一章 元代及以前甘宁青地区人口与民族 ················· 23
    第一节 远古时期甘宁青地区民族及其文化遗迹 ········· 23
    第二节 元代及以前生活在甘宁青地区的主要民族 ······· 39

第二章 明清时期人口迁移与甘宁青地区民族居住格局的
         发展演变 ··· 56
    第一节 汉族人口迁移对甘宁青地区民族居住格局的影响 ······ 56
    第二节 少数民族人口迁移对甘宁青地区民族居住
           格局的影响 ······································ 77

第三章 民国时期人口迁移对甘宁青地区民族居住格局的影响 ······ 86
    第一节 人口迁移对甘肃省民族居住格局的影响 ··········· 86
    第二节 人口迁移对宁夏回族自治区民族居住格局的影响 ····· 98
    第三节 人口迁移对青海省民族居住格局的影响 ··········· 104

第四章 中华人民共和国成立至改革开放前人口迁移对甘宁青
         地区民族居住格局的影响 ························· 119
    第一节 人口迁移对甘肃省人口构成及民族居住格局
           的影响 ··· 119
    第二节 人口迁移对宁夏回族自治区人口构成及民族居住
           格局的影响 ···································· 126
    第三节 人口迁移对青海省人口分布及民族居住

　　　　　　格局的影响 ………………………………………………… 135

第五章　改革开放以来各类移民工程对甘宁青地区民族居住
　　　　格局的影响 …………………………………………………… 149
　　第一节　各类移民工程对甘肃省民族居住格局的影响 ……… 149
　　第二节　各类移民工程对宁夏回族自治区民族居住
　　　　　　格局的影响 ………………………………………………… 157
　　第三节　各类移民工程对青海省人口分布及民族居住
　　　　　　格局的影响 ………………………………………………… 174

第六章　城市化进程对甘宁青地区民族居住格局的影响 ……… 181
　　第一节　城市化进程对甘肃省兰州市民族居住格局的影响 …… 181
　　第二节　城市化进程对宁夏回族自治区民族居住
　　　　　　格局的影响 ………………………………………………… 187
　　第三节　城市化进程对青海省城市民族居住格局的影响 …… 193

第七章　甘宁青地区多民族之间的社会文化交往 ……………… 200
　　第一节　藏区汉族、藏族和回族之间的社会文化交往
　　　　　　——以甘肃省天祝藏族自治县为例 ………………… 200
　　第二节　回汉杂居地区回汉民族社会文化交往及民族关系状况
　　　　　　——以宁夏回汉民族交往为例 ………………………… 217

第八章　甘宁青地区多元文化发展现状及趋势 ………………… 224
　　第一节　多元文化共生、共享与相互制衡 …………………… 224
　　第二节　多元文化发展趋势 …………………………………… 236
　　第三节　促进甘宁青地区多元文化发展建议 ………………… 241

后　记 …………………………………………………………………… 252

绪　论

一　研究背景

"甘青宁地区"位于我国西北东部，是甘肃省、宁夏回族自治区和青海省三个地理文化紧密相连的多民族、多宗教省区的简称。主要包括两大民族文化圈：一是以回族、东乡族、撒拉族、保安族等少数民族构成的伊斯兰文化圈；二是以藏族、土族、蒙古族、裕固族等少数民族组成的藏传佛教文化圈。这两大文化圈同汉文化一起在甘宁青民族地区相互影响，共同发展，形成了甘宁青地区多元文化并存的基本格局。同时，甘宁青地区与陕西、西藏、新疆、四川、内蒙古等省区接壤，是中外文化、汉族与少数民族文化互动的重要场所。可以说，甘宁青地区既是重要的民族走廊，也是文化长廊；既是文化熔炉，也是民族摇篮。

（一）甘宁青地区民族、人口及宗教状况

中华人民共和国成立以来，因支边建设、跨区域谋职等原因，甘宁青地区民族成分多元化开始显现，但汉族、回族、藏族、东乡族、撒拉族、土族、保安族、裕固族、蒙古族等依然是最主要的民族。各主要民族的最新统计数据详见表1。

表1　甘宁青三省区主要民族人口统计　　　　　单位：人

省份	合计	汉族	回族	藏族	东乡族	撒拉族	土族	保安族	裕固族	蒙古族
甘肃	25575254	23164816	1258641	473086	546255	13517	30781	18170	13001	10935
宁夏	6301350	4086367	2173826	397	1261	72	326	21	48	6661
青海	5626722	2983548	834298	1351266	6331	107089	204412	904	163	99815
总计	37503326	30234732	4266765	1824749	553847	120678	235519	19095	13212	117411

资料来源：中国国家统计局编：《中国2010年人口普查资料》，甘宁青三省区的分民族人口统计资料。

自中华人民共和国成立以来，甘肃省成立了甘南藏族自治州和临夏

回族自治州两个自治州，天祝藏族自治县、肃南裕固族自治县、肃北蒙古族自治县、阿克塞哈萨克族自治县、东乡族自治县、积石山保安族东乡族撒拉族自治县、张家川回族自治县7个自治县以及13个民族县和39个民族乡。根据2010年全国第六次人口普查统计，甘肃省总人口为25575254人，其中，汉族人口为23164756人，占90.57%；各少数民族人口为2410498人，占9.43%。甘肃省共有54个少数民族，万人以上的少数民族有回族、藏族、东乡族、土族、满族、保安族、裕固族、撒拉族、蒙古族等，其中，东乡族、保安族、裕固族为甘肃省特有的3个少数民族。甘肃省全省面积为45.4万平方千米，其中，少数民族居住地区面积有19.45万平方千米，占全省总面积的42.8%。

宁夏回族自治区成立于1958年，是我国回族主要聚居地之一。全区总面积6.64万平方千米。根据全国第六次人口普查统计，全区总人口为6301350人，其中，汉族4069412人，占64.58%；各少数民族2231938人，占35.42%，其中回族2190979人，占34.77%。由此可见，尽管宁夏回族自治区民族成分较多，但主要民族仍是汉族和回族。回族主要聚居在宁夏南部的西吉县、海原县、原州区、泾源县，中部的同心县、吴忠市、灵武市，北部的平罗县等地。

青海省位于青藏高原的东北部，全省面积为72.12万平方千米，约占全国国土总面积的1/13，仅次于新疆、西藏和内蒙古3个自治区，居全国第4位。青海北部和东部同甘肃省相接，西北部与新疆维吾尔自治区相邻，南部和西部与西藏自治区毗邻，东南部与四川省接壤。青海省是一个典型的多民族省份。根据全国第六次人口普查统计，全省总人口为5626722人，其中，汉族2983516人，占53.02%；各少数民族2643206人，占46.98%。其中，藏族1375062人，占24.44%；回族834298人，占14.83%；土族204413人，占3.63%；撒拉族107089人，占1.90%；蒙古族99815人，占1.77%；其他少数民族22529人，占0.40%。现有6个自治州，即海北藏族自治州、海南藏族自治州、黄南藏族自治州、玉树藏族自治州、海西蒙古族藏族自治州、果洛藏族自治州；7个民族自治县，即互助土族自治县、民和回族土族自治县、化隆回族自治县、循化撒拉族自治县、门源回族自治县、河南蒙古族自治县和大通回族土族自治县。此外，还建立了34个民族乡。民族自治地方面积占全省总面积的98%，自治地区人口占全省总人口的68%。

甘宁青地区自古就是一个多民族、多宗教地区，在历史发展中逐渐形成佛教、道教、伊斯兰教、基督教、天主教五大宗教并存的局面。此外，还有萨满教、苯教和诸多民间信仰。在甘青宁地区，信教群众主要为少数民族，其特点是：信教群众多、教职人员多、宗教场所多、宗教教派多。如回族、哈萨克族、东乡族、撒拉族、保安族等民族群众性信仰伊斯兰教，藏族、土族、蒙古族、裕固族等民族群众性信仰藏传佛教；藏传佛教内部又分为宁玛派、噶当派、萨迦派、噶举派等派别，伊斯兰教内部又分为格迪目、伊赫瓦尼、西道堂、塞莱菲耶、哲赫忍耶、尕德忍耶、虎夫耶和库布忍耶等教派与门宦。宗教场所数量中，中国伊斯兰协会引用的一项民间不完全的统计数据显示，截至2014年，甘肃省清真寺4606座（此处未统计甘肃省拱北和道堂）；青海省清真寺1327座，拱北及道堂4个；宁夏回族自治区清真寺4203座，拱北及道堂102个。①

（二）甘宁青地区文化基本特点

1. 多元性

文化是人类在历史发展中创造的物质文化和精神文化的总和，每一区域文化既具有高度的综合性，也具有层次性，其内部可以分为不同亚系。甘宁青三省区因历史和地理因素的影响，是一个独特的区域文化单元。但是甘宁青文化作为区域文化，其特点不是局限于它的统一性、单纯性和继承性，而是它呈现给我们的文化多元性。

古往今来，生活在这里的民族创造了悠久的历史和灿烂的文明，留下了无数古文明遗迹，如藏传佛教的塔尔寺、拉卜楞寺；伊斯兰教的兰州西关清真寺、西宁东关清真寺、宁夏同心清真寺；敦煌莫高窟出土文书、天水麦积山石窟；吐谷浑王城——伏俟城、西夏王陵。在数千年的历史传承与现代文明的影响下，甘宁青地区依然保持了其独特的多元文化特征。在这片热土上，我们可以看到情趣盎然的汉族社火，舞姿婆娑的土族"安昭"，古朴的汉族皮影戏；听到高亢激昂的撒拉族"新曲"，热情奔放的藏族"拉伊"，汉族、藏族、回族、保安族、东乡族、撒拉族、土族、裕固族等共享的"花儿"，悠扬动情的蒙古族马头琴声。

---

① 清真之旅：《2015最新中国清真寺数量及分布》，http：//www.chinaislam.net.cn/cms/news/media/201503/03 – 8001.html。

从纵向看，甘宁青地区区域文化的形成与发展既是农耕文化、高原文化、草原文化交互影响的过程，也是游牧文化与农耕文化交流互动的过程，更是中华文化与其他文明碰撞与融合的过程，其源流是多元的。在各不相同的小区域内，因自然环境差异、民族交流互动方式和范围不同，文化交融方式各不相同，其发展历程也是多元的。

2. 边缘性

甘宁青地处我国西北内陆，周边各区域大多拥有自己独特的地域文化，使甘宁青地区处于中原文化圈、青藏高原文化圈、西域文化圈和塞北文化圈的包围与辐射之中。如果把上述各文化圈的内部分为核心部分、基础部分和边缘部分，就可以清楚地看到，上述各文化圈的边缘大多交错汇集于甘宁青地区之内。基于甘宁青区域文化与其周边文化的联系，该地区文化又可分为以下几个次级文化区域，与三秦文化有密切联系的陇右和陇东地区文化、与巴蜀文化有密切联系的陇南地区文化、与青藏文化有密切联系的甘南地区文化、与天山以北文化曾有过密切联系的河西地区文化。陇右和陇东地区文化实际上就是三秦文化向西延伸的部分，陇南地区文化是巴蜀文化向北的延伸，甘南地区文化是藏传佛教文化的北部边缘，河西地区的文化曾经是天山以北西域文化东部边缘的组成部分。这些文化或底蕴深厚、历史悠久，或特色鲜明、影响深远，对甘宁青区域文化发展有重大影响，可以说，正是由上述各文化圈边缘部分，构成了甘宁青区域文化的核心内容。

甘宁青地区区域文化的边缘性，使其文化多元性特点更加明显，文化内涵更加丰富、多彩。

3. 融合性

"海纳百川，有容乃大"。一种文化之所以有旺盛的生命力，就在于它具有很强的包容性，善于将内部各亚系文化与其他文化的优点集成一统，择其优良，去其糟粕。在一个多民族、多文化的区域，不同民族文化在发展中，必然要影响其他民族的文化，也必然要受其他民族文化的影响。在甘宁青这个多元文化熔炉中，比较任何两种文化或任何几种本区域文化，都会发现它们具有浓烈的融合性。历史时期的敦煌文化、边塞文化、五凉文化、西夏文化等其实都是由多民族文化相互影响、相互吸纳而形成的。近代以降传入的基督教、天主教更是适应了甘宁青区域文化后才得以立足与发展。现有藏传佛教文化、伊斯兰教文化等，都是在融合了不同地区、不同民族、不同时期、不同文化圈的文化之后才形成的。以饮茶习俗为例，甘宁青各族都有泡砖茶的习俗，并将给客人泡茶作为待客的上礼。穆斯林最具特色的盖碗茶，藏族、裕固族、蒙古族的奶茶，汉族和回族的"罐罐茶"都是甘宁青茶文化的不同亚系，是甘宁青茶文化的重要组成部分。甘宁青的汉族、藏族、蒙古族、土族、裕固族等族都喜爱饮酒，每逢贵客临门必以好酒款待，在蒙古族、裕固族、藏族、土族等少数民族中都有独特的"敬酒歌"。这里的汉族、回族、撒拉族、东乡族、土族等都有炸"油饼"和"馓子"，吃搅团、凉面、凉粉的习惯，汉族、藏族、回族等都有食用炒面的习惯。这些文化的生成与发展演变，既是其赖以生存与发展的自然环境所造就的，也是生活在这里各民族相互学习、相互融合的结果。

（三）甘宁青地区多元文化形成的原因

甘宁青地处我国西北，地势复杂，气候悬殊。既有高原，也有平原；既有沼泽，也有沙漠；既有游牧，也有农耕。在这样的自然生态环境中，甘宁青地区形成了农业文明、草原文明、高原文明等交错辉映的景象。

1. 独特的自然环境孕育了丰富多彩的区域文化

甘宁青位于我国黄河中上游地区，境内地形复杂，既有皑皑雪峰与瀚海茫茫的边塞风光，也有群山竞秀与碧水荡漾的江南景色。这些独特自然环境造就了甘宁青地区的多元文化。甘肃省甘南草原和河西走廊绿洲、青海省环青海湖草原地带是藏族、蒙古族、裕固族、哈萨克族等民族的游牧文化区域，甘宁青其他地区又广泛分布着传统农耕文化，在农牧交错地带又有亦农亦牧文化。生活在这里的人们在适应各种特殊气候环境的同时，创造出灿烂丰富的特色文化。在农耕区，粮食作物主要有小麦、青稞、蚕豆、豌豆、燕麦、荞麦、土豆等，油料作物以胡麻和油菜籽为主；在畜牧区，有马、牦牛、犏牛等，主要畜产品有牛羊肉、羊毛、羊绒、牛毛绒、驼毛绒、牛奶、酥油等。因人口流动、社会交往，各种文化之间的交流与互动频繁，不同文化要素之间的渗透与交流已成为当下甘宁青地区文化发展的常态。

2. 特殊的地理位置造就多民族居住格局，形成了多元文化

甘宁青是丝绸之路、茶马古道、唐蕃古道的必经之地。既是中西交通要道，也是青藏高原民族进入中原的必经之地，更是中亚西域民族进入中华的前沿，还是蒙古高原与河套地区游牧民族进入中原的咽喉锁

钥。因此，甘宁青既是多民族交会之地，也是多种文化融合的场所。

以宗教文化而言，无论是河西走廊，还是经过青海的羌中道，抑或穿越丝绸之路的宁夏段，都是外来宗教——佛教、伊斯兰教、景教、基督教等宗教与中华本土宗教——道教、儒家文化、民间信仰相遇耦合的场所。沿着丝绸之路东传的佛教与汉文化结合形成了汉传佛教文化，从青藏高原传入的佛教与苯教结合形成了藏传佛教文化，这两种佛教文化在甘宁青地区交相辉映。来自中亚西域的伊斯兰教与儒家文化结合，形成了三大教派、四大门宦，成为中国西北伊斯兰文化独有的特点。

就民族居住格局而言，青藏高原的吐蕃、东北迁来的鲜卑、蒙古高原的蒙古族、中亚西域东进的穆斯林、东入河西的回鹘、西进的内地汉族，以及羌、氐、匈奴、月氏、突厥、粟特等民族，在甘宁青地区不断迁徙与融合，形成甘宁青地区现有诸多民族，如藏族、回族、保安族、东乡族、撒拉族、土族、裕固族、蒙古族等，并形成了杂居与聚居相结合的民族居住格局。当前甘宁青地区的民族自治地方都是民族迁徙与互动的结果。

3. 人口迁徙与文化交流形成了多元文化相互吸收又独立发展的现状

自秦汉以来，汉族（华夏）与西北各少数民族共同生活在这片神奇的土地上。在历代大一统的国家体系和中华民族族体建构中，包括西北诸民族在内的中华各民族都贡献了自己的力量，形成了异彩纷呈的多元文化，各民族的向心力和凝聚力逐渐增强，形成了多元一体的中华民族。从甘宁青地区的多元文化发展演变历史轨迹可以看出，汉文化对当地原有的和陆续传入的各种文化进行了改造、整合，继而发展。同样，藏族文化、蒙古族文化、伊斯兰文化、印度文化都曾经以各种各样的方式传入并产生影响。这几种特色鲜明的文化在这个环境独特的地区交融糅合，互相影响，最终形成了以汉文化为主体，含有藏族文化、蒙古族文化、阿拉伯文化、印度文化并存的甘宁青区域文化。西学东渐以来，现代文明进入中华大地，甘宁青地区各民族的传统文化与现代文明在激荡中适应与发展。

总之，地处文明相汇之处、民族互动之地的甘宁青地区，因其独特的区位，在历史长河中，通过融合、再生、创新等向世界呈现出了多彩的文明和独特的民族互动场景。历史时期同属一个行政区划，使甘宁青三省区的内部联系十分紧密，将这片区域建构成了一个一体化的文化区，这个文化区的形成是特定的政治、经济、文化、民族、地理等多重因素综合作用的结果。甘宁青地区文化不仅形态多样，内容丰富，而且具有很强的开放性、包容性和吸纳性。它是历代以来生活在这里的各民族文化的传承和延续，是现代文明与传统文化的交叉和集成，是多元文化的共生与互融。今天，这里还生活着藏族、汉族、回族、撒拉族、保安族、裕固族、土族、东乡族、哈萨克族等民族。在这个社会高速流动和文化不断发展的时代，保护各民族传统文化、协调各民族之间的关系、让传统文化在现代文化冲击下能够创新与发展，对甘宁青地区的稳定、社会有序发展具有极为重要的意义。

二 研究意义

（一）有助于深入了解甘宁青地区多民族和多元文化的历史与现状

甘宁青地区地处黄河上游，是中华民族古老的发祥地之一。早在远古时期，就有人类的祖先在这里繁衍生息，考古发掘的古文化遗迹诸多。旧石器时代的文化遗迹有宁夏回族自治区灵武县水洞沟遗址，新石器时代的文化遗迹有甘肃秦安县大地湾文化、甘肃广河县齐家坪的齐家文化、甘肃的马家窑文化，其各种亚系广泛分布于甘宁青地区。甘宁青地区在中华文化中的地位十分重要，是许多传说中的"先贤"或"先王"的诞生之地。人文始祖伏羲氏在这里诞生，黄帝生于上邦（今甘肃省天水市）轩辕谷，周人和秦人的祖先亦发端于甘肃。这里同样也是古老的羌、戎各部发源和活动的主要地区。

商周以来，这里曾是多个少数民族政权交替兴衰的历史舞台，是中原汉族王朝和边疆少数民族政权争夺控制权的战略要地，无数个民族纵横捭阖于此，形成了现今多民族杂居分布和多民族文化异彩纷呈的格局。春秋战国时期，秦霸西戎，匈奴崛起于蒙古高原，这里不断上演华夏与少数民族部落的征战。至汉代，匈奴内迁、汉匈杂融，月氏人融于河西与青海的诸羌形成杂胡和卢水胡。魏晋南北朝时期，在中华大地上，不同民族频繁迁徙、多元文化兼收并蓄，鲜卑族、匈奴人、汉族、羯族、狄族、羌族、各类杂胡等在甘宁青地区不断迁徙、征伐、杂融。进入隋唐，魏晋以来出现在历史舞台上的许多少数民族都已融入汉或其他少数民族，突厥族、粟特族、回纥族、吐蕃族、吐谷浑族等在甘宁青地区相融与共生。宋夏辽金时代，党项族、汉族、吐蕃族、女真族等又成为甘宁青地区的主要民族。蒙古帝国兴起之后，灭西夏、降吐蕃，其他少数民族部落亦归属其治下。随着蒙古王朝的征伐,大量蒙古人和中亚西域人迁入甘宁青地区,为以后回族、土族、东乡族、撒拉族、保安族等民族的形成与演变奠定了基础,也给这里带来了一个主要民族——蒙古族,为甘宁青地区现有民族的居住格局奠定了基础。如秦永章所言:"元代空前规模的大一统使以往分裂时期的彼此疆界不复存在,民族迁徙与民族融合的程度进一步加强,这不仅为以后甘宁青地区多元民族格局的形成奠定了坚实的基础,同时也为该地区各民族间形成你中有我、我中有你、谁也离不开谁的亲密关系创造了条件。"[①]

从甘宁青地区现有民族和民族居住格局的形成来看,这些民族形成与吐蕃的东扩、蒙元帝国的征服、汉族的持续西进息息相关。明清时期,大量汉族与满族陆续迁入甘宁青地区;清同治年间的回民大起义被剿灭后,回族的分布在甘宁青地区出现了新的变化;民国时期,随着西北开发、社会流动的加快,甘宁青局部民族居住格局有了一些微调;中华人民共和国成立后,各民族人口的区域流动持续不断,但基本保持了明清以来形成的格局。可以毫不夸张地说,甘宁青地区多民族的发展演变史,就是一部多元文化互动交融史。

(二)有利于甘宁青地区和谐民族关系的构建与发展

民族是在社会、文化、经济、政治、地理等多重因素影响下建构的人们共同体。"民族关系是指民族内部、民族之间、多民族之间及跨国或跨地区民族在政治、经济、文化等方面表现出来和平、战争或和平与矛盾并存的交往关系。"[②] 在多民族国家,民族关系是各种社会关系中的重中之重。

中共十六届四中全会以来,和谐社会成为社会热点话题,也是党和人民的热切期望。在我国民族地区构建和谐社会的一个重要内容就是构建和谐民族关系。民族关系的和谐直接关系到社会的稳定、国家的发展和民族的兴旺。当前,在民族平等政策深入实施的新形势下,各民族基本上能和睦相处、共同发展。

甘宁青地区是我国少数民族和民族自治地方分布相对集中的区域,

---

① 秦永章:《元代甘宁青地区的民族杂居与民族融合》,《中央民族大学学报》2005年第3期。

② 徐黎丽:《甘宁青地区民族关系发展趋势》,兰州大学出版社2001年版,第4页。

也是民族关系较为复杂和敏感的地区。特别是在经济社会发展的新形势下，民族关系依然是影响甘宁青地区社会稳定发展的一个重要因素，需要时时关注和深入研究。

首先，因民族文化、宗教信仰的差异，历史上的民族冲突等因素而产生的"民族心理距离"以及民族之间的偏见与歧视依然存在，在一定程度上会影响民族之间正常的社会文化交往，也是影响民族关系的一个潜在因素。

其次，随着民族集团或地方民族利益的普遍增强、民族意识的日益强烈、人口流动和族际交往的日渐频繁、现代观念与民族传统价值观念的冲撞与摩擦、国内外敌对势力和分裂势力的渗透破坏等，甘宁青地区民族关系领域出现了一些新的动向和问题，影响和谐民族关系的因素随时会出现。

最后，随着我国经济社会的发展，国内各民族的文化自觉意识逐渐增强，在各民族内部兴起了弘扬和发展本民族传统文化的热潮。在甘宁青地区各民族在发展本民族传统文化的过程中，既有彼此适应与融合，也有竞争与冲突。

因此，对新形势下甘宁青地区民族关系的现状、问题、成因进行深入调查与分析，特别是从民族文化的角度研究和分析影响该地区民族关系和谐发展的诱因及产生根源，并提出预防和消除不利因素的对策措施，具有重要的理论和现实意义。

三　国内外相关研究现状

（一）国外学者关于民族居住格局的基本理论

民族居住格局研究肇始于20世纪60年代的美国，这与美国为解决当时尖锐的黑人与白人之间的种族矛盾有关。因为种族矛盾对当时美国的社会、经济、政治以及外交等都造成很大损害，所以美国政府动员一批社会学家、人口学家研究美国种族与族群关系的现状，为政府出谋划策，以期矛盾有所缓解。其中一项对策就是研究与调整族群居住格局。[①] 美国芝加哥学派、人文生态学和城市社会地理学派的学者都参与了此问题的探讨。主要采用了定量的分离指数（Index of Dissimilarity）

---

① 马戎：《民族社会学概论：族群居住格局与族群关系》，北京大学出版社2004年版，第404页。

来计算某一个居住区（城镇）内各个区域单元（街区）的族群比例与城镇整体族群比例之间的偏差量。分离指数表现的是一个居住区（城镇）内各个区域单元（街区）的族群比例与城镇整体族群比例之间的偏差量，从而反映在居住方面这个城镇的族群隔离或族群融合的程度。[1] 威尔逊和托伊伯（Wilson and Taeuber）认为，为使所属的各个区域单元（街区、村）的族群比例与整个居住区的族群比例相一致，至少要有百分之多少的人口（百分比的数字即分离指数的数值）需要在区域单元之间进行迁移调整。[2] 在实际计算应用中，马西和登顿（Massey and Denton）对民族居住格局进行了一系列研究，如他们批评分离指数方法的弱点，指出如果与基本区域单元数相比，少数族群人数较少分离指数的数值将会产生偏差[3]；他们还对美国的城市居住格局[4]、黑人与亚裔的居住隔离问题进行了研究。[5] 达洛奇、马斯顿和默迪伊（Darroch, Marston and Murdie）关于加拿大多伦多市的研究证实了在美国之外也存在"族群隔离模式"；达洛奇和马斯顿的研究发现，即使社会地位相同的不同族群成员仍然分开居住。[6] 默迪伊的研究发现，不同种族人群的居住格局呈现出分散布局的居住隔离状态。[7] 辛普森和杨格（Simpson and Yinger）以街区为计算区域单元，计算出 1970 年美国 50 个城市中黑人与白人的"分离指数"为 61.4—97.8，在 90 以上的城市有 30 个。[8] 盖斯特（Guest）和卫德（Weed）认为，达洛奇和马斯顿的

---

[1] R. Farley, Residential Segregation in Urbanized Areas of the United States in 1970: An Analysis of Social Class and Racial Differences, *Demography*, 1977, 14 (4), p. 500.

[2] Wilson, F. D., Taeuber, K. E., Residential and School Segregation: Some Tests of Their Association, Discussion Papers, No. 479-78, *Black Students*, 1977, p. 48.

[3] Massey, D. S., Denton, N. A., The Dimensions of Residential Segregation, *Social Forces*, 1988, 67 (2), p. 284.

[4] Massey, D. S., Denton, N. A., Suburbanization and Segregation in U. S. Metropolitan Areas, *American Journal of Sociology*, 1988, 94 (3), pp. 592-626.

[5] Massey, D. S., Denton, N. A., Trends in the Residential Segregation of Blacks Hispanics and Asians, 1970-1980, *American Sociological Review*, 1987, 52 (6), pp. 802-825.

[6] 马斯顿：《西方民族社会学的理论与方法》，天津人民出版社 1997 年版，第 355—379 页。

[7] Murdie, R. A., Factorial Ecology of Metropolitan Toronto, 1951-1961, Chicago: University of Chicago, 1963.

[8] Simpson, G. E., Yinger, J. M., Racial and Cultural Minorities: An Analysis of Prejudice and Discrimination, *Journal of Abnormal & Social Psychology*, 1985, 49 (6), pp. 417-417.

研究过度重视个人行为而忽视了在居住格局方面中的群体联系，他们把这两种思路称为"居住格局中的个人模式"和"群体模式"；他们根据"群体模式"思路计算了克利夫兰、波士顿和西雅图三个城市的分离指数，分析了各族群的居住模式。① 戴维·波普诺（David Popenoe）在研究中发现少数族群的自我隔离现象，他认为，这种现象是他们自愿与主流社会分离的过程，其最极端的形式是分离主义，即渴望通过这种形式建立自己的完全社会形态。② 另外，马库塞、范肯彭、卡特和希尔等（Marcuse, van Kempen, Carter and Schill et al., Chol 和 Cheol - Joo、Smith 等也对西方国家少数民族的居住隔离进行了研究。③

（二）国内学者关于民族居住格局的相关研究

国内关于民族居住格局的研究既有对国外相关理论的翻译与评介，也有借用这一理论对国内民族居住格局的研究，还有对这一理论的发展创新，如"嵌入式民族居住格局/民族互嵌式社区"理论的提出。另外，由于我国是一个历史悠久的多民族国家，在中国共产党的民族理论与政策发展史上，以及我国多民族居住格局现状的表述中，党政相关文件与学界相关论述中的"民族散杂居"理论也属于民族居住格局的理论范畴。

1. 关于民族居住格局概念的探讨

马戎认为，居住格局可以反映一个民族所有成员（不分性别、年龄、职业、教育等个人特征）在居住地点与另一个民族相互接触的机会。④ 张金鹏认为："居住格局是指居民由于民族（种族）、宗教、职业、生活环境、文化水平或财富差异等关系，特征相类似的聚居在某一特定区域，特征不同的群体则彼此分开。这种居住格局，可能是自愿的，也可能是被迫的，但都伴随着群体（民族）之间在空间上的分开

---

① 马戎：《西方民族社会学的理论与方法》，天津人民出版社 1997 年版，第 324 - 354 页。

② David Popenoe, Sociology, IOTH ED. Upper Saddle River, NJ: Prentice Hall Inc., 1995.

③ Marcuse, P. and R. van Kempen, Of States and Cites: The Partioning of Urban Space, Oxford: Oxford University Press, 2002; Carter, W. H., M. H. Schill et al., Polarization, Public Housing and Racial Minorities in US Cities, Urban Studies, 1998, 35 (10): 1889 - 1911; Choe, Cheol - Joo, Amenities and Urban Residential Structure: An Amenity - embedded Model of Residential Choice, Papers in Regional Science, 2001, 80; Smith, N., The New Urban Frontier: Gentrification and the Revanchist City, London: Rutledge, 1996; David Popenoe, Sociology, IOTH ED, Upper Saddle River, NJ: Prentice Hall Inc., 1995.

④ 马戎：《西藏的人口与社会》，同心出版社 1996 年版，第 399—400 页。

居住。"① 马宗保和金英花认为，民族居住格局是指特定区域内不同民族在空间上的排列与组合情况②，通常被视为民族交往的一种场景、一个变量，用来观察和调节民族交往的内涵、形式及质量。③ 王建基在补充了马宗保和金英花相关论述的基础上认为，民族居住格局是构成影响民族关系的人文生态环境。④ 在分析要素方面，马戎认为，应该从三个层面入手：一是各民族人口在一个国家或地区中的地理区域分布；二是各民族人口在一个地区中城乡分布；三是各民族人口在一个社区内居住分布格局。⑤ 韩挺将民族居住格局中的居住隔离模式分为完全隔离、部分融合、完全融合，并根据"隔离指数"把隔离分为"低度隔离""中度隔离"和"高度隔离"⑥ 等。

2. 民族居住格局与民族关系研究

民族居住格局是衡量民族关系的重要指标。不同居住格局中民族关系状况不尽相同，民族关系的好坏反过来会影响民族居住格局的状况。马戎等在研究民族关系时就将民族居住格局作为一个重要的考察变量。⑦ 如马戎和潘乃谷等对蒙古赤峰蒙汉民族关系、西藏拉萨汉藏关系的研究。⑧ 马宗保对多元一体格局下回族居住格局和回汉民族关系的研究。⑨ 单菲菲、王丽娜、陶文俊等在对新疆伊宁市民族居住格局及民族关系的研究。⑩ 虎有泽对甘肃省兰州市城关区回族居住格局变迁及其对

---

① 张金鹏：《我国居住中的民族格局研究》，《宁夏社会科学》2005年第6期。
② 马宗保：《多元一体格局中的回汉民族关系》，宁夏人民出版社2002年版，第59页。
③ 马宗保、金英花：《银川市区回汉民族居住格局变迁及其对民族间社会交往的影响》，《回族研究》1997年第2期。
④ 王建基：《乌鲁木齐市民族居住格局与民族关系》，《西北民族研究》2000年第1期。
⑤ 马戎：《民族社会学概论：族群居住格局与族群关系》，北京大学出版社2004年版，第397页。
⑥ 韩挺：《格尔木市居住隔离问题研究》，硕士学位论文，西安建筑科技大学，2014年，第31—33页。
⑦ 李培林、李强、马戎：《社会学与中国社会》，社会科学文献出版社2008年版，第315—320页。
⑧ 马戎、潘乃谷等：《居住形式、社会交往与蒙汉民族关系》，《中国社会科学》1989年第3期。
⑨ 马宗保：《多元一体格局中的回汉民族关系》，宁夏人民出版社2002年版，第59页。
⑩ 单菲菲等：《伊宁市民族居住格局和民族关系》，《黑龙江民族丛刊》2006年第6期；王丽娜：《社会空间视野下的居住格局与族际交往研究——以伊宁市A社区为例》，《新疆职业大学学报》2013年第6期；陶文俊：《新疆伊宁民族关系初探》，《民族论坛》2013年第6期。

民族关系影响的研究。① 马晓东对青海西宁市城东区回族、藏族、土族、撒拉族、蒙古族等民族居住格局现状及对民族关系影响的研究。② 汤夺先对兰州市民族居住格局及民族关系的研究。③ 吴晓萍和王锴对贵州安顺地区"屯堡人"与当地少数民族关系的研究。④ 李晓霞对新疆民族居住格局变化及对族际关系影响的研究。⑤ 雷世敏以成都市为例对城市居住格局对藏汉民族关系影响的研究⑥，等等。

3. 对我国不同区域民族居住格局的研究

20世纪80年代以来，学者们对我国不同区域的民族居住格局进行了探讨。

（1）着眼于全国范围的宏观研究。张金鹏从历史发展角度宏观论述了我国民族居住格局，认为中国封建统治阶级的民族政策是中华人民共和国成立前民族居住格局形成的主要原因，民族战争、民族分化、民族语言差异、民族文化多元及少数民族自身所处自然环境使各民族形成了分开居住的格局；自中华人民共和国成立至改革开放前，以户籍制度为核心的二元体制使历史上民族居住格局并未改变；改革开放以来，随着各民族互动的加强，形成了汉族和少数民族地区之间的人口"双向流动"，"杂居"和"半聚居"社区在小城镇社区日益增加。⑦ 马宗保从全国范围的回汉民族分布格局处着眼，认为总体来看两个民族全国范围内呈现混居的居住格局，但在不同的行政区划下又各有特点，而产生这些特点的原因是我国地理多样性和人文区位的过渡性⑧，等等。

（2）民族地区民族居住格局的微观研究。民族居住格局是民族学

---

① 虎有泽：《兰州城关区回族居住格局研究》，《青海民族研究》2005年第2期。
② 马晓东：《居住格局对民族关系的影响及对策研究——以西宁市城东区为例》，《西北第二民族学院学报》2007年第1期。
③ 汤夺先：《论城市少数民族的居住格局与民族关系——以兰州城市回族为例》，《新疆大学学报》2004年第3期。
④ 吴晓萍、王锴：《从居住格局看黔中屯堡人与当地少数民族的关系》，《贵州民族学院学报》2010年第5期。
⑤ 李晓霞：《新疆快速城市化过程与民族居住格局变迁》，《2012年中国社会学年会西部民族地区社会建设理论创新与政策设计论文集》2012年7月。
⑥ 雷世敏：《城市居住格局对藏汉民族关系的影响研究——以成都市为例》，《安徽农业科学》2013年第7期。
⑦ 张金鹏：《我国居住中的民族格局研究》，《宁夏社会科学》2005年第6期。
⑧ 马宗保：《试析回族的空间分布及回汉民族居住格局》，《宁夏社会科学》2000年第3期。

研究的重要内容。20世纪末至今，学术界对我国多民族地区的民族居住格局做了深入探讨。如王俊敏对内蒙古呼和浩特自建城至20世纪90年代蒙古族、满族、回族、汉族四族的迁移与居住格局演化进行了系统研究。[①] 马戎、潘乃谷等对内蒙古地区居住格局及蒙汉关系的研究。[②] 童玉芬和李建新根据《新疆统计年鉴1999》对各民族人口地区分布状况、集中与分散程度进行的研究。[③] 李文钢、马兴雷对云南省昭通市小龙洞回族彝族乡回族、汉族、彝族、苗族四族居住格局的研究。[④] 李灿松和梁海艳对云南省迪庆州的各民族流动人口的研究。[⑤] 袁少芬对广西民族分布格局的研究。[⑥] 梁茂春通过"分离指数"对20世纪末广西壮族自治区南宁市中心城区汉壮居民居住格局的研究。[⑦] 赖艳华对福建省闽东地区的畲族现代居住格局的研究。[⑧] 许燕、马晓军和代高峰等对河南散杂居地区回族居住格局及历史变迁的研究[⑨]，等等。

（3）城市民族居住格局研究。随着城市化进程的加快，城市民族居住格局也逐渐成为学术界研究的热点话题，城市民族居住格局研究成果也逐年增加。如陈长平对北京市马店、牛街两个居委会的调查及民族居住格局的研究。[⑩] 郭松义通过史籍资料梳理了清代北京满汉民族居住

[①] 王俊敏：《呼和浩特市区的民族迁移与居住格局》，《西北民族研究》1997年第2期。

[②] 马戎、潘乃谷等：《居住形式、社会交往与蒙汉民族关系》，《中国社会科学》1989年第3期；马戎：《民族社会学概论：族群居住格局与族群关系》，北京大学出版社2004年版，第422—423页。

[③] 童玉芬、李建新：《新疆各民族人口的空间分布格局及变动研究》，《西北民族研究》2001年第3期。

[④] 李文钢、马兴雷：《多民族杂居乡的民族居住格局与民族关系——以昭通市小龙洞回族彝族乡为个案探讨》，《铜仁学院学报》2012年第2期。

[⑤] 李灿松、梁海艳：《西南边疆民族地区流动人口的族群关系研究——以迪庆藏族自治州建塘镇为例》，《西北人口》2014年第3期。

[⑥] 袁少芬：《汉人的壮化》，载连振国《国际汉民族研究》，广西人民出版社1991年版，第128—136页。

[⑦] 梁茂春：《南宁市区汉壮民族的居住格局》，《广西民族学院学报》2001年第5期。

[⑧] 赖艳华：《闽东畲族居住格局初探——兼谈闽东畲汉族群关系》，《宁德师专学报》2009年第4期。

[⑨] 许燕：《散杂居回汉民族关系调查与研究——以洛阳瀍河回族区为例》，硕士学位论文，中央民族大学，2007年；马晓军、代高峰等：《城市化背景下散杂居地区回族居住格局的变迁——基于对开封市顺河回族区的调查》，《昌吉学院学报》2011年第2期。

[⑩] 陈长平：《民族人口演变与异族通婚研究》，硕士学位论文，中央民族大学，1993年，转引自马戎《民族社会学概论：族群居住格局与族群关系》，北京大学出版社2004年版，第425页。

格局变迁的轨迹。① 耿静对"5·12"地震前后成都市都江堰市藏族居住格局的变化进行了研究。② 来仪、魏新春、雷世敏、贾秀兰等对成都市多民族居住格局的研究。③ 孟航对陕西省西安市民族居住格局发展演变的研究。④ 王建基、张凌云和李松等、王平等对新疆乌鲁木齐市民族分布、民族居住格局的研究。⑤

4. 散杂居民族居住格局理论研究

民族居住格局相关理论还包括散杂居理论，在相关表述中主要有"我国各民族分布的特点是大杂居、小聚居""杂居民族""散居民族""散杂居民族"等。王俊对近20年来散居民族研究进行了综述，认为已有成果从概念、概况、政策法规、权益保障、散居民族工作、民族乡工作、城市民族工作等不同的角度进行了研究。⑥ 就像有研究者所指出的，20世纪80年代以来，我国的散杂居民族研究初步建构了我国散杂居民族研究的基本理论、研究方法和主要模式，搭建了散杂居民族研究的学术平台。⑦ 具体而言，主要从以下几个方面做了研究：

（1）从民族居住格局视角出发，对散杂居概念和散杂居民族进行了表述。于衍学认为："散杂居少数民族一般是指居住在民族区域自治地方以外的少数民族和居住在民族自治地方内但并未实行民族区域自治

---

① 郭松义：《清代社会变动和京师居住格局的演变》，《清史研究》2012年第1期。
② 耿静：《藏族居民居住格局变化与城市民族关系的社会性——以"5·12"大地震后四川都江堰市为例》，《中国藏学》2012年第2期。
③ 来仪：《成都市多民族格局及民族关系综述》，载来仪《相遇与沟通——对成都市多民族构成及民族关系的记录与思考》，民族出版社2010年版，第7—9页；魏新春：《城市化进程中少数民族居住格局及民族关系的调适——以成都市为例》，《西南民族大学学报》2013年第5期；雷世敏：《城市居住格局对藏汉民族关系的影响研究——以成都市为例》，《安徽农业科学》2013年第7期；贾秀兰、张天劲等：《成都市构建民族团结和谐社区研究——以成都市浆洗街街道社区为例》，《西南民族大学学报》2009年第11期。
④ 孟航：《城市民族居住格局研究——以西安市莲湖区为例》，硕士学位论文，中央民族大学，2006年。
⑤ 王建基：《乌鲁木齐民族居住格局与民族关系》，《西北民族研究》2000年第1期；张凌云、李松等：《基于空间自相关的乌鲁木齐市民族居住格局研究》，《干旱区资源与环境》2014年第3期；王平、李江宏：《乌鲁木齐市多民族混合社区建设研究》，《中南民族大学学报》2013年第4期。
⑥ 王俊：《近20年来我国散居民族研究综述》，《学术探索》2011年第10期。
⑦ 王希辉、马广成：《中国散杂居民族研究反思》，《北方民族大学学报》2015年第1期。

的少数民族。"① 张雷军认为:"民族杂居和聚居区是民族在地域居住形式变化发展中具有彼此相关联又相互制约的不同分布状态的区域。民族杂居指两个或两个以上的民族相互交错居住的地区。"② 徐光有和袁年兴认为:"散杂居是指两个或两个以上民族分散混合分布和居住状况。"③ 王锋认为:"'散、杂居少数民族人口'是相对于'人口聚居形式'和'人口散居形式'而言的,是介于聚居或散居之间的一种人口居住形式。"④ 王希辉和马广成认为:"散杂居是我国民族分布的一种重要形式,散杂居民族是相对于聚居民族而言的客观存在。"⑤

（2）对中国共产党的散杂居民族理论与政策发展史进行探究。荀利波和关云波认为:"聚居、散杂居、杂居、散居少数民族的界定并非单一的学术概念,而是有着鲜明的政治属性。"⑥ 于衍学回顾了中国共产党在民族工作中对"散居民族""杂居民族"政策文件表述发现,中国共产党对"散居民族"最早的提法始于1947年9月7日《中共中央东北局关于回民问题的通知》中的"……散处北满各地区的回民……"1984年版的《中华人民共和国民族区域自治法》中有"民族自治地方的自治机关照顾本地方散居民族的特点和需要",至此"散居民族"的概念才被明确提出;"杂居民族"的提法更早,始于1936年5月24日红军总政治部在《关于回民工作的指示》中的"在回汉人杂居的乡或区……"其后在1940年4月和7月由中央西北工作委员会拟定的《关于抗战中蒙古问题提纲》、1949年9月的《共同纲领》、1952年政务院颁布的《关于地方民族民主政府实施办法的规定》中都有"杂居民族"的表述;在具体工作中,人们往往把杂居和散居并称,于是有了"散

---

① 于衍学:《散杂居少数民族有关理论的系列研究与探索》,《社科纵横》2006年第4期。
② 张雷军:《民族杂居的理论探析》,《中共云南省委党校学报》2008年第2期。
③ 徐光有、袁年兴:《散杂居民族的共生和内生》,《咸宁学院学报》2011年第9期。
④ 王锋:《少数民族人口散、杂居现状与发展态势研究》,中国社会科学出版社2011年版,第10页。
⑤ 王希辉、马广成:《中国散杂居民族研究反思》,《北方民族大学学报》2015年第1期。
⑥ 荀利波、关云波:《散、杂居少数民族概念辨析》,《齐齐哈尔大学学报》2015年第1期。

杂居"这一称谓。① 彭英明、李安辉认为，散杂居民族理论是马克思主义民族理论中国化的创新与结晶，是中国共产党结合马克思主义基本原理与中国民族的实际情况创立和发展起来的具有中国特色的民族理论，是解决我国散杂居民族问题的行动指南。②

（3）对中国民族散杂居格局的形成史进行了研究。李克建认为，我国多民族"大杂居、小聚居"的现状，不仅是我国各民族自然分布状态的历史延续，也是两千多年来我国民族迁徙和流动的结果，更是我国古代各民族互动和民族融合的自然产物。③ 陆平辉等认为，由于受诸多因素影响，我国"大杂居，小聚居"的分布格局经历了古代、近代、现代三个历史时期④，等等。

5. 嵌入式民族居住格局相关研究

嵌入式居住格局提法源自 2014 年 5 月 26 日召开的中共中央政治局会议，会议在研究进一步推进新疆社会稳定和长治久安工作时，习近平指出，要全面贯彻执行党的民族政策，把民族团结作为各族人民的生命线，贯穿到新疆工作的各个方面，加强和创新民族团结工作，大力推进双语教育，推动建立各民族相互嵌入的社会结构和社区环境，促进各民族交往、交流、交融，巩固平等团结互助和谐的社会主义民族关系。其后学界对"民族互嵌式/居住格局社区"等问题展开了探讨，如杨鹍飞、张会龙、郝亚明、闫丽娟等学者论证了"嵌入式民族居住格局/社区"的理论基础。⑤

综上所述，民族居住格局是多民族国家不同民族居住分布的重要模

---

① 于衍学：《散杂居少数民族有关理论的系列研究与探索》，《社科纵横》2006 年第 4 期。
② 彭英明：《散杂居民族理论政策若干问题新议》，《中南民族大学学报》2014 年第 5 期；李安辉：《我国散杂居民族政策的主要内容及特点》，《中南民族大学学报》2011 年第 2 期。
③ 李克建：《中国民族分布格局的形成及历史演变》，《西南民族大学学报》2007 年第 9 期。
④ 陆平辉、康占北：《中国民族散居化的历史与原因考察》，《贵州民族研究》2008 年第 5 期。
⑤ 杨鹍飞：《民族互嵌型社区：涵义、分类与研究展望》，《广西民族研究》2014 年第 5 期；张会龙：《论各民族相互嵌入式社区建设：基本概念、国际经验与建设构想》，《西南民族大学学报》2015 年第 1 期；郝亚明：《民族互嵌式社会结构：现实背景、理论内涵及实践路径分析》，《西南民族大学学报》2015 年第 3 期；闫丽娟、孔庆龙：《民族互嵌型社区建构的理论与现实基础》，《新疆师范大学学报》2015 年第 6 期。

式,这种模式影响着国家的稳定与发展。始于美国的民族居住格局的研究也正是因为当时美国不同民族/族群/族裔之间的社会矛盾,其目的就是要消弭这些民族/族群/族裔之间的隔阂,为美国社会稳定服务,其后学者们研究发展的"居住隔离"等观点也包含在这一框架内。在国内,由于我国自古就是一个多民族国家,现有各民族及其先民在我国疆域发展与多元文化传承中起到了重要作用,民族居住格局也是我国学术领域研究的重要内容。国内民族居住格局的研究首推马戎,他不仅向国内介绍了国外民族居住格局的理论、方法,还在国内民族居住格局的具体研究、理论创新中起到了推动作用,正是在他的推动下,国内关于民族居住格局的研究才得以深入发展。从国内学者研究的区域范围来讲,既有城市又有农牧区,既有多民族地区也有散杂居地区。从研究的学科领域来说,这些研究涵盖民族学、社会学、历史学、地理学、马克思主义等,对推动我国各民族的团结与共同繁荣、国家的兴盛起到了重要作用。

(三)国内学者关于甘宁青地区民族居住格局的研究

甘宁青地区自古就是一个多民族地区,很多学者探讨了历史上该地区的民族构成、民族分布和民族居住格局。但是,系统研究该地区民族居住格局发展状况的成果较少。主要是秦永章将甘宁青地区作为一个整体,以费孝通先生提出的"中华民族多元一体格局"理论为指导,探讨了元、明、清三个历史时代甘宁青地区民族居住格局发展演变的原因、特点和规律。他认为,民族迁徙与民族融合是甘宁青地区多民族格局形成的重要途径,元明清时期中央王朝的统治者从甘宁青地区多民族分布实际情况出发,实施的土司制度(包括藏区的千百户制度等)、羁縻卫所、土汉参治等一系列不同于内地的"因俗而治"制度客观上有利于甘宁青地区多民族格局的形成与巩固,甘宁青地区在元代已经形成的儒教、藏传佛教和伊斯兰教三教鼎立并存的多元宗教格局是维系该地区多民族格局的重要精神纽带。[①] 除此之外,其他学者分省区对甘肃、宁夏和青海的民族居住格局及其相关问题进行了零星研究。

[①] 秦永章:《元明清时期甘宁青地区多民族格局的形成及其演变》,博士学位论文,中国社会科学院研究生院,2003年;秦永章:《甘宁青地区多民族格局形成史研究》,民族出版社2005年版。

甘肃省民族居住格局的研究主要集中在兰州市。汤夺先认为，截至21世纪初，兰州市的民族居住格局存在四种类别：一是传统意义上的聚居区类型；二是新近形成的回族聚居区类型；三是由聚居向杂居、散居过渡的类型；四是纯粹的混居与散居类型。① 虎有泽和刘凡研究了截至20世纪末兰州市城关区回族居住格局的变迁，认为城关区原有的回族聚居区正在演变为民族杂居区，而在城区的边缘地带也出现了新的回族聚居区，不同的是，虎有泽认为，影响回族居住格局变迁的原因主要有城市的不合理规划建设和城市工业化的影响、回族人口的繁衍滋生和政治因素。② 刘凡认为，影响这种民族居住格局变迁的因素主要是人口增长、历史分布格局、宗教世俗化、城市化、国家政策。③ 谭一洺认为，兰州市回族在整体上虽然是"大分散，小聚居"，但城关区与七里河区是回族的主要聚居区，其居住格局有四类：典型回族聚居区、受城市化影响的传统聚居区、新型聚居区和混居与散居。④ 范杰利用第五次全国人口普查分民族人口数据对临夏市民族居住格局研究后，认为：临夏市是一个以汉族和回族为主体的城市，各民族分布特点是"大杂居，小聚居"，各乡镇和办事处都有各民族的分布，但在每个乡镇和办事处内各民族的分布呈"块"状。⑤

宁夏民族居住格局研究主要有马宗保、金英花、刘有安、马勇等几位学者。马宗保与金英花研究了清代后期至20世纪90年代宁夏银川市回汉民族居住格局的变迁，认为清代后期至新中国成立前，因回汉民族关系紧张，回族自成街巷地聚族而居，形成了以清真寺为中心、与汉族相对隔离的同心圆社区模式，当时回族民族居住隔离明显；20世纪50年代后，国家民族平等政策实施改善了回汉民族关系，银川回族环寺而居的传统模式逐渐发生了变化，回族聚居区人口外迁，回汉互为邻里现

---

① 汤夺先：《论城市少数民族的居住格局与民族关系——以兰州城市回族为例》，《新疆大学学报》2004年第3期。
② 虎有泽：《兰州城关区回族居住格局研究》，《青海民族研究》2003年第2期。
③ 刘凡：《西北城市回族民居居住格局的经验研究——以L市城关区居民为例》，硕士学位论文，兰州大学，2008年。
④ 谭一洺：《转型时兰州市民族间居住空间格局与居住分异研究·摘要》，硕士学位论文，兰州大学，2013年。
⑤ 范杰：《临夏市回汉民族关系现状调查研究》，硕士学位论文，西北民族大学，2009年。

象增多、回汉居住界域逐渐模糊等；20世纪80年代后，回族居住区位从族内聚居转向与汉族混居，民族混居成为民族居住格局的常态。① 刘有安从人口迁移对民族居住格局影响这一视角出发对宁夏全区进行了研究，认为民国时期外来人口的迁移使宁夏形成了一些新的回族聚居区，打破了部分地区原有回汉隔离居住的局面，形成了回汉杂居的居住模式；② 中华人民共和国成立后的国家政策使宁夏回汉民族交错杂居的居住格局更为明显。③ 马勇、刘有安、张俊明对惠农区民族居住格局进行了研究。马勇认为，惠农区回汉民族分布格局具有明显的"二元结构"，即"城市—乡村""汉族—回族""工业—农业""移民—土著"等一系列差别。④ 刘有安和张俊明研究了人口迁移对惠农区城区回汉民族居住格局变迁的影响，中华人民共和国成立后迁入的工业移民在惠农区城区形成了一个庞大的汉族聚居区，与园艺镇（园艺公社）回族形成了回汉分隔居住的模式；改革开放之后，城市规模的扩张使回汉民族开始混杂居住；"十二五"生态移民政策的实施，在惠农区银河苑又形成了一个新的回汉杂居区。⑤ 马建民和李建华的研究认为，清代雍正至乾隆时期今平罗县的回汉民族存在着"分界而居"的情况。⑥

青海民族居住格局和民族成分复杂多样，也有学者做了相关研究。如马晓东和马文慧对西宁市民族居住格局进行了研究。马晓东认为，西宁市的民族居住格局分为"混合社区""聚居社区"和"过渡社区"三种模式，这种模式造成了不同民族之间实际感情距离的疏远，进而对民族关系正常发展产生了很大的影响。⑦ 马文慧认为，西宁市市区回汉民

---

① 马宗保、金英花：《银川市区回汉民族居住格局变迁及其对民族间社会交往的影响》，《回族研究》1997年第2期。

② 刘有安：《民国时期的人口迁移与宁夏民族居住格局的形成》，《宁夏社会科学》2011年第2期。

③ 刘有安：《新中国成立至改革开放前宁夏的人口迁入及其特点》，《西北民族大学学报》2011年第5期。

④ 马勇：《宁夏回汉民族关系研究——以石嘴山市惠农区为例》，硕士学位论文，中央民族大学，2006年。

⑤ 刘有安、张俊明：《人口迁移与宁夏城市回汉民族关系研究——基于石嘴山市惠农区的调查》，《北方民族大学学报》2014年第5期。

⑥ 马建民、李建华：《雍正乾隆时期平罗县人口与回汉居住格局》，《宁夏师范学院学报》2014年第4期。

⑦ 马晓东：《居住格局对民族关系的影响及对策研究——以西宁市城东区为例》，《西北第二民族学院学报》2007年第1期。

族人口混居程度虽然较高，但回族主要聚居于城东区，形成这种居住格局的最主要原因是历史因素与宗教文化因素。① 党福宝对大通回族土族自治县汉族、回族、土族、藏族的民族居住格局进行了研究，认为四个民族的居住格局是"大杂居，小聚居"。② 韩挺研究了格尔木市各民族居住隔离模式，回族主要聚居区在格尔木主城区北部，属于"部分隔离模式"，居住程度较高；藏族聚居区在格尔木主城区南部，属于"极化隔离模式"；汉族主要居住在中心区，与其他民族混杂居；其他少数民族人数较少且散杂居，接近于"完全融合模式"。③ 他还将格尔木市居住隔离分为四段，认为每一段都有不同的隔离特征。④ 包国娟对共和县恰卜恰镇藏族、回族、汉族的居住格局进行了研究，她认为，由于城镇化、社会开放、人口流动，仅在城中区有回族聚居、城南区有藏族聚居，传统的民族聚居模式向民族杂居与混居已成趋势。⑤

总之，就甘宁青地区民族居住格局而言，将甘宁青地区作为一个整体的文化板块研究其民族居住格局的学者主要是秦永章。他详细研究了元明清时期甘宁青地区民族迁徙、国家政策、宗教文化等对甘宁青地区民族居住格局发展演变的影响。此外，还有其他研究者对甘宁青地区民族居住格局做了探讨，但多仅限于某一省区或某一城市。这些研究对于甘宁青地区民族居住格局的研究起到了重要的开创作用，许多研究的方法与结论值得借鉴。但是，这些研究未将甘宁青地区民族居住格局的发展演变放到更宏观的历史视野中，对元代之前和民国以来甘宁青地区民族居住格局发展演变及其特点的研究仍然十分欠缺，对于民族居住格局发展演变的承继性思考不够。

四 研究内容的相关说明

本书研究的甘宁青地区，是指我国当前行政区划的三个省级区域，即甘肃省、宁夏回族自治区与青海省。在清代，甘肃、宁夏、青海三省

---

① 马文慧：《西宁市区的居住格局与回汉族居民的社会交往》，《青海民族学院学报》2007年第4期。
② 党福宝：《多民族散杂居地区族际交往中的民族关系研究——以青海省大通回族土族自治县为例》，硕士学位论文，新疆大学，2012年。
③ 韩挺：《格尔木市居住隔离问题研究》，硕士学位论文，西安建筑科技大学，2014年。
④ 同上。
⑤ 包国娟：《从城镇化过程中居住格局的变化看民族关系——以恰卜恰镇为例》，硕士学位论文，西北民族大学，2010年。

曾一度属于同一行政机构管辖。1644年，清王朝实施陕甘分治，1669年正式设立甘肃省，辖地包括今甘肃省和青海省东部地区、宁夏大部分地区及新疆部分地区。1886年新疆单独建省后，今甘宁青绝大部分地方仍隶属于甘肃省。民国初期，甘宁青原有建制未变。1928年，国民政府对西北行政建制进行调整，设西宁道与宁夏道；1929年1月，又在青海道和宁夏道基础上设立了青海省与宁夏省，甘肃、宁夏、青海三个省级建制正式划分开始见于历史。中华人民共和国成立后，通过多次调整甘肃、青海、宁夏、内蒙古等省区的管辖地，最终划定了现有三省区的行政区划。由于甘宁青地区特殊的历史关系，并具有相似文化等，自民国以来，人们惯常将现有的甘肃、宁夏、青海三个省区并称为"甘宁青"地区。如民国时期著名学者慕寿祺将其研究西北史地、民族、文化的著作命名为《甘宁青史略》。其后，研究这一区域的学者或称"甘宁青"，或称"甘青宁"。本书也将所研究的区域按惯例称为"甘宁青"或"甘宁青地区"。

第一章　元代及以前甘宁青地区人口与民族

甘宁青地区在中华历史文化中的地位十分重要，是许多传说"先贤"或"先王"的诞生之地。人文始祖伏羲氏诞生于此；黄帝生于上邦（今甘肃省天水市）轩辕谷；周人和秦人的祖先亦发端于甘肃。这里同样也是古老的羌、戎各部发源和活动的主要地区。

第一节　远古时期甘宁青地区民族及其文化遗迹

甘宁青文化作为中华文化的一个重要组成部分，不仅源远流长，而且在中国历史与文化发展中发挥了至关重要的作用。早在旧石器时代甘宁青地区就有了人类活动的足迹，新石器时代先民的足迹遍及各地，创造了辉煌的远古文化。

1920年6月，法国天主教神甫、古生物学家桑志华（E. Licent）在甘肃庆阳县城北约25千米处辛家沟（今属华池县）含沙质的黄土层中发现一件石核，石英岩质，有明显的人为加工痕迹。两个月后，他又在庆阳城北约35公里处赵家岔（今属华池县）的黄土底部砾石中，发现了两件有人工痕迹的石英岩片。这是在中国境内首次发现有明确地层关系的旧石器。证明了中国和世界上许多文明起源地一样，经历过旧石器文化发展阶段。1922—1923年，德日进（Teilhard M. de Charlin P.）和桑志华（E. Licent）在河套地区进行地质调查，清理从宁夏灵武县大沟湾采集的化石中发现一枚儿童的左上外侧门齿，这就是通常所说的

"河套人"。① 河套人、北京人和山顶洞人的发现，被称为我国旧石器文化考古起步时期的"三部曲"，而甘肃黄土高原旧石器的面世，则为这"三部曲"乐章拉开了序幕。在青海，早在远古时期同样有人类活动的足迹，小柴旦遗址的发现表明，在距今约三万年的旧石器时代晚期，青海西部已有人类在劳动生息，充分说明甘宁青地区是中华大地最早有人类活动的地区之一。

一 旧石器时代的文化遗址

旧石器时代是指人类开始以石器为主要劳动工具的文明发展阶段，是石器时代的早期阶段。一般划定此时期为距今 260 万年或 250 万年（能人首次制造出石器）至一万年前（农业文明的出现），地质时代属于上新世晚期更新世。其时期划分一般采用三分法，即旧石器时代早期、中期和晚期。大致分别对应于人类体质进化的能人和直立人阶段、早期智人阶段、晚期智人阶段。这一时期，人类主要依靠采集坚果、浆果和种子维持生存，人类的最大进展是人脑的进化使人类有了抽象思维能力。

（一）甘肃省境内的旧石器时代文化遗址

甘肃省旧石器时代文化遗址相对丰富。比较重要的有 20 世纪 20 年代初，法国学者桑志华首次在泾水上游的甘肃庆阳赵家岔发现了旧石器。20 世纪 50 年代以来，又先后在甘肃镇原姜家湾和寺沟口、泾川大岭上和牛角沟、环县楼房子和刘家岔等地发现一系列人类化石和旧石器地点。② 20 世纪六七十年代的工作主要集中在陇东地区，如巨家源、楼房子、姜家湾、寺沟口、黑土梁、泾川郝白村、牛角沟、合志沟、镇峪沟、桃山嘴等；20 世纪 80 年代后，经过考古工作者的不断努力，现知旧石器文化的分布范围最西可达河西走廊西端的肃北。③ 1976 年在泾川县牛角沟发现的"平凉人"化石打破了中华人民共和国成立 30 年来的"只见器物不见人的局面"。④

---

① Teilhard M. de Chardin, P. and E. Licent, 1924, On the Discovery of a Paleolithic Industry In Northern China, *Bull. Geol. Soc. China*, 3 (1), pp. 45–50.
② 张宏彦：《渭水流域旧石器时代的古环境与古文化》，《西北大学学报》1999 年第 2 期。
③ 甘肃省文物考古研究所：《甘肃省文物考古工作五十年》，载《新中国考古五十年》，文物出版社 1999 年版，第 438 页。
④ 张行：《甘肃第四纪研究与旧石器时代考古评》，《丝绸之路》2001 年第 S1 期。

从分期看，1976年在甘肃境内的泾川县大岭上发现的遗址属于旧石器时代早期。旧石器中期的地点目前均发现在陇东黄土高原；庄浪双尾沟、双堡子、东乡王家山、肃北霍勒扎德盖等属于旧石器晚期文化遗存。① 这些文化遗存中属于旧石器晚期的较多，最具代表性的是环县刘家岔遗址，涉地面积之大，出土石器之多，在全国同类遗址中属罕见。② 在甘肃省发掘的旧石器时代遗址中，出土的骨骼和器物比较有典型性。1984年又在甘肃的武山县鸳鸯沟发现了一副完整的头盖骨化石，被命名为"武山人"；1988年在庄浪县南朱店乡长尾沟又发现被命名为"庄浪人"的人类头骨化石。③ 在庄浪县双堡子发掘出了石器十余件，以刮削器最多；东乡族自治县的王家遗址发现了有以锤击法生产的白色石英岩和角页岩石片，以及加工相当精致的刮削器；肃北县蒙古族自治县明水乡霍勒扎德盖遗址共发现锤击法生产的石器3件、石片2片、石叶1件。④

（二）青海省境内的旧石器时代文化遗址

青海省旧石器时代文化遗址主要有：冷湖1号地点、小柴达木湖遗址、乌兰乌拉湖遗址、江西沟1号和2号地点、黑马河1号和3号地点、151遗址、娄拉水库地点、晏台东遗址、沟后001地点、下大武地点、冬给错纳湖1—5号地点、拉乙亥遗址、铜线遗址等15处。⑤

有研究指出，截至目前，青海省发现的年代最早的旧石器时代遗址是位于青海省海西蒙古族藏族自治州冷湖镇的冷湖1号地点，该遗址未经发掘，仅采集到3件石制品，其中2件石核，1件石叶，岩性均为灰绿色石英岩。⑥ 1980年，青海省文物考古队在贵南县拉乙亥公社发现的拉乙亥遗址是青海省旧石器时代考古的重大发现，截至20世纪末，拉乙亥遗址共发掘了7个地点，揭露面积1300平方米，发现椭圆形和不

---

① 甘肃省文物考古研究所：《甘肃省文物考古工作五十年》，载《新中国考古五十年》，文物出版社1999年版，第438页。
② 张行：《甘肃第四纪研究与旧石器时代考古评》，《丝绸之路》2001年第C1期。
③ 同上。
④ 甘肃省文物考古研究所：《甘肃省文物考古工作五十年》，载《新中国考古五十年》，文物出版社1999年版，第438页。
⑤ 仪明洁：《青海省旧石器的发现与研究》，载董为《第十三届中国古脊椎动物学学术年会论文集》，海洋出版社2012年版，第188页。
⑥ 同上。

规则形的平底形和锅底形两种灶、坑50余座；所出遗物以石器为主，有石核（分楔状、舌状、柱状、锥状等）、刮削器、圆头刮削器、尖状器、石锤、石片、石叶、砥石等，石器中的细石片占石器总数的90.4%以上，这些均为打制石器；共有骨锥、骨针等骨器3000余件，在某些石骨上可以见到琢修痕迹。① 此外，还出土了1枚智人上乳犬齿，带火烧和砸击痕迹的动物骨骼。②

20世纪，在青海省发现的旧石器时代著名古人类文化遗址还有位于海西州大柴旦镇东南小柴旦盆地内的小柴达木湖遗址，该遗址是1982年由中国科学院盐湖研究所和澳大利亚国立大学生物地理与地貌系等单位组成的盐湖与风成沉积联合考察队发现的，遗址位于海西州大柴旦镇东南小柴旦盆地内的小柴达木湖，1983年和1984年进行了较大范围调查；1998年夏，中国社会科学院考古研究所和青海省文物考古研究所联合对其再次进行了发掘，确定遗址面积为10余万平方米，共采集人工石制品700余件。③

21世纪以来，在青海省发现的旧石器时代的文化遗存主要有2004年发现的江西沟1号地点，2007年和2009年在青海省海北州娄拉水库西侧发现的娄拉水库地点，2009年在海北州青海湖东北侧发现的晏台东遗址，等等。④

（三）宁夏回族自治区旧石器时代文化遗址

宁夏是中国旧石器时代考古起源地之一。1985年，宁夏文物考古部门在同心县出土的一颗上猿左下第二臼齿是我国发现的第一颗比较可信的上猿牙齿。⑤ 宁夏境内最早发现的旧石器时代遗址，是闻名世界的文化遗址——灵武水洞沟遗址。此遗址分别于1923年、1957年、1960年、1980年、2002—2013年五次发掘。最早发现于1923年，当时德日

---

① 青海省文物考古研究所：《青海省考古五十年述要》，载《新中国考古五十年》，文物出版社1999年版，第456页。

② 萧培、王国道：《黄河上游拉乙亥中石器时代遗址发掘报告》，《人类学学报》1983年第1期。

③ 刘景芝、王国道：《青海小柴达木湖遗址的新发现》，《中国文物报》1998年11月8日第1版。

④ 仪明洁：《青海省旧石器的发现与研究》，载董为《第十三届中国古脊椎动物学学术年会论文集》，海洋出版社2012年版，第187—194页。

⑤ 邱占祥、关键：《宁夏同心发现的一颗上猿牙齿》，《人类学学报》1986年第3期。

第一章　元代及以前甘宁青地区人口与民族 | 27

进与桑志华在宁夏境内进行考古发掘发现了灵武县水洞沟旧石器时代遗址，编号了5处地点，并对第1号地点进行了首次发掘，发现了犀牛、野牛、马等动物化石，以及经过火烧的骨头和重达300公斤的石器。① 1957年，汪宇平在水洞沟遗址考察时采集到石器材料约50件，并将这些石器与内蒙古考古发现的石器做了比较。② 1960年，中苏古生物学家胡寿永、针宏祥、盖培、科列班诺娃、特洛菲莫夫等联合组成的古生物研究组在水洞沟遗址发掘到约2000件石器。③ 1980年，宁夏博物馆又进行了第四次发掘。④ 自2002年以来，也就是在距第一次考古发掘80年之后，中国科学院古脊椎动物与古人类研究所和宁夏文物考古研究所合作进行了第五次大规模，也是历时最长、收获最大的一次考古发掘。"2003—2007年，中国科学院古脊椎动物与古人类研究所和宁夏文物考古研究所组成联合考古队对遗址数个地点开展了系统发掘，清理出大量火塘遗迹、木炭、灰烬、烧石、烧骨等用火材料。这些用火遗迹、遗物出自文化层，时代明确，与石制品、动物碎骨等文化遗物有清楚的共生关系。其中在第2号、8号、12号地点发现的用火遗存最为集中和丰富，保存状况也最佳。"⑤ 据报道，截至2013年2月，"中科院古脊椎动物与古人类研究所高星课题组，在灵武水洞沟遗址第2号地点考古发现用火迹象11处、出土石制品11648件"。⑥

根据中国科学院古脊椎动物与古人类研究所和宁夏文物考古研究所合作在宁夏境内进行旧石器时代文化考古合作发掘报告显示，双方组成的调查组于2002年4—5月在宁夏境内的30多处地点发现旧石器时代

---

① Teilhard de Chardin P., E. Licent, 1924, On the Discovery of a Paleolithic Industry in Northern China, *Bull. Geol. Soc. China*, 3 (1): 45—50.
② 汪宇平:《水洞沟村的旧石器文化遗址》,《考古》1962年第11期。
③ 贾兰坡、盖培、李炎贤:《水洞沟旧石器时代遗址的新材料》,《古脊椎动物与古人类》1964年第1期。
④ 宁夏博物馆、宁夏地质局区域地质调查队:《1980年水洞沟遗址发掘报告》,《考古学报》1987年第4期；宁夏文物考古研究所:《水洞沟——1980年发掘报告》,科学出版社2003年版，第1—233页。
⑤ 中国科学院古脊椎动物与古人类研究所:《宁夏灵武水洞沟第12地点首次发现古人类用火考古证据》,2009年12月15日,中国科学院网站（http://www.cas.cn/ky/kyjz/200912/t20091215_2709037.shtml）。
⑥ 王伟、马玉才:《灵武水洞沟遗址考古有新发现》,《银川日报》2013年2月20日第1版。

文化遗物；2003年4月中下旬，双方组成的考察队再次进行调查，对新发现的地点逐一进行核实，确认了位于灵武市水洞沟、张家窑、施家窑和彭阳县岭儿村4处旧石器时代地点集中区域内的19个地点，采集到了石制品300多件，动物化石20余件。① 2003年，中国科学院古脊椎动物与古人类研究所高星课题组和宁夏文物考古研究所、固原博物馆、彭阳县文物站组成的考古调查队，对宁夏彭阳县茹河流域进行的考古调查中发现白阳镇岭儿村的旧石器遗址4处和湖泊遗址1处，共"采集到古人类石制生产工具40余件，主要有尖状器、刮削器、雕刻器、石片、石核等类型，而其石质为燧石、硅质岩类、石英类等，同时也采集到古脊椎动物化石2件、牙齿1枚。"②

除此之外，宁夏旧石器时代文化遗址还有青铜峡鸽子山遗址、中卫宣和镇双井子山北坡遗址。2010年4月19日，中卫市文管所考古人员在沙坡头区宣和镇约15千米附近的一个坍塌的洞穴中发现了石器，经现场清理，共整理出保存完好的石器十余件，全部呈尖状器型、质地坚硬、色泽灰白，器型平面近似箭头状，上尖下宽，中间略起脊，两侧刃口锋利，通长7厘米，最宽处3厘米，脊厚1厘米，这些石器属于旧石器时代晚期人类使用过的打制石器，因最早发现于内蒙古清水河旧石器晚期遗址，而被命名为"清水河式尖状器"。③

二 新石器时代文化遗址

我国著名考古学家严文明认为："现代中国是一个以汉族为主体并结合着五十多个少数民族的统一的多民族国家。这样一个既有主体，又有众多兄弟；既是统一的，又保持各民族特色的社会格局，乃是长期历史发展的结果，它的根基深植于遥远的史前时期。"④ 因此，他把中国境内的新石器时代文化划分为中原文化区、山东文化区、燕辽文化区、甘青文化区、长江中游区和江浙文化区六大文化区，这些文化区的关系呈现出以中原文化区为"花心"，其他五个文化区为花瓣的"重瓣花朵式的向心结构"，统一性与多样性兼具。在六大文化区中，分布在黄河

---

① 高星、裴树文等：《宁夏旧石器考古调查报告》，《人类学学报》2004年第4期。
② 杨宁国：《旧石器时代遗址惊现宁夏彭阳、固原人类活动史前推二万年》，《中国矿业报》2003年6月10日第1版。
③ 王建宏：《中卫黄河南岸发现旧石器》，《宁夏日报》2010年4月20日第9版。
④ 严文明：《中国史前文化的统一性与多样性》，《文物》1987年第3期。

流域的三大文化区：山东区、甘青区、中原区之间的关系十分密切，具有文化传播的关联性，如甘青文化区在仰韶文化的传入和强烈影响下产生了马家窑文化；到龙山时代又有了齐家文化；后者也可分为若干地方类型；由于这个地区的新石器文化与中原新石器文化关系十分密切，某种意义上甚至可视为仰韶文化特异化的产物，故应作为一个亚区，这里的新石器文化应是之后的戎羌各族的史前文化。① 由此可见，甘宁青地区文化是中华早期文明的重要组成部分。

在甘宁青地区，以大地湾为代表的新石器早期文化的发现，更有力地说明甘宁青地区是中华文明的重要起源地之一。秦安大地湾、天水师赵和西山坪等遗址②，平凉侯家台遗址③、武都大李家坪遗址④、庆阳南佐遗址⑤、武山傅家门遗址⑥等都是仰韶文化的典型代表，庆阳南佐遗址中发现有已炭化的水稻，经鉴定为栽培稻，这是我国已发现的新石器时代栽培水稻的北界。⑦ 这些遗址的发掘充实了泾渭上游地区新石器早期文化发展的过程，也找到了该地区仰韶文化渊源，这一地区的前仰韶文化的面貌与关中地区相同，均属老官台文化的范畴。⑧ 自仰韶文化以来，相继兴起的马家窑文化、齐家文化等远古文化是甘宁青地区辉煌的远古文化的典型代表。

（一）秦安大地湾文化

秦安大地湾遗址，位于甘肃省天水市秦安县（兴国镇）五营乡境内邵店村东侧清水河谷及南岸山坡上。距秦安县城45千米。大地湾文化是中国黄河中游已知最早的新石器时代文化，主要分布在渭河流域、

---

① 严文明：《中国史前文化的统一性与多样性》，《文物》1987年第3期。
② 甘肃省文物考古研究所：《甘肃省文物考古工作五十年》，载《新中国考古五十年》，文物出版社1999年版，第439页。
③ 王辉：《平凉侯家台新石器时代遗址》，载《中国考古学年鉴》（1992），文物出版社1992年版。
④ 张强禄：《白龙江流域新石器时代文化谱系的初步研究》，《考古》2005年第2期。
⑤ 赵雪野：《西峰市南佐疙瘩渠仰韶文化大型建筑址》，载《中国考古学年鉴》（1995），文物出版社1995年版。
⑥ 中国社会科学院考古研究所甘肃工作队：《甘肃武山傅家门史前文化遗址发掘简报》，《考古》1995年第4期。
⑦ 甘肃省文物考古研究所：《甘肃省文物考古工作五十年》，载《新中国考古五十年》，文物出版社1999年版，第441页。
⑧ 同上书，第439页。

关中及丹江上游地区，存在于公元前 6000 年至公元前 5000 年。大地湾文化内涵丰富、特征鲜明，既是中国率先使用彩陶的史前先民，又是西北地区最早产生的农业文化。秦安大地湾遗址，总分布范围达 110 万平方米。考古学界和古地质学界对该遗址进行了多次考古发掘，发现了大地湾一至五期文化遗存。① 大地湾 F901 出土的一批量器证明了在仰韶文化晚期物质生产水平已得到很大提高，对剩余产品已进行分配，产生了初步的产品分配制度。② 其中大地湾一期（公元前 7800 年至 7300 年），发现有少量黍，代表了初级或者原始旱作农业。③ 大地湾二至四期分别相当于仰韶文化早中晚期（二期为公元前 6500 年至 5900 年；三期为公元前 5900 年至 5500 年；四期为公元前 5500 年至 4900 年），发现有大量黍和粟，表明农业已有相当程度的发展。④ 张东菊和陈发虎等于 2006 年对大地湾的地质考古发掘，并利用现代科技手段探测，并结合前人研究成果认为，他们发掘的大地湾遗址文化"提供了中国北方从旧石器文化到新石器文化发展的持续记录，表明这里的人类依次经历了原始采集狩猎、先进采集狩猎、早期农作物栽培和成熟农业四个不同的经济发展阶段，建立了中国北方人类由采集狩猎经济到旱作农业经济发展的基本过程"。⑤

（二）马家窑文化

马家窑文化因 1923 年发现于甘肃临洮县马家窑而得名，它是萌生于甘肃东、中部地区而深受大地湾文化影响的一支新石器晚期土著文化，由仰韶文化石岭下类型发展演变而来，是后者在西渐过程中与当地

---

① 郎树德：《甘肃秦安县大地湾遗址聚落形态及其演变》，《考古》2003 年第 6 期；甘肃省文物考古研究所：《秦安大地湾新石器时代遗址发掘报告》，文物出版社 2006 年版；甘肃省文物考古研究所：《甘肃秦安大地湾遗址仰韶文化早期聚落发掘简报》，《考古》2003 年第 6 期；甘肃省博物馆文物工作队：《甘肃秦安大地湾遗址 1978 年至 1982 年发掘的主要收获》，《文物》1983 年第 11 期；甘肃省博物馆、秦安县文化馆大地湾发掘小组：《甘肃秦安大地湾新石器时代早期遗存》，《文物》1981 年第 4 期；甘肃省博物馆文物工作队：《1980 年秦安大地湾一期文化遗存发掘简报》，《考古与文物》1982 年第 2 期。

② 甘肃省文物考古研究所：《甘肃省文物考古工作五十年》，载《新中国考古五十年》，文物出版社 1999 年版，第 441 页。

③ Smith, B. D., Low-level Food Production, *J Archaeol Res*, 2001, 9: 1-43.

④ 刘长江、孔昭宸、郎树德：《大地湾遗址农业植物遗存与人类生存的环境探讨》，《中原文物》2004 年第 4 期。

⑤ 张东菊、陈发虎等：《甘肃大地湾遗址距今 6 万年来的考古记录与旱作农业起源》，《科学通报》2010 年第 10 期。

已有的土著文化融合而形成的一支新的考古学文化，在天水师赵、罗家沟、武山傅家门都发现有马家窑类型叠压石岭下类型的地层关系，从陶器的演变上也可以看到二者之间的递变关系。①

马家窑文化的最早发现者是瑞典地质学家安特生（J. G. Andersson），1923—1924年，其受聘为北洋政府农商部任矿政顾问，在甘肃进行地质考察时，发现了马家窑文化遗址，并进行了发掘，并将该文化遗存称为"甘肃仰韶文化"。1949年，我国著名考古学界夏鼐先生在其发表的《临洮寺洼山发掘记》一文首次将之命名为"马家窑文化"。1961年出版的《新中国的考古收获》一书，正式把甘肃仰韶文化改称为马家窑文化，此名称遂被学术界普遍接受。文物普查结果表明，马家窑文化的地理分布相当广泛，东起泾、渭水上游，西至黄河上游的共和、同德县，北入宁夏的清水河流域，南达四川省汶川县。由于地域性的差异与时间早晚的不同，一般认为可区分为马家窑类型、半山类型、马厂类型。②甘肃康乐县边家林马家窑类型的遗存中孕育着半山类型的风格，半山类型的遗存又继承了马家窑类型的某些风格，说明马家窑类型、半山类型、马厂类型是一脉相承的一支文化的三个不同发展阶段。③研究者依据地层关系及14C测定，综合出马家窑早于半山，而半山又早于马厂的继承关系，总的年代约1000年，即公元前3000至公元前2000年，比中原地区仰韶文化（大约年代公元前5000至公元前3000年）要晚；总的来说，马家窑文化与中原仰韶文化有着亲密的源流关系，是一个地方变种。这一点已被学术界所广泛接受。④主要遗址有甘肃兰州的白道沟坪、皋兰的糜地岘、临洮寺洼山、临夏马家湾、广通自治县的半山、青海民和的马厂塬、西宁朱家寨、贵德罗汉堂等处。⑤青海省文物考古所研究显示，马家窑文化在青海省境内共调查登记遗址917处。⑥在宁夏，也发现了马家窑类型的文化遗址，海原县菜

---

① 甘肃省文物考古研究所：《甘肃省文物考古工作五十年》，载《新中国考古五十年》，文物出版社1999年版，第441页。
② 同上书，第447页。
③ 同上书，第442页。
④ 同上书，第448页。
⑤ 石兴邦：《有关马家窑文化的一些问题》，《考古》1962年第6期。
⑥ 青海省文物考古研究所：《青海省考古五十年述要》，载《新中国考古五十年》，文物出版社1999年版，第447页。

园村遗址及墓葬群出土了各类器物 4000 余件，清理房址 13 座、灰坑 56 座、墓葬 121 座、窑址 1 处；莱园村马樱子梁遗址相当于马家窑文化的石岭下类型；莱园村西沟儿洼遗址相当于马家窑文化的马家窑类型。①

（三）齐家文化

齐家文化是继马家窑文化之后发展起来的新石器时代末期文化类型。齐家文化最早由瑞典考古学家安特生 1924 年在甘肃洮河流域进行考古调查时发现，因首见于甘肃省广河县齐家坪而得名。方群在《甘肃地区齐家文化及青铜诸文化的发现与研究》一文中对 1990 年之前的齐家文化考古发掘史进行了详细的回顾。② 经 14C 测定，齐家文化年代测定为公元前 2251±140 年，与马厂中、晚期相当，晚期相当于夏代或早商。③ 齐家文化分布相当宽广，东起泾、渭流域，西至河西走廊东部及青海省的湟水流域，北涉宁夏南部和内蒙古的阿拉善左旗，南达白龙江流域。渭河上游、洮河和湟水中下游是其中心区域。齐家文化遗址已发现了 1100 多处，其中，在甘肃境内的约有 650 处，青海省有 430 处。已发掘的重要遗址有永靖县大何庄、秦魏家、张家嘴、姬家川，广河县齐家坪、阳洼湾，武威市皇娘娘台、海藏寺，天水市师赵村、七里墩、西山坪，秦安县寺嘴坪，武山县傅家门，灵台县桥村，兰州市青岗岔，宁夏固原海家湾、西吉兴隆镇，青海省大通上孙家、互助总寨、民和清泉、乐都柳湾、贵南尕马台、西宁沈那等。

（四）宗日文化

宗日文化是在青海省发现的一个与马家窑文化并立的新文化类型，因 1994—1995 年同德县宗日遗址的发掘和发现而命名。截至 20 世纪末，认定的同类遗址有 51 处。主要分布于黄河两岸以及各支流接近入河口处的岸边，上游起自同德、兴海两县交界处的巴曲入河口，下至贵德县的松巴峡，分布区域为青海湖南面的共和盆地，这一区域在自然环境上也恰巧是一个比较封闭的单元。④ 宗日遗址年代始于马家窑文化时

---

① 宁夏回族自治区文物局：《宁夏回族自治区文物考古五十年成就》，载《新中国考古五十年》，文物出版社 1999 年版，第 468—469 页。

② 方群：《甘肃地区齐家文化及青铜诸文化的发现与研究》，《社会科学》1990 年第 6 期。

③ 青海省文物考古研究所：《青海省考古五十年述要》，载《新中国考古五十年》，文物出版社 1999 年版，第 459 页。

④ 同上书，第 448 页。

期，结束于齐家文化时期，据14C测定，该遗址的时间在距今公元前5600至公元前4000年，延续了大约1600年。①

三 青铜时代文化遗址

甘宁青地区青铜时代文化遗址主要有卡约文化、辛店文化、诺木洪文化、寺洼文化、沙井文化等，从这些文化遗址出土的文物可以看出，生活在这里的人类已经拥有相当发达的文明。这些文化遗址既有华夏农耕文化，也有羌及其他民族的游牧文化。

（一）卡约文化

卡约文化是青海地区青铜时代的主要文化遗存，分布地域东接甘肃西境，西至青海海南州兴海县、同德县境内，北至海北州大通河流域，南达黄南州泽库、河南蒙古族自治县。② 卡约文化遗存最早是瑞典学者安特生于1923年发现的，他根据出土陶器的类型最初认为属于寺洼文化。20世纪50年代时，中国科学院考古研究所和青海省文物管理委员会，因修建水库和兰青铁路对文物进行抢救性发掘时，又发现了一些同类器物和墓葬，认为其不同于寺洼文化，而以安特生最早发现该类型文化遗址的地点命名为卡约文化。③ 到20世纪七八十年代，青海省文物考古工作队先后在大通孙家寨、共和合洛寺、达玉口、高渠顶（龙羊峡水库区），循化托龙都阿哈特拉山、苏志苹果园、白庄苏乎撒，湟中下西河潘家梁，贵德山坪台，湟源大华中庄，化隆上、下半主哇等地，发掘了近两千余座卡约文化时期的墓葬。④ 截至20世纪末，青海省调查登记达1766处，共发掘墓葬2000余座，分布之密集、数量之多，远远超过了青海省其他文化遗存，它可分为两种类型，即上孙家寨类型和阿哈特拉类；结合地层关系和根据14C测定数据，卡约文化的年代大致为夏末至商末周初，阿哈特拉第四期相当于西周中期前后，上孙期相当于西周晚期至春秋中期前后。⑤

卡约文化虽是青铜文化，但生产工具主要为石器和骨器。出土的青

---

① 青海省文物考古研究所：《青海省考古五十年述要》，载《新中国考古五十年》文物出版社1999年版，第459页。

② 同上书，第460页。

③ 高东陆：《略论卡约文化》，《青海社会科学》1993年第1期。

④ 同上。

⑤ 青海省文物考古研究所：《青海省考古五十年述要》，载《新中国考古五十年》，文物出版社1999年版，第460页。

铜器有铜戈、铜凿、铜斧、铜刀、铜镜、铜矛、铜钺、铜铃、铜炮等。① 出土的生产工具既有畜牧、渔猎工具，又有农业和手工业工具。石器有石斧、石刀、石锤、石杵、石臼、研磨器、砺石、磨盘、磨棒、敲砸器、石簇、细石器等。② 在卡约文化一些遗址的灰层中，发现有许多鱼骨；墓葬中常见羊、牛、马、狗、鹿等骨骼和粟类，彩陶上多见羊、鹿等图案，可见其经济兼有牧、农、渔猎和手工业，但牧业占重要地位。③

（二）辛店文化

辛店文化因1924年在临洮县辛店镇的辛店遗址首次发现而得名，根据14C测定和类型学分析，辛店文化早期相当于夏代末期，晚期相当于春秋战国，与卡约文化终始年代大体一致。④ 迄今已发现辛店文化遗址100多处；截至20世纪末，仅青海省统计的辛店文化遗址就有97处。⑤ 辛店文化的分布在黄河上游及其支流洮河、湟水、大夏河流域，在渭河上游也有少量分布。经过正式发掘的有甘肃省永靖张家嘴、韩家嘴、姬家川、莲花台，青海省民和核桃庄、乐都柳湾、民和山家头、互助总寨、大通上孙家寨等。

（三）诺木洪文化

诺木洪文化于1959年最先发现在青海省海西州都兰县诺木洪搭里他里哈，并进行了试掘。⑥ 截至20世纪末，已发现40处遗址，主要分布在青海西部柴达木盆地一带，较典型的遗址还有巴隆的搭温他里哈和香日德的下柴克等地。⑦ 经对出土文物的14C测定，其年代上限距今2905±140年，下限延续到汉代以后。⑧

根据20世纪中期对都兰县诺木洪搭里他里哈遗址的试掘，诺木洪

---

① 青海省文物考古研究所：《青海省考古五十年述要》，载《新中国考古五十年》，文物出版社1999年版，第460页。

② 高东陆：《略论卡约文化》，《青海社会科学》1993年第1期。

③ 周庆明：《卡约文化和寺洼文化的族属问题——兼论我国古羌人的起源》，《中国历史博物馆馆刊》1984年。

④ 青海省文物考古研究所：《青海省考古五十年述要》，载《新中国考古五十年》，文物出版社1999年版，第461页。

⑤ 同上书，第460—461页。

⑥ 白万荣：《青海考古学成果综述》，《青海社会科学》1994年第1期。

⑦ 青海省文物考古研究所：《青海省考古五十年述要》，载《新中国考古五十年》，文物出版社1999年版，第461页。

⑧ 刘杏改：《浅谈青海地区的青铜文化》，《文物春秋》2003年第6期。

文化遗址发现了土坯墙、土坯炕、土木结构圆形房屋,用于圈养羊、马、骆驼、牛的围栏,围栏内有羊粪,还有牛、马、驼等粪便堆积层。出土的生产工具由铜、石、骨、角和陶质制成,其中骨器较多,铜器有斧、刀、钺形器和簇四种;石器有斧、锛、锤、凿、刀、簇、杵、研磨盘、球、纺轮和磨石等。生活用器主要为陶器,另有角匙等;生活用品有毛布、毛布制品、毛带、毛绳、毛袋、革履、装饰品、乐器等,说明当时的居民过着半农半牧生活。①

(四) 寺洼文化

寺洼文化是甘宁青地区发现较早的青铜文化之一,因以甘肃临洮县寺洼山首先发现而得名。"主要分布于甘肃西部的洮河流域,东部的泾河流域,东南部的龙江流域,包括甘肃省的庆阳、平凉以及武都地区。"② 1924年,瑞典人安特生在甘肃省狄道县(今临洮县)寺洼山发掘了8座墓葬,出土了一批以马鞍口陶罐为特点的文化遗物,他次年发表的文章将这一文化遗迹归入其对甘肃远古文化六个分期中的第五期——寺洼期。③ 1945年,我国著名考古学家夏鼐在同一地点又发掘了6座墓葬,其在1949年将这种文化正式命名为寺洼文化。④

在对寺洼文化断代与分期上,安特生最早将其定为"紫铜时代及青铜时代之初期",将其断代在公元前2300年至公元前2000年⑤,后又修正为公元前1000年至公元前700年。⑥ 安志敏不赞同安特生的观点,认为寺洼文化属于青铜文化⑦,这种观点是目前学界比较认可的观点。谢端琚具体指出寺洼文化相当于商末至西周晚期,绝对年代应为公元前

---

① 青海省文物考古研究所:《青海省考古工作五十年述要》,载《新中国考古五十年》,文物出版社1999年版,第461页;青海省文物管理委员会、中国科学院考古研究所青海队,吴汝祚执笔:《青海都兰县诺木洪搭里他里哈遗址调查与试掘》,《考古学报》1963年第1期。

② 田旭东:《从寺洼文化看古羌族文化与周文化之关系》,《青海师范大学学报》1986年第2期。

③ [瑞典]安特生:《甘肃考古记》,乐森璕译,载《地质专报》(甲种第五号),农商部地质调查所1925年印。

④ 夏鼐:《临洮寺洼山发掘记》,载夏鼐《考古学比文集》,科学出版社1961年版,第11—45页。

⑤ [瑞典]安特生:《甘肃考古记》,乐森璕译,载《地质专报》(甲种第五号),农商部地质调查所1925年印。

⑥ J. G. Andersson, "Researches into the Prehistory of the Chinese", Bulletin of the Museum of Far Eastern Antiquities, No. 15, 1943, Stokholm.

⑦ 安志敏:《甘肃远古文化及其有关的几个问题》,《考古通讯》1956年第6期。

1400 至公元前 700 年。① 在类型分期上，为学界广为接受的是将寺洼文化分为"寺洼类型"和"安国类型"，且二者是一个文化早晚不同的两个发展阶段。②

在墓葬方面，寺洼文化多土坑墓，葬具有棺或棺椁，火葬、仰身直肢葬、部分解体葬、二次葬，有单人葬也有合葬，随葬品有陶器、青铜器、装饰品及马牛羊骨骼。少数墓中有殉人和陪葬车马，表明当时已进入奴隶社会。马鞍形口罐是最有特色的陶器，青铜器有戈、矛、镞、刀和铃等。

(五) 沙井文化

沙井文化是青铜时代末期的一种文化，晚期根据 14C 数据落实在公元前 900 至公元前 409 年，相当于中原地区西周晚期至春秋晚期。早期缺乏绝对年代，若根据晚期已知的年代上推，应在公元前 1000 年左右，即相当于中原地区西周早期阶段。③ 沙井文化主要分布在永登、古浪、凉州、天祝、永昌、张掖和民勤等地；主要遗址有天祝董家台遗址、金昌蛤蟆墩墓地和三角城遗址、永登榆树沟墓葬等。④ 沙井文化的分期可分为以民勤沙井子和永昌三角城为代表的早、晚两期。⑤

沙井文化遗址中发现有大量青铜装饰品和生产工具，具有浓厚的北方游牧文化色彩；陶器数量较少，几乎全部为夹砂陶，羼和料较粗；陶色以红、褐、橙黄为主；陶器制作较粗糙，器类简单，以素面陶为主，流行使用紫红色陶衣；彩陶皆红彩，花纹图案有几何形图案和动物纹；器类主要有单耳杯、双耳杯、圜底罐、单耳圈底钵、平底罐、鬲、斗、壶、碗等。⑥ 研究者认为，沙井文化是河西走廊东侧的一支土著文化，对其族属有月氏和羌戎系两种说法。⑦

---

① 谢端琚：《甘青地区史前考古》，文物出版社 2002 年版，第 188—200 页。
② 甘肃省博物馆：《甘肃文物考古三十年 (1949—1979)》，载《文物考古工作三十年》，文物出版社 1979 年版，第 143—144 页。
③ 李水城：《沙井文化研究》，载袁行霈《国学研究》(第 2 卷)，北京大学出版社 1994 年版，第 505 页。
④ 《沙井文化》，《党的建设》2008 年第 4 期。
⑤ 甘肃省文物考古研究所：《甘肃省文物考古工作五十年》，载《新中国考古五十年》，文物出版社 1999 年版，第 445 页。
⑥ 同上。
⑦ 同上。

(六) 四坝文化

根据《甘肃省文物考古工作五十年》，四坝文化分布于甘肃省永昌以西的河西走廊地区，东达山丹，西至安西，南抵祁连山北麓，北到巴丹吉林沙漠西南缘；14C年代测定表明，其年代在公元前2000年至公元前1600年；现已发掘的四坝文化遗址和墓地当中，火烧沟墓地的年代最早，千骨崖墓地的年代较晚，民乐东灰山在二者之间，四坝滩与千骨崖晚期相当；四坝文化的经济类型为半农半牧式，出土的遗存中有羊骨、牛骨、马骨、猪骨、狗骨；农作物在火烧沟墓地发现有粟，民乐东灰山发现有炭化的小麦；其族属应为活动在河西走廊一带的古羌人；对四坝文化人骨人种成分的研究表明，其体质特征与步达生所测殷墟中小墓组和甘肃史前组接近，与现代蒙古人种中的东亚亚种关系最为密切；说明在甘肃境内，新石器时代到青铜时代的居民，体质形态并没有发生明显变化。[①]

四 甘宁青地区各远古文化与西北古代少数民族的关系

从甘宁青地区考古发掘出的丰富的远古文化遗存可以看出，甘宁青地区是中华文明的重要组成部分和源流之一。出土的文化遗存到底与哪个古代民族有关引起了学术界的广泛探讨。

1949年，考古学家夏鼐在《临洮寺洼山发掘记》一文中根据氐、羌族曾实行火葬制，而在寺洼文化中发现有火葬习俗，认为寺洼文化可能是氐、羌文化遗存。[②] 其后许多学者都试图对这些文化遗存的族属问题进行推断，尤其是20世纪70年代以来，不少学者对此发表了自己的见解。俞伟超认为："把安国类型、寺洼文化、卡约文化结合起来观察，它们相互之间的关系和各自具备的特有表征，说明它们都是羌人文化……在湟水一带的唐汪、辛店文化，显然应当还是羌人的文化遗存……也许比较发达的马家窑、半山、马厂类型，齐家文化，就是发展得较早的一些羌人文化的先驱。"[③] 有研究者更加绝对化，把甘宁青地区发现的石器时代遗址都看成是古羌族文化。[④] 也有观点认为，这些文

---

① 甘肃省文物考古研究所：《甘肃省文物考古工作五十年》，载《新中国考古五十年》，文物出版社1999年版，第444—445页。
② 夏鼐：《临洮寺洼山发掘记》，《考古学报》1949年第4期。
③ 俞伟超：《古代"西戎"和"羌"、"胡"文化归属问题的探讨》，《青海考古学会会刊》1980年第1期。
④ 任乃强：《羌族源流探索》（上编），《民族研究通讯》1979年第2期。

化既有少数民族先民文化也有汉族先民文化:"甘肃古文化遗存类型很多,东部单纯,西部复杂,当时反映了这一地区的多民族的历史渊源。甘肃的仰韶文化、齐家文化与西周遗址,应是汉民族的先民遗存相继发展的一个组成部分。火烧沟类型的文化和辛店文化可能是古代羌族的两个分支。寺洼文化早期的多见于甘肃西南部,或许是古代氐羌族的遗留。河西走廊秦汉以前为月氏、乌孙曾经活动过的地方。"[1]

一些学者对具体文化遗迹的族属问题进行了探讨。关于沙井文化的族属,甘肃省博物馆[2]、卢连成等[3]、徐日辉[4]认为,寺洼文化属于古代氐族。有的学者认为:"就地理位置而言,正处河西走廊的东端,与月氏族的原居地正好相符……沙井文化就是古代月氏族的遗存。"[5] 也有学者认为:"沙井文化为乌孙族之文化遗存。"[6] 不过也有人认为沙井文化仍然是"西北地区羌戎体系中的一支"。[7] 对于辛店文化的族属,俞伟超认为,是以羌人为主的西戎诸部落的遗存;[8] 谢端琚认为,它与古羌人关系最密切。[9] 关于卡约文化的族属,大多数认为是古代羌族的一支,如吴汝祚[10]、周庆明。[11] 关于寺洼文化的族属,胡谦盈通过分析墓葬葬俗、典型器物及其分布、年代,认为寺洼文化是"薰育戎狄的文化遗存";[12] 赵化成认为,寺洼文化"可能是商周时期活动于西北的混

---

[1] 甘肃省博物馆:《甘肃文物考古三十年(1949—1979)》,载《文物考古工作三十年》,文物出版社1979年版,第144页。

[2] 同上书,第144、152页。

[3] 卢连成、胡智生:《宝鸡茹家庄、竹园沟墓地有关问题的探讨》,《文物》1983年第2期。

[4] 徐日辉:《早期秦与西戎关系考》,《宁夏社会科学》2005年第1期。

[5] 甘肃省文物考古研究所:《永昌三角城与蛤蟆墩沙井文化遗存》,《考古学报》1990年第2期。

[6] 刘起釪:《周姬姜与氐羌的渊源关系》,载田昌五《华夏文明》(第二集),北京大学出版社1990年版,第21页。

[7] 李水城:《沙井文化研究》,载袁行霈《国学研究》(第2卷),北京大学出版社1994年版,第509页。

[8] 俞伟超:《关于"卡约文化"和"辛店文化"的新认识》,《中亚学刊》1984年第1期。

[9] 谢端琚:《辛店文化族属蠡测》,载田昌五《华夏文明》(第二集),北京大学出版社1990年版,第33页。

[10] 吴汝祚:《略论诺木洪文化》,《青海考古学会会刊》1981年第3期。

[11] 周庆明:《卡约文化和寺洼文化的族属问题——兼论我国古羌人的起源》,《中国历史博物馆馆刊》1984年。

[12] 胡谦盈:《试论寺洼文化》,《文物集刊》1980年第2期。

夷，或称犬戎的遗留"。① 段连勤认为，寺洼文化可能属于犬戎文化。②应该说，甘宁青地区这些古文化遗存中大多数与古羌人有关基本准确。从商周时代开始，这里就是羌人活动的主要地区。但是说这些文化均是羌人的文化就不准确了。因为，在远古时期，这里还有其他各类民族，如戎等，这些文化与周文化之间存在明显的交流互动现象，也不能否定这些文化中某一支后来与周的先民有过融合。同时，从这些文化的考古资料中发现了农耕迹象，明显和氏族有很多相同之处。一些文化到底属于什么民族，并不能简单对照后来出现过什么民族，而要具体问题具体分析，或者还需要更多的考古资料、生物技术的介入来证明。

综上所述，甘宁青地区地处黄河上游，是中华民族古老的发祥地之一。早在远古时期，就有人类祖先在这里繁衍生息，考古发掘的古文化遗迹诸多。因此，甘宁青地区不仅是中国原始农牧业文明的发源地之一，也是华夏（汉）族最早与北方少数民族交流互动的场所之一。

第二节 元代及以前生活在甘宁青地区的主要民族

甘宁青地区自古就是一个文化多元、民族众多的区域。无论远古时期文化遗存还是有文字记载的史籍，都能从中看到多种文化类型、不同种群或民族活动的踪迹。由于这里是农牧交错地带，也是不同民族南来北往与东出西进的交通要道，也就成为本地民族原生、外来民族迁入、不同民族同化再生的区域，这种现象延续至今。

一 先秦至隋唐时期甘宁青地区各主要民族

（一）鬼方

鬼方是我国古代北方一个非常古老的民族。商周时期，鬼方时而臣服商周统治者，时而与之争战。据《汲冢周书》载，商朝伊尹曾命西

---

① 赵化成：《甘肃东部秦和羌戎文化的考古学探索》，载余伟超《考古类型学的理论与实践》，文物出版社1989年版，第170页。

② 段连勤：《犬戎历史始末述——论犬戎的族源、迁徙同西周王朝的关系》，《史学集刊》1999年第2期。

方的鬼亲向商朝贡献本地出产的丹青、白旄、江历、龙角、神龟。鬼亲即鬼方九族，由于其活动范围在商的西方，大致相当于今甘肃、宁夏一带。到周代，鬼方分布区已由今陕北、宁夏境向接近关中平原的洛河中上游扩展。①

近年在陕西岐山周原出土的西周甲骨卜辞中，八号人甲的甲文是："入鬼吏（事）乎灾商西"，徐锡台认为："当为鬼入事，说明鬼已宾服入事于周，双方关系和洽。"② 商周王朝还时常征讨鬼方。据《周易·未济》载："震用伐鬼方，三年有赏于大国。"《既济》也说："高宗伐鬼方，三年克之。"《汉书·严助传》称"高宗"为"殷之盛天子"，干宝注《易》说他是殷代中兴之主。殷耗费三年时间征伐鬼方，可见鬼方之强大。周时，也常讨伐鬼方。《小盂鼎》详细记载了周康王两次命盂率领军队征伐鬼方的战争，两次战争共俘斩人口近两万。

（二）戎

戎是活跃于我国西北地区一个种类繁多的古老民族。《尚书·禹贡》就有"织皮、昆仑、析支、渠搜，西戎即叙"一语；在《竹书纪年》中也有商王祖甲"征西戎"，大戊二十六年"西戎来宾"等语，还有殷伐西落鬼戎、燕京之戎、余无之戎等记载。虽然这些记载某些方面有出入，"但在其主要内容上，是有某些历史素材作依据的"。③

商周时期在宁夏南部、甘肃庆阳一带出现了名为义渠的方国。义渠戎发展壮大过程中常和周人发生冲突，以致遭到周人的不断征伐。在今宁夏南部和北部还活动着乌氏（今宁夏固原市南部）戎、朐衍（今宁夏盐池县境内）戎。这些戎人的方国曾协助周武王灭商。

至春秋初年，戎形成以陇山为中心的许多小国，其中有名且见之于史籍记载的有绵诸、绲戎、翟、獂、义渠、大荔、乌氏、朐衍八国。《史记·匈奴列传》载："秦穆公得由余，西戎八国服于秦，故自陇以西有绵诸、绲戎、翟、獂之戎；岐、梁山、泾、漆之北有义渠、大荔、乌氏、朐衍之戎……各分散居溪谷，自有君长，往往而聚者百有余戎，然莫能相一。"《后汉书·西羌传》云："及平王之末，周遂陵迟，戎逼

---

① 段连勤：《丁零、高车与铁勒》，上海人民出版社1988年版，第60页。
② 徐锡台：《周原出土的甲骨文所见人名、官命、方国、地名浅释》，载吉林大学古文字研究室《古文字研究》（第一集），中华书局1979年版，第190页。
③ 李民：《尚书与古史研究·禹贡与夏史》，河南人民出版社1981年版，第46页。

诸夏，自陇山以东及乎伊洛，往往有戎。于是，渭首有狄、獂、邽、冀之戎，泾北有义渠之戎，洛川有大荔之戎，渭南有骊戎……"具体而言，活动在甘宁青地区的西戎主要是其中的七国。

（1）绵诸戎：绵诸戎活动范围在陇山之西，以今天水为中心。据《汉书·地理志》载："天水郡"之下设有"绵诸道"。其具体方位在今天水市东、清水县南部地区，西与邽、冀之戎相接。邽，汉代属陇西郡（今天水市）；冀为冀县，在上邽西，《史记·秦本纪》载：秦武公十年（公元前688年），秦伐"邽、冀之戎，初县之"。

（2）翟戎：因迁徙等原因，翟戎在甘宁青地区的活动范围较广。在宁夏南部、甘肃临洮和陇西均有其踪迹。《竹书纪年》载："武乙三十五年，周王季历伐西落鬼、戎，俘十二翟王。"其中，所说的鬼即鬼方，戎即戎人，也就是学界所说的北狄。西落何在，说法不一。陈梦家指出，殷商时期鬼方分布区域在今晋南，那么此处的西落也就在晋南。[①] 蒙文通、段连勤等认为，西洛就是今宁夏固原至灵武境内的清水河。[②] 那么，这支戎人就活动在宁夏境内。王宗维认为，西落戎原居住在今河南洛阳西北，后来迁到了今甘肃的临洮。[③] 秦献公初年（公元前384年）伐翟戎，前272年置陇西郡，翟戎归陇西郡管辖。

（3）獂戎：主要分布在今甘肃天水，《汉书·地理志》载："天水有绵诸道、獂道"。应昭注释为："獂，戎邑也，音完。"《正义》引《括地志》："獂道故城在渭州襄武县东南三十七里，古之獂戎邑"，汉獂道属天水郡。秦献公初年（公元前384年），秦灭獂戎，秦孝公元年（前361年）"西斩戎之獂王"，其民众或融合于当地，或迁往他乡。

（4）义渠戎：商末周初活动于山西西南部，晋文公时西迁至陕西北部的无定河、洛水流域，战国时受秦所迫，不断向西迁徙，活动在今甘肃陇东和宁夏南部。

（5）乌氏戎：《史记·匈奴列传》的《集解》引徐广说法，认为乌氏戎在安定。《括地志》认为："乌氏故城，在泾州安定县东三十里，

[①] 陈梦家：《殷墟卜辞综述·方国地理》，中华书局1988年版，第275页。
[②] 蒙文通：《周秦少数民族研究》，龙门联合书局1958年版，第51页；段连勤：《北狄族与中山国》，广西师范大学出版社2007年版，第4页。
[③] 王宗维：《西戎八国考述》，载西北大学历史系《西北历史研究》，三秦出版社1987年版，第16—18页。

周之古地，后入戎。秦惠王取之，置乌氏县也。"从这些古籍可以看出，乌氏戎活动范围应该在宁夏南部和甘肃平凉一带。

（6）朐衍戎：根据《史记》、《汉书》、《括地志》，朐衍戎活动范围在秦北地郡，唐之盐州，即在今陕西定边、宁夏盐池及其以北地区。

如顾颉刚所言，绵诸戎以今甘肃天水为中心，绲戎以今陕西凤翔为中心，翟戎在今甘肃临洮，辉戎在今甘肃陇西，义渠戎主要活动在今甘肃宁县和今宁夏固原东南，乌氏戎在今甘肃平凉、宁夏固原一带，朐衍戎在今盐池、灵武地区。① 经过这几次大的迁徙，以及秦的征讨，戎族开始四散，一些戎逐渐被同化或融合于汉族和其他民族。

（三）羌

羌人是我国西部的一个古老民族，主要活动在今甘宁青、四川西北部、陕西西部、西藏北部等地区。生活在甘宁青地区的古羌人是中华民族最早先民的一部分，中华文化中的好多文化因子都与羌人相关，如甘宁青著名的彩陶文化就是羌人先民创造的，马家窑文化（甘肃仰韶文化）的半山类型、马厂类型，临洮寺洼、辛店的青铜文化，已被考古学界公认为羌族文化。在中国文字中许多表示"美好"、"漂亮"或相当于此意思的字和偏旁，都与羌有关，如羊、祥、羹、馐、善、义、羲等，充分说明羌文化与华夏文化之间的交流与互动频繁，并对华夏文明产生了重要影响，甚至有学者认为羌与华夏同源异流。②

甘宁青地区是华夏文明发展的重要地区，也是古羌人居住比较集中的地方。自商周开始羌人问题一直困扰着华夏王朝，沿边的羌人也经常随意迁徙至华夏王朝境内居住，并常有羌人袭扰商周王朝。商周统治者经常率兵征讨地处甘宁青等地的羌人，将部分俘获的羌人强徙至境内与华夏民族同住。"甲骨卜辞中有羌方、马羌、北羌和伐羌获羌、以羌为牺牲、用羌耕牧狩猎等记录。"③ 这一时期，诸夏也与羌人有频繁的交流。《诗经·商颂》："昔有成汤，自彼氐羌，莫敢不来享，莫敢不来王……"《后汉书·西羌传》载："及武王伐商，羌、髳率师会于牧野。"春秋战国时期，秦霸西戎，羌人已是秦治下的主要居民。秦、汉

---

① 顾颉刚：《史林杂识初编》，中华书局1963年版，第58—63页。
② 徐旭生：《中国古史的传说时代》，文物出版社1985年版，第43页。
③ 王俊杰：《论商周的羌与秦汉魏晋南北朝的羌》，《西北师范学院学报》1982年第3期。

时期，见于史籍记载的羌人部落有先零羌、烧当羌、发羌等。至西汉，已有大量羌人迁入汉王朝腹地居住。部分羌人为躲避匈奴，请求内附，汉景帝刘启允许研种留何率族人迁于陇西郡的狄道（今甘肃临洮）、安故（今甘肃临洮南）、临洮（今甘肃岷县）、氐道（今甘肃西和西北）、羌道（今甘肃岷县南）。汉武帝时，在青海湟水流域设护羌校尉，总辖羌中事务。后因官吏滥杀羌民，诸羌部反叛。汉宣帝刘询遣赵充国往讨，赵氏以抚为主，且在羌人之地屯田招垦，促进了汉羌两族融合。东汉以后，羌人趁乱进入凉州地区并定居，开始与汉人杂居。当时羌族或与当地豪族联手，或独力举兵发动叛乱。三国魏晋南北朝，正处乱世，诸羌部落或附于某政权，或建立自己的政权。这一时期也是民族大融合时期，羌族或融入他族，或远徙他处。

（四）匈奴

匈奴是最早崛起于蒙古高原的游牧民族。匈奴在夏商周之时成为"猃允、薰粥"。《史记·匈奴列传》集解曰："尧时曰荤粥，周曰猃狁，秦曰匈奴"。王国维在《鬼方昆夷猃狁考》中把匈奴名称的演变做了系统的概括，认为"其见于殷周间者曰鬼方，曰混夷，曰獯鬻；其在宗周之季，则曰猃狁，入春秋后则始谓之戎，继号曰狄；战国以降，又称曰胡，曰匈奴。"[①] 其说法虽然值得商榷，作为一个民族在发展中融合了所说的其他民族的成分是可能的。

战国时，匈奴一直袭扰北方诸国，秦、赵、燕三国都曾修筑长城抵御匈奴扰边。战国末期，赵国大将李牧曾大败匈奴。秦统一中国后，公元前214年，命蒙恬率领30万秦军北击匈奴，收河套，屯兵上郡（今陕西省榆林市东南）。蒙恬从榆中沿黄河至阴山构筑城塞，连接秦、赵、燕5000余里旧长城，据阳山（阴山之北）逶迤而北，并修筑北起九原、南至云阳的直道，构成北方漫长的防御线。蒙恬戍北十余年，匈奴慑其威猛，不敢再犯。匈奴冒顿即单于位后，败东胡，并楼烦、白羊，臣丁零、浑庾、屈射、鬲昆、薪犁等部族，迫月氏西迁，吞汉之朝那（县治在今宁夏彭阳县古城镇）等郡县，常抄掠汉之边地。"白登之围"后，西汉被迫对匈奴"和亲"、互市。现甘宁部分地区成为汉匈交流的场所。至汉武帝时，汉通过"河南之战""河西之战""漠北之

---

① 王国维：《观堂集林》（全二册），中华书局1959年版，第583页。

战"大败匈奴。此后，匈奴因天灾与内乱逐渐分裂。自伊稚斜单于后，匈奴单于更迭频繁，曾出现"五单于争位"现象。公元前33年，呼韩邪单于朝汉，提出愿为汉家女婿为汉戍边，于是才有昭君远嫁匈奴出塞一事。呼韩邪单于封王昭君为"宁胡阏氏"，胡汉之间遂相安无战事。《汉书·匈奴传》称："初，北边自宣帝以来，数世不见烟火之警，人民炽盛，牛马布野。"此时，匈奴部众不断向汉境内迁徙，今甘肃、宁夏等与匈奴接壤之地散落的匈奴部落为数不少。东汉初年，匈奴大量入塞。公元48年，匈奴八部族人共立呼韩邪单于之孙日逐王比为单于，与蒲奴单于分庭抗礼，匈奴分裂为两部。后日逐王比率部众南下附汉，称为南匈奴，被汉朝安置在河套地区。北匈奴在汉王朝军事打击下，其部众或投向南匈奴，或内附于汉朝，甘肃、宁夏等地散落的匈奴人与汉族不断交错杂居。公元前121年秋，匈奴浑邪王杀休屠王，并其众降汉。汉分徙匈奴前后降者于陇西、北地、上郡、朔方、云中五郡设立五属国。公元前55年，汉设西河、北地属国，安置匈奴降人。

安置在甘宁青地区的匈奴降人与当地其他民族融合，形成各种胡人。如汉代至南北朝时期活跃于甘宁青地区的卢水胡就是匈奴人与月氏人的融合。三国至南北朝时期还有一支自称"休屠"的匈奴人，时而活跃在河西走廊，时而出现在天水一带，时而出现在甘肃东部。匈奴在甘宁青地区的活动还加速了当地民族融合，如匈奴与鲜卑的混血后代称为铁弗人。隋之后，匈奴之名淡出史家的视野，匈奴已经融入甘宁青地区各族之中了。

（五）鲜卑族

鲜卑族是东胡系统民族，起源于鲜卑山（今大兴安岭）。公元2世纪中叶兴起后，在首领檀石槐的统领下，北拒丁零、东败夫余、西击乌孙，尽据匈奴故地，吞漠北匈奴十余万落，建立了一个强大的军事联盟。檀石槐死后鲜卑部落联盟解体，步度根、轲比能等各拥所部，附属汉魏。南北朝时期，鲜卑族人成为逐鹿中原的重要力量，许多鲜卑族人部落迁至甘宁青地区。慕容部一支迁至青海，形成后来的吐谷浑。迁至陇西（今临洮）等地的鲜卑族，被史书称为"陇西鲜卑"，其首领乞伏氏建立了西秦，兴盛时期，所辖面积从甘肃武威到天水、陇南以及青海东部。被史书称为"河西鲜卑"的秃发氏建立了南凉，辖地包括今甘肃西部、青海一部分。至唐代，鲜卑之名渐淡出史家视野，说明鲜卑族已经融入其他民族。

（六）氐族

氐族是古代生活在甘宁青地区的一个重要民族。先秦至南北朝，氐族分布在今甘肃、陕西、四川等省交界处，大部分集中于今甘肃省陇南地区。公元前111年（元鼎六年），汉武帝刘彻开拓西南境，遣中郎将郭昌等攻灭氐王，置武都郡。创郡立县后，氐人原有社会组织被破坏，难以适应汉王朝的统治，便向武都郡外的山谷间移动。《后汉书·南蛮西南夷列传》载，公元前108年，"氐人反叛，遣兵破之，分徙酒泉郡"。此时，氐族的一部分迁至河西走廊，一部分迁至天水、关中等地，氐族开始在甘宁青地区扩散。至魏晋，氐人除分布在故地武都、阴平二郡外，又在关中、陇右一些郡县形成与汉人及其他各族交错杂处的聚居区，在甘宁青地区的氐族主要分布在陇右的天水（今甘肃省天水市）、南安（治所在今陇西县东南）、广魏（治所在今秦安县东南）三郡。魏晋南北朝时期，以氐族先后建立过仇池、前秦、后凉等政权，对当时的历史有重大影响。南北朝以后，氐族逐渐融合于汉族等民族中。

（七）突厥族

突厥本源于铁勒，初附于柔然，后在首领阿史那土门领导下，建立了突厥汗国。在南北朝至唐朝时，突厥崛起于中国西北地区。隋代和唐初，突厥袭边一直是隋唐两代的主要边患。隋时曾与突厥通婚以求边靖，李渊太原起兵之时尚臣于突厥。唐初，突厥更是陈兵于北威胁，东突厥首领颉利可汗不断向南进扰，劫掠财物、人口。629年，唐借东突厥内部颉利与突利二可汗不和，及突厥境内因雪灾而产生的困境，一举歼灭东突厥，生擒颉利可汗，俘其众十余万。唐王朝在东起幽州（治所在今北京），西至灵州（治所在今宁夏灵武市）一带，设置四个都督府安置内附突厥人。而在颉利故地置定襄都督府和云中都督府，分别任用突厥贵族为都督进行统治。安置在甘宁青地区的突厥人逐渐汉化，部分融于当地汉族之中。

此后，不断有突厥人降唐，唐将其安置在甘宁青等边地。唐贞观四年（630），东突厥灭亡后，不少铁勒部落或降伏或迁徙到唐境。臣属于突厥的部落也不断迁入唐境内。灵州（管辖区域相当于今宁夏灵武市）就是铁勒移民的重要迁入区。高宗麟德年间（664—665），《旧唐书·崔知温列传》记载，崔知温任灵州都督府司马时，"州界有浑、解薛（铁勒别部）部落万余帐，数侵掠居人，百姓咸废农业，习骑射以备之。"随着突厥的衰亡，突厥许多部众逐渐向甘宁青的河西、灵州、夏州迁徙。"九姓铁勒"部回纥、拔野古、同罗、仆骨、多滥葛、思结、阿跌、契苾、跌结、浑、斛薛11部也被唐设置羁縻州安置在宁夏境内。比如，在宁夏同心韦州考古发现的吐谷浑墓，在青铜峡发掘的铁勒契苾氏墓。①他们的迁徙，促进了民族融合，加快了其经济、文化变迁的步伐，并改变了当时某些地区的民族分布。内迁的突厥人也是唐朝一支重要的政治、军事力量，在唐朝内乱和对外征伐中都曾发挥了一定作用。

(八) 中亚粟特人

甘宁青地区位于中西交通要道，张骞通西域以来，历代都有来自中亚和西域的商人、使者落居丝绸之路各段，对甘宁青地区的人种、文化等都有或多或少的影响。早在北魏时，就有生活在今中亚阿姆河和锡尔河之间、擅长经商的粟特人入居中国，这些流寓中国的中亚粟特人均以国为姓，见于文献记载的有康、米、史、曹、何、安等姓，统称"昭武九姓"。隋唐时期，进入中国的粟特人更多了，地处丝绸之路要道的灵州（今宁夏灵武市）、敦煌（今甘肃敦煌县城西）、肃州（今甘肃酒泉）、凉州（今甘肃武威）等地，当时散居着大量的粟特人聚落。据考古资料证明，在宁夏的灵武、盐池、固原等地遍布粟特人部落。例如，在盐池窨子梁发现的中亚何国人后裔的墓群，在固原南郊发现中亚史氏大型粟特人家族墓地。近年来，在甘肃天水石马坪也发现了粟特人的墓葬。

粟特人迁居甘宁青后，与境内的汉族联姻，逐渐融入汉族，但部分昭武九姓人的姓氏却保留了下来，如康、米、史、曹、何、安等。

(九) 吐谷浑

吐谷浑本是鲜卑慕容一支，因统治集团内部矛盾，其首领吐谷浑率部西迁。公元4世纪初，这支鲜卑人迁入青海，与当地汉、羌等族融合形成了一个新的民族共同体——吐谷浑族，在经济、文化等方面开始与鲜卑族有了区别。吐谷浑立国后，东晋十六国时期控制了青海、甘肃等

---

① 王惠民：《丝绸古道与宁夏》，宁夏网，2008年11月9日（http://www.nxnet.net/shouye/zktj/wmlh/200811/t20081109_358704）。

地，与南北朝各国均有或深或浅的交往。隋唐时，吐谷浑与隋唐两朝均有和亲，后被唐朝征服。这一时期，不断有吐谷浑部落降唐，唐将其安置在甘宁青各地。《通典·吐谷浑》就记载，武则天曾认为，安置吐谷浑降人的措施应该是："当凉州者，则宜于凉州左侧安置之；当甘州、肃州降者，则宜于甘、肃左侧安置之；当瓜州、沙州降者，则宜于瓜、沙左侧安置之。"663年，吐蕃破其国，其首领诺曷钵率残部奔凉州。670年，吐蕃尽据吐谷浑地。672年，唐迁吐谷浑余部于灵州，置安乐州，以诺曷钵为刺史。吐蕃占据灵州后，吐谷浑便东迁朔方、河东。五代时散处于蔚州等地。936年燕云地区割属契丹，这部分吐谷浑人便臣役于契丹，后世多同化于汉族或其他民族。留在青海的吐谷浑，部分学者认为是今土族的先民。[①]

（十）回鹘（回纥）

回鹘是活动于西北的一个很古老的民族，是维吾尔族和裕固族的祖先。7世纪初，回纥在色楞格河一带逐水草而居，附属于突厥汗国。突厥灭亡后，归附于唐朝。8世纪开始强大起来。唐时，其首领接受册封，后改名为回鹘。回鹘因长期与吐蕃战争，加上统治无道，内讧不断，于846年被属部黠戛斯所灭。其中一支回鹘人迁徙到河西走廊，初依附于吐蕃。约10世纪初，迁至河西的回鹘人建立了甘州回鹘汗国，其活动区域主要在瓜州（今安西）、沙州（今敦煌）、肃州（今酒泉）、甘州（今张掖）、凉州（今武威）等地，统称河西回鹘。11世纪初，甘州回鹘汗国被西夏所灭，其部落四散。一支投奔青唐（今青海省西宁一带），后来融合于当地吐蕃，另一支入居北宋境内，逐渐融合于当地各民族。甘州回鹘的主体部分则退处沙洲以南地区，继续游牧。回鹘主体部分其后主要活动区域大致在今新疆若羌以东、沙州以西、柴达木盆地以北地区。宋代将这支回鹘人称为"黄头回纥"，元代称"撒里畏吾"，明代称"撒里畏兀儿"。

（十一）吐蕃（藏族）

吐蕃是青藏高原的古老民族，属于西羌系统。唐代，松赞干布统一

[①] 芈一之：《从李土司族谱谈到吐谷浑与土族的关系及土族族源问题》，《西北史地》1981年第2期；芈一之：《土族族源再考》，《青海民族学院学报》1982年第4期；李文实：《霍尔与土族》，《青海民族学院学报》1982年第4期。

吐蕃各部，建立吐蕃王朝。此后，吐蕃逐渐向唐王朝统治的河陇、西域等地进军，其势力范围和族群成员也逐渐渗入所占之地。灭吐谷浑后，青海全部成为其势力范围，甘肃河西、平凉、洮岷地区，宁夏灵武、固原、泾源等地一度为吐蕃所占，吐蕃部落也渐散落于境内。即使后来唐王朝收复失地，散落于宁夏境内之吐蕃部落也零星存在。我国著名民族学家杨建新先生指出："吐蕃在西北地区的统治区瓦解后，在西北广大地区留下了大量吐蕃部落，其中尤以今甘、宁、青地区为最多。"[①]

（十二）汉族（华夏）

甘宁青地区是汉族及其祖先华夏族最早活动的地区之一。周人早期活动的周原，大致从今宁夏南部、甘肃省庆阳地区和平凉地区东半部，直至今陕西省宝鸡地区和咸阳地区。在这一区域，周人与羌戎有包括通婚在内的广泛互动。秦人的祖先最早起源于甘肃的陇南和天水一带。秦位列诸侯之后，攻戎狄，至穆公时称霸西戎之地，在甘宁青一些地区设郡县。周人和秦人都与甘宁青地区的羌、戎通婚，使汉族的族源具有明显的多元性。秦汉以来，甘宁青许多地区是汉族与少数民族的争夺之地。在汉与羌、氐、匈奴、月氏等民族互动中，汉族迁徙到甘宁青的河西、河湟、河套等地区，或为驻军，或为戍边屯田移民。当地志书对此也有论述："自秦廷颁令'屯留迁民'后，部分山西上党人即被发配到洮岷地区居住。随后，大批陕西、山西等地的'汉人'因躲避秦廷的暴敛，也纷纷逃至洮岷地区定居下来。"[②]《史记·平准书第八》记载，汉武帝得河西之地后，"初置张掖、酒泉郡，而上郡、朔方、西河、河西开田官，斥塞卒六十万人戍田之。"《汉书·西域传》载，元狩二年（公元前121年），汉"初置酒泉郡，后稍发徙民充实之"。从三国分立到隋王朝统一，甘宁青地区经历了多个不同民族政权的统治，而这一时期又是一个民族大迁徙与大融合的时期。汉胡之间的融合与杂居是甘青地区民族居住格局的常态，无论谁来谁往，作为一个人口占多数的民族，仍然有一定数量汉族活动在甘宁青地区。隋统一之后，更多的汉族迁入到甘宁青地区，其主要方式有建立行政与军事机构、移民屯田等。就像有研究者所指出的，"隋朝建国伊始，便在陇右、北地、湟中、河

---

① 杨建新：《中国西北少数民族史》，民族出版社2003年版，第359页。
② 临潭县志编撰委员会：《临潭县志》，甘肃人民出版社1997年版，第139页。

西等地区建立了屯田"。① 唐承隋制，疆域拓展到西部更远区域，汉族活动区域也几乎遍及甘宁青各地。同时，由于魏晋以来的民族融合的继续发展，至隋唐时期，许多少数民族已经融入汉族当中。所以，甘宁青地区的汉族人口和数量也急剧增加，汉族活动的区域也逐渐扩大，甘宁青地区成为汉族与吐蕃、吐谷浑、突厥等民族交流互动的重要场所。

二 宋辽夏金元时期甘宁青地区各民族

（一）党项族

党项族是我国古代北方少数民族之一，属西羌一支，故有"党项羌"之称。南北朝末期（6世纪后期）党项族开始活动于今青海省东南部黄河上游和四川松潘以西山谷地带。唐初，勃兴于西藏高原上的吐蕃王朝，日益向外扩张，灭吐谷浑，吞唐郡县，并时常抄略党项。散居在今甘肃南部和青海境内的党项部落南迁，唐移静边州都督府至庆州（今甘肃庆阳），下辖的25个党项州，也随着一道迁徙。唐末，因党项族平夏部首领拓跋思恭参与镇压黄巢农民起义军有功，被唐封为夏州节度使、夏国公，赐李姓。从此党项族便据有银、夏、绥、宥、静五州。1038年，党项首领元昊在兴庆府称帝，建立大夏王朝，史称"西夏"。西夏王朝疆域大致包括今宁夏、甘肃、新疆、青海、内蒙古以及陕西的部分地区，东尽黄河，西至玉门，南界萧关，北控大漠。1227年，蒙古灭西夏，党项人遂成为蒙、元属民，系色目人之一种。党项除被强行迁走之外，散落甘宁青的党项遗民与其他民族间错杂居，从而渐渐融合于汉族、藏族、蒙古族、回族中。

（二）吐蕃（藏族）

9世纪中叶，吐蕃统治瓦解，部分吐蕃部落南返，但甘宁青地区仍生活着一些吐蕃部落。这些吐蕃部落"族种分散，大者数千家，小者百十家，无复统一"。② 居住在"河、秦、邈川、青唐、洮、岷以至阶、利、文、政、绵、威、茂、黎、移州夷人，皆其遗种"。③ "自灵州渡黄河至于阗，往往见吐蕃族帐。"④ "到了宋代，占据河西、陇右、河（包括洮水）湟流域的吐蕃部落有：秦州（今天水一带）安家族，大、小

---

① 李清凌：《隋唐五代时期西北的经济开发思想》，《西北师大学报》2005年第6期。
② 《宋史·吐蕃传》。
③ 邵伯温：《闻见录》（卷13）。
④ 《资治通鉴长编》，庆历四年五月壬戌。

石族,大、小马家族,原州、渭州三十二族,凉州六谷部,河西者龙族和其他四十五族,河湟流域有宗哥族、河州诸族。"① 至元代,吐蕃势力收缩,一些部落融合于汉族或其他民族。

(三) 蒙古族

蒙古族是我国北方的古老游牧民族,长期生活在蒙古高原。两宋时,附于辽、金。12世纪中后期,其首领铁木真统一各部,并于1206年建汗国,1234年灭金,后灭西夏、降吐蕃。随着其对西夏、南宋的征伐,大量蒙古族进入了甘宁青地区。

蒙古人统治甘宁青地区后,实行封王统治和郡县管理双重管理制度,"命宗王将兵镇边檄襟喉之地"②,对吐蕃聚居的地区实行"因俗而治",蒙古人自此成为甘宁青地区的一个主要民族。受封于此的蒙古亲王主要有"永昌王"阔端、"安西王"忙哥剌、"西平王"奥鲁赤、"宁王"卜烟帖木儿、"西宁王"忽答里迷失与速来蛮、弘吉剌部的昌吉驸马(宁濮郡王)兄弟,等等。由于蒙古各亲王都有自己的部落和属下,他们被分封于甘宁青地区后,其原属部落和属民也随之迁往该地。如宁夏南部六盘山地区是安西王的封地。在元世祖至元十六年(1279)秋七月,"(世祖)敕发西川蒙古军七千……付皇子安西王"。③ 忙哥剌、阿难答、月鲁铁木耳等历辈安西王及其他藩王皇族成员、士兵、官吏、百姓等蒙古人长期生活在六盘山地区。随着蒙古人编入户籍,定居此地的蒙古人不断增多。在甘肃行省的其他地方,驻守的蒙古军人及其家属也很多。同时,因其他原因进入甘宁青地区的蒙古族也屡见于史籍,如安置蒙古饥民。至元七年(1270),诸王拜答寒部告饥,朝廷令无车马的贫民就食甘(今甘肃张掖)、肃(今甘肃酒泉)、沙(今甘肃敦煌)三州;至元二十六年(1289)徙弘吉剌部贫困者就食六盘(今宁夏境)。

(四) 元代各类穆斯林

早在唐代,甘宁青地区就曾留下大食穆斯林商人过往的踪迹。到北宋、西夏时期,东来的穆斯林客人也多数从玉门、酒泉经西夏属地进入

---

① 杨建新:《中国西北少数民族史》,民族出版社2003年版,第321页。
② 《元史·兵志二》。
③ 《元史·世祖本纪》。

中原。史书记载："北宋真宗天禧三年（1019）蒲麻勿陁婆离、副使蒲加心等入贡。先是其入贡路繇沙州涉夏国抵秦州。"①

13世纪蒙古族兴起后，征服了信奉伊斯兰教的中亚中东地区，将当地信仰伊斯兰教的军士、工匠、商人等编入"探马赤军"。在东征西夏和中原地区时，这些"探马赤军"被派驻在甘宁青各地屯戍耕牧，与当地汉、藏等族渐渐融合。蒙古人的征服使中西交通大开，中亚中东的穆斯林商人大量迁入中国，他们"擅水陆利，天下名城巨邑，必居其津要，专其膏腴"，从而形成了"迄元世，其人遍于四方"②的局面。在今甘宁青及内地许多地方形成了回回聚集区。这一多元性的"回回"群体，占元代31种色目人中的绝对多数，包括阿拉伯人、波斯人、伊斯兰化的突厥族系的哈剌鲁人、阿儿浑人、于阗人、阿里麻里人、别失八里人、康里人、钦察人以及黑回回、占城回回、南亚回回，还有非信仰伊斯兰教的阿速人（绿眼回回）、术忽回回（犹太人）、啰哩回回等。③元代，在甘宁青地区形成了以河西地区、河州、灵州等地为主的穆斯林聚居区。

以河西地区为例，蒙古人征服河西后，"探马赤军"中随军穆斯林士兵、工匠、商人等或驻军于河西走廊，或屯聚牧养于河西走廊。《元史·本纪第十五》记载：至元二十五年（公元1288年）十一月壬午，"以忽撒马丁为管领甘肃陕西等处屯田等户达鲁花赤，督斡端、可失合儿工匠千五十户屯田。"忽撒马丁是回回人，此处的"甘肃"指位于河西的甘、肃二州。《元史·本纪第十六》载：至元二十八年（公元1291年）十一月丙申，"以甘肃旷土赐昔宝赤合散等，俾耕之"。于是增加了这里的回回人。马可·波罗游历河西时，发现沙州（敦煌）"有回教徒"。④甘州（张掖）"居民是偶像教徒、回教徒及基督教徒"。⑤蒙古建立的横跨欧亚帝国使东西交通大开，河西在中西贸易中的地位更加凸显，有穆斯林商人不断进入河西定居。白寿彝认为，元代"蒙古人西

---

① 《宋史·大食列传》。
② 《明史·西域传》。
③ 杨志玖：《元代回族史稿》，南开大学出版社2003年版，第79页。
④ ［意］马可波罗：《马可波罗行纪》，冯承钧译，上海书店出版社1999年版，第115页。
⑤ ［意］同上书，第127页。

征后,中西交通大辟,回教人之来中国经商或求仕者,其数亦不在少"。① 他们在河西经营的商业贸易相当繁荣,在肃州东关"自东至西大街一条,长一里半;自南至北横街一条,长一里,其余小市僻巷不一,肆中贩粥,不拘时辰,朝市暮散,富庶与城内埒,惟番回居大半"。② 在《元史》中,经常提到河西等甘宁青地区的回回及其屯田之事。如至元八年(1271年)九月"甲戌,签西夏回回军"。③ 至治二年(1322)"免回回人户屯戍河西者银税"。④ 至元十七年(1280),元廷就下令畏兀儿户居河西者屯田。⑤ 所以《明史》称:"元时回回满天下,及是居甘肃者甚多。"⑥

以今临夏回族自治州为例,随着蒙古人东征,"探马赤军"中的许多穆斯林定居到当地。据方志载:"13世纪初,成吉思汗出兵中亚,将俘虏的十多万工匠编入'佥军',还有大量的回回军、商人和平民,随军到达中国各地,河州为集中地之一。"⑦ "成吉思汗征战西域各国,随军带来花刺子模等地的穆斯林军人、工匠、平民,置于西域亲军、回回亲军以及各地探马赤军管辖。元世祖至元十年(1273),忽必烈下令'驻军随处入社',军士落为民籍,是临夏地区回族形成的一部分。分布临夏各地的喇、苏、丁等姓为世家,其先即为伊朗布哈拉人、元朝大臣赡思丁·纳苏喇丁。元代还有不少被称为'斡脱'的官办穆斯林商队活跃在河州地区,不少传教者亦蜂拥而至,定居河州,繁衍生息。"⑧ 此后,穆斯林商人和伊斯兰传教者定居于此者一直延续到明清。《临夏回族自治州概况》对此论述道:"由于在临洮、临夏地区所驻蒙古军很多,往来使者、商人、贡使络绎于道,又有'哈志所'等宗教管理结构,遂形成了回回色目人活动的主要地方。"⑨ 《临夏回族自治州志》的

---

① 白寿彝:《中国伊斯兰史存稿》,宁夏人民出版社1983年版,第170页。
② 《肃州府志》(卷3)。
③ 《元史·世祖本纪》。
④ 《元史·英宗本纪》。
⑤ 《元史·世祖本纪》。
⑥ 《明史·西域传》。
⑦ 临夏州志编纂委员会:《临夏回族自治州志》,甘肃人民出版社1993年版,第1302页。
⑧ 同上书,第1287页。
⑨ 《临夏回族自治州概况》编写组:《临夏回族自治州概况》,甘肃人民出版社1986年版,第61页。

编纂者认为:"元代,据传从西域来的传教士中有哈木则率领的四十位'古土布'(宗教学者)和阿里阿塔率领的八位'赛义德'经河西到河州一带传播伊斯兰教。有的落居东乡,葬于东乡境内的坟墓有十四处;有的散居于临夏各地。"①

这些定居的穆斯林以及穆斯林化的蒙古族成为甘宁青地区现有许多穆斯林民族族源的重要组成部分。

从回族发展演变看,随着"探马赤军,随地入社,入编民"②,以及元代推行的"屯田制度",外来穆斯林开始了在中国的本土化。这些穆斯林既有蒙元帝国签发而来的西域各类军士、工匠、驱口和招募而来的回回、哈剌鲁、畏兀儿、阿儿浑、康里、钦察、阿速、斡罗思等部族③,也有西域"缠头回"(即今维吾尔族)。回族的形成是以中亚西域东迁而来的穆斯林为主,融合了汉族、藏族、蒙古族等民族,以汉语为母语,以伊斯兰文化和儒家文化为传统文化而形成的民族。

有学者根据民间传说认为,撒拉族的形成也与元代中亚穆斯林的迁徙有关。蒙元时期,撒拉族先祖是居住在中亚撒马尔罕地区(今乌兹别克斯坦共和国)的尕勒莽、阿合莽兄弟二人,在当地伊斯兰教中颇有声望,遭到统治者忌恨;为躲避迫害,兄弟二人率18个族人,牵一峰白骆驼,驮着故乡的水土和《古兰经》离开撒马尔罕东行,寻找安身之所;出发时,又有45个同情者随后跟来;他们经新疆、河西走廊,辗转迁来今青海循化境内,这些来自中亚的穆斯林定居青海后,与当地汉族、回族、土族、藏族等民族通婚,逐渐发展演变为今天的撒拉族。④

东乡族的形成与穆斯林的迁徙及蒙古族的伊斯兰化有密切关系,我国著名民族学家杨建新认为,东乡族的形成与阿难答的部下避难进入今东乡地区密切相关,东乡族的形成则"是14世纪后半叶,即元末到明初居住于东乡地区的回回人、蒙古人、汉人以及藏族人共同融合而成

---

① 临夏州志编纂委员会:《临夏回族自治州志》,甘肃人民出版社1993年版,第1302页。
② 《元史·食货志》。
③ 马建春:《元代东迁西域人屯田述论》,《西域研究》2001年第4期。
④ 马明良:《谈谈撒拉族的形成与伊斯兰教的关系》,《青海民族学院学报》1984年第1期。

的"。①

总之，中亚西域等地穆斯林的迁入，向甘宁青传播了伊斯兰教，使伊斯兰文化成为当地主流文化之一，促进了甘宁青地区的文化融合。

（五）女真

金王朝是在女真人反抗辽王朝压迫的基础上建立的。金灭辽后，展开了对西夏、北宋的征伐活动。在与夏、宋征战中，甘宁青地区的一些原属于夏、宋的行政管辖区域为金人所占，并在这里设置了各级军事与行政机构。与甘宁青相关的主要有凤翔、庆原、临洮三路。其中，凤翔路下辖的平凉府，镇戎、陇2州，庆原路下辖的庆阳府，环、原、泾等州，均属今甘肃和宁夏；临洮路下辖的临洮府，积石、洮、兰、巩、会、河所管辖的区域涵盖今甘肃和青海的许多地区。孙佳通过对金朝官吏民族成分的研究指出：虽然金是一个多民族王朝，境内居住着女真族、汉族、契丹族、奚族、渤海族等民族，金代官吏的民族成分复杂，但女真人是金代行政路官员的主体，且在各路出任长官比例最高，占绝对统治优势，这与女真族作为统治民族的身份、地位相符合。② 因此，甘宁青这些处在金统治区域内的地方，女真族的官吏、将士数量不在少数。为加强对甘宁青地区的统治，金王朝还迁移女真人在这些地区开展民屯和兵屯。李蔚指出，金朝在宋代西北屯田基础上，曾在今甘肃、宁夏的一些地区进行过屯田，在民屯方面，他认为，《大金国志·屯田》所载的"今屯田出去，大名府、山东、河北、关西诸路皆有之"中的关应是函谷关，文中的"关西诸路"当指函谷关以西的京兆府路、凤翔路、庆原路、临洮路，等等；四路大体上包括今陕西北部，甘肃东部和南部，以及青海、宁夏的部分地区；他据此认为，在金朝统治的函谷关以西的西北地区，同样存在猛安、谋克屯田。③ 而所谓的猛安、谋克屯田就是指金王朝将女真户"自本部族徙居中土，与百姓杂处，计其户口，予以官田，使自播种以充口食"。④ 在军屯方面，李蔚指出，金王朝在当时的镇戎屯田、巩昌屯田就属此类，金时的镇戎州，即今宁夏

---

① 杨建新：《中国西北少数民族史》，民族出版社2003年版，第620页。
② 孙佳：《金熙宗以来地方行政路考论》，《史学集刊》2012年第2期。
③ 李蔚：《略论金朝统治时期的西北屯田》，《兰州大学学报》1994年第3期。
④ 《大金国志·屯田》。

的固原，巩昌即今甘肃陇西。①

女真人在甘宁青地区的活动并未随着蒙元灭金而消失，一些女真人或融入其他民族，或一直作为独立民族存在至元末。有研究者指出，今平凉市泾川县距县城七公里的泾河北岸的完颜村的完颜家族就是当时生活在甘宁青地区的女真人后裔。②

（六）汉族

经历了五代十国的乱世之后，北宋统一了中国大部分地区。其后，随着西夏王朝的建立，今甘宁青地区分别属于宋、夏和吐蕃的管辖。宋境内以汉族为主毋庸多言。西夏境内虽然以党项为主，但是其掳掠的汉族以及治下的汉族平民为数不少，并有大量的汉族官吏。吐蕃统治区域内的汉族相对较少。金王朝势力延及甘宁青之后，原本生活在此的汉族仍然是区域内的主要民族，同时，金王朝还将征服的其他原属于辽、宋区域内汉族迁入甘宁青地区进行屯田，并有许多汉族将士、官吏在甘宁青地区各地驻守任职。元统一中国后，还将内地汉族不断迁至甘宁青地区。"元世祖至元十六年，调归附军人于甘州，十八年，以充屯田军。"③ 至元十八年六月，"以太原新附军五千，屯田甘州"。④ 因此，宋辽夏金元时期，汉族仍然是甘宁青地区的主要民族之一。

纵观甘宁青历史，这里曾是多个少数民族政权交替兴衰的历史舞台，也是中原汉族王朝和边疆少数民族政权争夺控制权的战略要地，无数个民族纵横捭阖于此，形成了现今多民族杂居分布和多民族文化异彩纷呈的格局。

---

① 李蔚：《略论金朝统治时期的西北屯田》，《兰州大学学报》1994年第3期。
② 何志虎、贺晓燕：《泾川完颜家族祖先遗像考释》，《甘肃社会科学》2005年第2期；刘彩旺：《泾川县完颜村女真族民俗旅游文化研究》，硕士学位论文，西北师范大学，2007年；杨田：《甘肃泾川女真完颜氏后裔民间信仰初探》，硕士学位论文，兰州大学，2011年；杨田：《金女真完颜氏祭祖初探——对泾川完颜氏的人类学调查》，《甘肃理论学刊》2011年第5期。
③ 《元史·兵志三》。
④ 《元史·本纪第十一》。

第二章 明清时期人口迁移与甘宁青地区民族居住格局的发展演变

第一节 汉族人口迁移对甘宁青地区民族居住格局的影响

汉族是中国人口最多的民族，在甘宁青地区的活动最早可以追溯到周人祖先，他们最早活动于宁夏南部固原市到陕西岐山一带。春秋战国时期，秦人祖先兴起于甘肃，随着秦国的兴盛和秦王朝的建立，华夏在甘宁青地区的活动范围日益扩大。汉王朝建立之后，汉族在与匈奴等民族的战争中不断开疆拓土，河套地区、河西走廊、河湟流域、白龙江流域等区域均是汉族活动的区域。其后，汉族一直是甘宁青地区活动的主要民族，但因王朝分合、政权割据等原因，汉族在甘宁青地区的分布范围在不同时期不尽相同。

一 明朝汉族人口迁入甘宁青地区主要原因及类型

从明王朝的疆域来看，甘宁青地区是典型的边地，但具有极为重要的战略地位，是防御蒙古、控驭西域、沟通乌思藏的战略要地。明王朝建立初期，蒙古势力常常越过河套，冲破固原，长驱直入关中，斩杀官吏，抢掠民众。同时，不时有蒙古部落从河套地区经今宁夏、甘肃等地赴青海游牧，一路毁坏关隘，虐杀将官，抢掠百姓，给明王朝的边疆安全造成了极大的破坏。因此，明王朝在甘宁青设军事重镇，并在各地广设卫所，或屯或戍，或屯戍兼具。卫所士兵及其后裔逐渐成为甘宁青地区汉族人口的重要组成部分。明王朝还将甘宁青以外各省的汉族迁移至甘宁青各地，以资守御。这一时期王朝兵力所达地区，汉族人口也相对集中，与甘宁青地区的其他少数民族形成了交错居住，但又相对集中的

第二章　明清时期人口迁移与甘宁青地区民族居住格局的发展演变 | 57

局面。

（一）各地驻守将士及其后代

明朝建立后，在甘宁青地区设置了许多卫所，明中后期设置的九边重镇中的两边，即宁夏和固原就在今宁夏回族自治区境内，并设置"三边总制"统御西北军事。

1. 甘肃驻守将士

明洪武二年（1369）五月，故元吐蕃宣慰使何锁南普等降明，甘肃的河、岷、洮等地纳入明治下。"明洪武四年，徐达兵至，千户韩文率众归附，改守御千户，隶岷州卫。"① 其后，通过多次征战，将甘肃大部分地区和今青海东部地区纳入明王朝统治之下。为便于统治，增强边境范围，明王朝在甘肃设立了军镇，镇下设立卫所，卫所下又有屯堡等。如明代在甘肃设立的甘肃镇就是明朝在西北地区的军事重镇，它"以一线之路，孤悬几二千里，西控西域，南隔羌戎，北遮胡虏。"② 在地理位置上，甘肃镇西接哈密等关西诸卫及东察合台汗国，地扼西域进入中原的孔道，南面管理安定等四卫与西番十三族，北临河西走廊内陆河中下游隘口，地处防止蒙藏合流对抗中原的要道。由于甘肃镇"界在羌番、回虏之间，非他镇内连省复而一面邻边之比，尤难为守"。③ 因此明人认为，甘肃镇位置极为重要，有"保甘肃所以保陕西"④ 之责。清代史学家顾祖禹认为甘肃镇的战略位置在明边防中作用是"欲保秦陇，必固河西"。⑤ 由于"正德以后，右翼蒙古各部相继进入青海，加之吐鲁番多次侵袭河西走廊西部，甘肃镇边防压力加大。嘉靖中前期，围绕蒙古各部进出青海的路线，明朝从东起兰州西至嘉峪关陆续修建了横跨河西走廊的边墙体系。"⑥ 在这个庞大的防卫体系中，甘肃镇下辖了甘州左、甘州右、甘州前、甘州后、甘州中、凉州、镇番、山丹、永昌、肃州、庄浪、西宁十二卫以及镇夷、高台、古浪三个守御千户所。这些卫所中驻扎着大量的将士及其家属。由于中下层将士属于军

---

① （清）田而穟纂辑：《岷川志·舆地下·番属》（卷3），康熙四十一年抄本。
② 张天复：《皇舆考·九边》。
③ （顺治）《重刊甘镇志·兵防志·关隘》。
④ （明）霍韬《哈密疏》，载陈子龙等《明经世文编》（卷186）。
⑤ （清）顾祖禹：《读史方舆纪要·陕西十二》。
⑥ 马顺平：《"界在羌番、回虏之间"——明代甘肃镇边墙修建考》，《社会科学辑刊》2011年第4期。

户，且其家属随军，卫所建立后，许多留成和增驻的将士都留居于此，其子孙后代承袭先人的官职。这种现象以甘肃洮岷地区最为典型，如《岷州志》中记载的陈氏："陈玉：直隶江都县人，宣德七年任本卫指挥使……陈盘：玉之子，袭指挥使职，正统三年管本卫事。"① 任指挥佥事的刘氏家族"刘兴：直隶定远县人……刘揖：兴二代孙……刘守仁：兴三代孙，嘉兴间袭任，缘事参降副千户……刘荣：兴五代孙"②，等等。

2. 宁夏驻守将士

明代军卫设置过程相当复杂，有多次的撤卫、复卫及卫名变更。洪武以后，又有新的军卫增设。由于宁夏一直受到来自蒙古部落的侵扰，其境内有宁夏、固原两大镇，三边总制平时常驻固原，秋防时移驻花马池，其军事地位十分重要。明正统年间之后，大量的蒙古部落迁居与宁夏相邻的河套地区，常常犯边，或攻杀边将与郡县官吏，或劫掠百姓与财物，或抢夺牧马，成为明中期以来西北极为严重的边患，"套虏"一词不绝于明代史籍。正如清代史学家顾祖禹所言："成化以前，虏患多在河西，自虏居套以来，而河东三百里间更为敌冲，是故窥平固则犯花马池，掠环庆则由花马池东，入灵州等处则清水营一带是其径矣。"③宁夏境内的宁夏镇"实关陕之樊篱，京师之阪塞也"。④ 正如路虹所言，"宁夏镇在西三边中居中联络，使西三边有机地统一起来，并与固原总制府形成犄角之势"⑤，有效阻隔了蒙古部落突入关中进而威胁中原。宁夏境内各军镇与卫所在防御北方蒙古势力中的作用可见一斑，因此，这里驻防着大量军队及其家属。为保持这里的军人数量，明王朝还曾将该清解的士兵建立新卫所留成。如明王朝在宋代的西安废城新建西安所，"留陕属清出湖贵赤水铜鼓二卫勾结军丁三千余，免发瘴疠之乡，以一千实新所，以二千实新卫，成守两边"。⑥ 在豫旺城平虏守御千户所曾将"编原拟存留清解南方军及新募军入伍操练，授田屯种，以为

---

① （清）田而穟纂辑：《岷州志·舆地下·番属》（卷13），康熙四十一年抄本。
② 同上。
③ （清）顾祖禹：《读史方舆纪要·宁夏镇》。
④ （明）《嘉靖宁夏新志·宁夏总镇》。
⑤ 路虹：《明代宁夏镇研究》，硕士学位论文，西北民族大学，2005年。
⑥ 《明经世文编·项襄毅公集·改固原卫建西安所及更守备疏》。

防御之计"。① 另外，还将其他地方的军队调入以增强防卫能力，如景泰三年（1452），调平凉卫右千户所全体官兵至固原，设守御千户所，给这些士兵"各拨给屯地耕种"，至杨一清整顿马政时还能发现这些士兵的后代。②

3. 青海驻守将士

青海是明代防御蒙古和统治诸番的主要地区。明王朝在青海大量驻军，汉族人口大批迁居青海。1371年，元西宁州同知李南哥归附明朝，青海东部正式归入明王朝版图。1373年，明改西宁州为西宁卫，下辖左、右、前、后、中五个千户所，除右千户所设在碾伯以外，其余都设在西宁城内。为了便于对诸番族的统治以及明中后期为防御迁入青海湖的蒙古族，明王朝在青海西宁卫驻有大量军队。永乐初，镇守河州都指挥刘昭奏请，"全调一所于归德，二百守城，八百屯种。"③ 据《西宁志》卷1载，明洪武中，民户7200、人口15580，军户人口6万；到嘉靖、万历时，西宁卫共有堡寨240余座，军户26000余户、15万人以上。④ 洪武十年（1377）九月，陕西都指挥使司为加强西北地区屯田及守备力量，向明帝奏称："庄浪卫旧军四千，后增新军四千，地狭人众，难以屯驻。是将新军一千人往碾伯守御，一千人于西宁修城，暇则俱令耕种，止以旧军守御庄浪。"⑤ 其后在西宁卫下设的在城、老鸦城二驿"每驿给以河州茶马司所市马十匹，以兵十一人牧之，就屯田焉。"⑥ 一些驻守将士因常年戍边，数世定居在青海。如据地方志载，曾任西宁卫指挥佥事的魏寰，"西宁人，始祖魏善，本泗州人，从明太祖起兵……功授世袭千户，管西宁卫中左所副千户事，因家焉。"⑦ 贵德人王猷，本江南宜兴籍，从明太祖起兵，因功于洪武十二年除河州卫右所试百户，二十三年授昭信校尉，后又调中左所……永乐四年，拨贵

---

① 《明武宗实录》，弘治十八年六月丁巳。
② （明）杨一清，《杨一清集》（卷2），唐景绅、谢玉杰点校，中华书局2001年版，第5页。
③ 《明太宗实录》，永乐九年冬十月辛卯。
④ 芈一之：《青海汉族的来源、变化和发展》，《青海民族研究》1996年第3期。
⑤ 《明太祖实录》，洪武十年九月丁丑。
⑥ 《明太祖实录》，洪武十四年十二月乙卯。
⑦ （清）杨应琚：《西宁府新志》（卷27），青海人民出版社1988年版，第727页。

德千户守御,至清代西宁城西王屯的王氏"即其苗裔也"。① 在今青海省河湟地区,很多汉族居民是明代将士的后代。"湟中县总寨公社徐家大队之民徐彦帮藏有《明太祖敕封徐勇诰命》。据载,徐勇系扬州府如采县丁溪场住人,于丙午年十二月常熟常国公处归附明军,充总旗。随后因功于洪武十八年九月,'除昭信校尉',十月,'调西宁卫前所流官百户',遂定居河湟,徐彦帮系徐勇十九世孙。石嘴俞氏,大古城周氏,上下寨周氏,他们的祖先都是在明初任西宁卫碾伯右千户所流千户,后定居乐都的。还有,七里店斐氏,城关杨氏,瞿坛谢氏,亲仁张氏均于明初随军来到乐都。"②

明代迁入甘宁青各军镇卫所的将士以汉族为主,由于明王朝规定"军士应起解者,皆金妻"③,让将士屯戍兼作,其目的是让兵丁定居驻地,许多士兵渐成驻地居民。④ 至明后期军士多为父子更替,更使士兵以驻地为籍,许多将士经数代定居逐渐成为甘宁青本地居民。

(二) 军屯将士及其家属

明清时期,为维护边疆统治,在甘宁青地区驻扎了众多军队。这些驻军仅靠当地的收入难以维持其运转,从内地调拨粮草耗费巨大,实施屯田成为最为有效的办法。汉族在明代迁入甘宁青地区以屯田最为典型,尤其是在军屯方面。明王朝采取屯守结合的办法,以驻军为屯丁进行屯田,尽量使边军粮饷达到自给。具体措施是"更定屯守之数。临边险要,守多于屯。地僻处及输粮艰者,屯多于守,屯兵百名委百户,三百名委千户,五百名以上指挥提督之。屯设红牌,列则例于上。年六十与残疾及幼者,耕以自食,不限于例。屯军以公事妨农务者,免征子粒,且禁卫所差拨。于时,东自辽左,北抵宣、大,西至甘肃,南尽滇、蜀,极于交址,中原则大河南北,在在兴屯矣。"⑤

在甘宁青地区,由于驻军众多,军人及其家属均参与屯田,以满足军粮供给和军人家属生活。这些参与屯田者大多数都是明代从内地迁入甘宁青地区的汉族。洪武二十四年(1391),"遣陕西西安右卫及华阳

---

① (清)杨应琚:《西宁府新志》(卷27),青海人民出版社1988年版,第719页。
② 贾伟:《明清时期河湟地区民族人口研究》,博士学位论文,兰州大学,2012年。
③ 《明史·兵志四》。
④ 《明太祖实录》,洪武十四年十二月乙卯。
⑤ 《明史·食货志一》。

诸卫官军八千余人往甘肃屯田，官给农器谷种。"① 洪武二十五年（1392），"户部尚书赵免（勉）言：'陕西临洮、岷州、宁夏、逃州、西宁、兰州、庄浪、河州、甘肃、山丹、永昌、凉州等卫军士屯田，每岁所收谷种外，余粮请以十之二上仓，以给士卒之城守者。'上从之。因命天下卫所军卒，自今以十之七屯种，十之三城守，务尽力开垦，以足军食。"② 自此便有了明代边境卫所将士"三分守城、七分屯种"之说，加上参与屯种的军余等家属，明代边疆参与军屯的人数众多。宣德三年（1428），"镇守西宁都督佥事史昭奏：西宁地临极边，当严守御，在卫军士三千五百六十人，各有差遣，不暇屯种。切虑缺食，今征进屯军家属自愿力田者七百七十余人，乞令如旧耕种，依例收其子粒，俟征进军回内，选精锐者五百人，专操练以备调遣，余丁复其杂役，悉俾耕种，军食不缺亦不妨操备。"③ 宣德六年（1431）六月，镇守西宁都督史昭再奏："西宁地临边境，控制番夷，先已拨军三千人屯种，近侍郎罗汝敬视有闲田，再拨军余一千一百五十人下屯，其陕西行都司不分各城堡军士多寡，概令分拨，遂致临边卫分缺人守备，乞将原屯田三千人内选壮士五百人，仍前操备，以埃调用，户下余丁屯田纳粮。"④ 宣德六年（1431）九月，行在工部侍郎罗汝敬奏请甘州一十三卫所的"余丁官下家人、寄住人等，例无关支月粮，宜照屯军例，以细粮六石输官。"⑤ 从这些史料中可以看到，参与军屯既有守军，也有其家属。

（三）民屯安置的屯丁

为了解决内地人多地少问题，明初实行了"移民就是宽乡的政策"。移民方式有召募和罪徙（或称流放）两种，原则是"其制，移民就宽乡，或召募或罪徙者为民屯，皆领之有司"。⑥ 方式有三：一为将居住稠密地区的人口疏散到人烟稀少的地方；二为招募流民；三为将有罪之人迁徙至某地。这些人移居到目的地之后，分给土地，设置职官管理，构成"民屯"，即"民屯分为募民屯田、徙罪屯田、移民屯田三

---

① 《明太祖实录》，洪武二十四年二月己未。
② 《明太祖实录》，洪武二十五年二月庚辰。
③ 《明宣宗实录》，宣德三年闰四月丙戌。
④ 《明宣宗实录》，宣德六年六月辛酉。
⑤ 《明宣宗实录》，宣德六年九月庚辰。
⑥ 《明史·食货志一》。

类。"① 明代，凡是地方荒地皆允许地方官招募各色人等开垦，这些开垦地大多也构成"民屯"的一部分。

历任"三边总制（督）"均在甘宁青地区招募流徙以"民屯"。秦纮总制固原时，就向明帝建议在固原实行"民屯"："纮见固原迤北延袤千里，闲田数十万顷，旷野近边，无城堡可依。议于花马池迤西至小盐池二百里，每二十里筑一堡，堡周四十八丈，役军五百人。固原迤北诸处亦各筑屯堡，募人屯种，每顷岁赋米五石，可得五十万石。规划已定，而宁夏巡抚刘宪为梗。纮乃奏曰：'窃见三边情形，延绥、甘、凉地虽广，而士马精强。宁夏怯弱矣，然河山险阻。惟花马池至固原，军既怯弱，又墩台疏远，敌骑得长驱深入，故当增筑墩堡。韦州、豫望城诸处亦然。今固原迤南修筑将毕，惟花马池迤北二百里当筑十堡。而宪危言阻众，且废垂成之功。乞令宪制三边，而改臣抚宁夏，俾得终边防，于事为便。'帝下诏责宪，宪引罪，卒行纮策。"② 这一建议虽受人掣肘，但仍得以实行。据《嘉靖固原州志》载，指挥使刘端在"干盐池"屯田："公仍赋其屯粮，物其方土，虑尚艰食，定其租税，三年后乃作。"③

明王朝在宁夏中北部兴水利、开屯田，在南部以商屯为主蓄粮养兵。明代，宁夏屯田数量巨大，明万历十四年（1586）就有18825.72顷。④ 明嘉靖十九年（1540），宁夏五卫屯田已达1.38万余顷。⑤ 至明嘉靖三十三年（1554），右都御史贾应春仅在花马池一带开屯田两万余顷。⑥ 明代在宁夏实行的屯田使大量内地汉族进入这一地区，逐渐成为宁夏境内汉族的主要组成部分。

（四）商屯招募的屯丁

明代，为补充边地卫所将士的粮饷，除了实施军屯与民屯之外，还实施"开中法"，利用各地"盐引"作为凭照引导商人向边地运输粮草或让其招募屯丁实施所谓的"商屯"。"募盐商于各边开中，谓之商

---

① 薛正昌：《历代移民与宁夏开发》，《宁夏社会科学》2005年第5期。
② 《明史·项忠、韩雍、余子俊、阮勤、硃英、秦纮》。
③ （明）《固原州志·干盐池碑记》。
④ 《明神宗实录》，万历十四年七月癸丑。
⑤ （明）《宁夏新志·宁夏总镇：五卫》（卷1）。
⑥ 《明史·贾应春传》。

屯。"① 具体而言，"商屯"就是在政府颁给盐引政策刺激下，"富商大贾悉于三边自出财力，自招游民，自垦边地，自艺菽粟，自筑墩台，自立保伍，岁时屡丰，菽粟屡盈"。② "洪武三年，山西行省言：'大同粮储，自陵县运至太和岭，路远费烦。请令商人于大同仓入米一石，太原仓入米一石三斗，给淮盐一小引。商人鬻毕，即以原给引目赴所在官司缴之。如此则转运费省而边储充。'帝从之。召商输粮而与之盐，谓之开中。"③ 此为明代"开中法"的滥觞。

甘宁青地区驻扎着大量明军将士，利用开中政策进行商屯在当时是一项两利之事，既可以解决粮饷，也可以让商人获利。洪武十一年（1378），明太祖以所定盐价过重使商屯效益不佳为由，下诏中书省重新制定的政策中就提到了甘肃凉州、河州、临洮，"朕初以边戍馈饷劳民，命商人纳粟，以淮、浙盐偿之，盖欲足军食而省民力也。今既数年，所输甚薄，军饷不供，岂盐价太重，商人无所利而然欤？尔中书议减盐价，俾输粟于西河、梅川，庶粮饷可供，而内地之民省挽运之劳。于是定拟：凡输粮于凉州卫者，每盐一引、米二斗五升；梅川，三斗五升；临洮府七斗；河州四斗"。④ 在一定程度上刺激了甘肃的商屯发展，吸引了许多外地汉族屯丁。

宁夏商屯既有用江淮等地的盐引，也有用宁夏本地灵州大小盐池的盐引吸纳商人积极参与开中政策。"初太祖时，以边军屯田不足，招商输边粟而与之盐，富商大贾悉自出财力，募民垦田塞下，故边储不匮。"⑤ 明初，利用"盐引"招募商人运粮至平凉卫等地，此时的"商屯"当包括平凉府辖地开城县，即今属宁夏南部的固原、隆德等地。及至三边总制秦纮时，他认为"自孛来往牧后，固原当兵冲，为平、庆、临、巩门户。而城隘民贫，兵力单弱，商贩不至。纮乃拓治城郭，招徕商贾，建改为州，而身留节制之"。⑥ 于是"奏设固原为州，开府辟城郭，增兵收盐利，惠商以实塞"。⑦ 并且"拓其外城，奏移批验所、

---

① 《明史·食货志》。
② 霍韬：《哈密疏》，载陈子龙等《明经世文编》（卷186）。
③ 《明史·食货志四》。
④ 《明太祖实录》，洪武十一年二月丙辰。
⑤ 《明史·兵志三》。
⑥ 《明史·项忠、韩雍、余子俊、阮勤、硃英、秦纮》。
⑦ （明）《固原州志·官师志第六·国朝制府》。

盐场于此。自是，商贾云集，货物流行，人有贸易之利……"①秦纮还利用灵州大小盐池所产之盐，兴"商屯"，使固原州盐商云集，由荒凉变为略显繁华，正如杨一清所说："总制尚书秦纮要增盐利，及以便宜处置，出给小票，许令将往西、凤、延安、汉中等府发卖，盐商云瀚，盐厂山积，固原荒凉之地，变为繁华。"②这些盐商不仅在此屯田，还用"中盐制"颁发的灵州"盐引"换取当时固原附近的延安、平凉、庆阳等府州县民间养马。③各地盐商广集固原，有众多商铺，其中不乏商户定居固原，以此地为长期经商之地。并且这些盐商只有在此兴屯方可以立足、纳粮以换得"盐引"。

（五）移民实边者

为了稳定边地，形成长期的实际控制，明王朝还迁内地居民至甘宁青。据清代修纂的《岷州志》载："明洪武二年，元将李思齐以洮岷降。十一年，曹国公李景隆奉制开设岷州卫军民指挥使司，隶陕西都司，领军民千户所四，西固军民千户所一，移直隶各省官军守之，并经历司编户十六，又徙岐山县里民在城居之，谓之样民，总计一十七里。"④"明洪武中，移陕西岐山样民在城居之。岷州卫四所屯寨（本卫内61旗），屯地1700顷。据嘉靖间户籍资料，里民仅440余户，而屯户竟达3000多户，等于里民的7—8倍。屯军的源源补充，使一批批汉民定居下来。"⑤清康熙年间，任岷州同知的汪元纲的《岷州竹枝词八首》中的一首说道："试险西行行近蜀，算程东去本连秦。家家板屋留风土，半是岐阳旧样民。"⑥这里所说的"岐阳旧样民"便是当年从陕西岐山县迁来的汉族普通民众，至清代其后人仍保持传统。明洪武十二年（1379），洮州十八族番酋三副使等叛乱，明太祖派遣沐英、金朝兴等率兵平叛后，设置洮州卫。有研究者指出："洪武十一年至十二年，明朝对洮州地区大规模用兵，经过这次军事行动，洮州一带的西番人遭到毁灭性打击，明朝实现了对洮州地区的直接统治，从而不仅使西部边

---

① （明）《固原州志·文艺志第八·总制秦公敢绩碑记略》。
② （明）杨一清：《杨一清集·杨一清集关中奏议·马政类·为修举马政事》（卷2），唐景绅、谢玉杰点校，中华书局2001年版，第64页。
③ 薛正昌：《历代马政在固原》，《固原师专学报》1996年第2期。
④ （清）田而穄纂辑：《岷州志·沿革》（卷2），康熙四十一年抄本。
⑤ 岷县志编纂委员会：《岷县志》，甘肃人民出版社1995年版，第121页。
⑥ （清）田而穄纂辑：《岷州志·艺文下·赋》（卷19），康熙四十一年抄本。

疆地区出现了较长时期的安定局面，也扩大了江淮人向洮州地区的移民规模。"① 无论是江淮居民，还是山西大槐树移民，都能从民间的许多传说和家谱中找到相关证据，可见明代向甘肃移民人数之多，所涉地区之广。

在宁夏，为巩固边防，洪武九年（1376）设宁夏卫后，明王朝从各地调发军民移居宁夏。如据《万历朔方新志》记载："自洪武初，尽徙其民于关中，实以齐、晋、燕、赵、周、楚之民，而吴越居多，故彬彬然有江左之风"。清人梁份在其著作中指出，宁夏卫设立后，"徙五方之民以实之，江南之民尤多"。② 今宁夏被称为"塞上江南"，不仅因为其地理环境，还因为移民迁徙之后，江南文化随之传入宁夏之故。这些移民实边者久居宁夏后，为宁夏发展和知识传播起到了重要作用，其中不乏名辈世家。在宁夏的南部，"明孝宗弘治十四年，开阃固原卫，移民实边。乡老遗传：当时山西、陕西富户大姓，移来者居多……"③ 这些移民至民国时期，尚有痕迹可辨识："其张、王、赵、李、刘、田、白、杜等姓，自明代实边时，由陕西或山西迁移者居多数。固原土著老户，寥落无几，城区中有……中区有……东区有……西区有……南区有……北区有……其他皆迁移户，或屯戍此地者，遂世居焉。西南各区人民，有平、镇、宁、朔迁入者居多数，移民至此者居较少数。"④ 且其居于固原城内何处、为哪些姓氏仍然十分清晰。这些移民主要是山西、陕西籍，影响了固原方言。另外，有名的"洪洞大移民"就有实边到宁夏南部各地，如在今隆德"官府饬令移入迁出者，明洪武至成化间2次，系山西省洪洞县大槐树及河南省百姓凡1万多户，5万多人"⑤，在今海原"洪武、永乐年间，大槐树移民，境内有流落者。"⑥ 据调查，今海原各乡均有"大槐树移民"。如兴仁乡两门刘姓家族，冯姓家族；高崖乡十字路张姓家族，黄姓家族，草场曹姓家族，赵家套子赵姓家族，蒿川大安掌、小安掌段姓家族；西安乡小河曹氏家族，黄湾

---

① 王玉祥：《论朱元璋经略洮州》，《甘肃社会科学》2003年第6期。
② （清）梁份：《秦边纪略·宁夏卫》。
③ 《民国固原县志·居民志》。
④ 同上。
⑤ 隆德县志编纂委员会：《隆德县志·自然环境》，宁夏人民出版社1998年版，第68页。
⑥ 海原县志编委会：《海原县志·人口志》，宁夏人民出版社1999年版，第126页。

黄姓家族，刘湾刘姓家族等都是大槐树移民。①

在青海，"明代，大批汉族先后迁居青海地区。今化隆境内的大部分汉族自称祖籍南京珠玑巷或山西洪洞县"。②"巴燕戎格设厅后，杨应琚又采取劝耕措施，召集和安置藏、汉、回等民众垦荒造田。重点开发河群峡以上的谢家滩乡、加合乡、昂思多乡等大面积沟汉干旱地带。其后又有大量来自兰州、临夏、永登、乐都、西宁等地的流民以应募农垦定居。"③乐都县"峰堆李氏、瞿昙李氏、老鸦谢氏、亲仁赵氏、马营大仓李氏均系明代由南京迁徙而来的。高店巨氏，祖籍陕西凤翔府岐山县，后迁居南京，明永乐初年，其祖因方孝儒一案被杀，家庭恐遭株连从南京迁居乐都。后裔分居于今高店、城台、雨润以及大通和湟中县的镇海堡等地。"④

（六）戍边罪犯

遣送囚犯戍边是明代向甘宁青地区移民的另一政策。"（明）制移民就宽乡或招募罪徒者为民屯，皆领之有司。而军屯则领之卫所。"⑤每当"卫所有所缺伍，则另选舍余及犯罪者充补。犯重发边卫者，责卖家产，阖房迁发，使绝顾念"。⑥

洪武二十九年（1396），"诏发安东、沈阳各卫恩军三千六百余人往戍甘肃，人赐钞锭五。"⑦明代的"恩军"是指"以罪谪充军者，名为恩军，意以免死得戍，当怀上恩也。"⑧正统元年（1436），"令山西、河南、山东、湖广、陕西、南北直隶，保定等府州县造逃户周知文册，备开乡里姓名男妇口数军民匠灶等籍，及遗下田地税粮若干……如仍不首，虽首而所报人口不尽，或辗转逃移及窝家不举首者，俱发甘肃卫充军。"⑨明代史料称"甘肃等卫隶兵多谪戍之人"。⑩

---

① 海原县志编委员会：《海原县志·民族风俗志》，宁夏人民出版社1999年版，第1010页。
② 化隆县志编委会：《化隆县志》，陕西人民出版社1994年版，第661页。
③ 同上书，第662—663页。
④ 乐都县志编委会：《乐都县志》，陕西人民出版社1992年版，第495页。
⑤ 《续文献通考·田赋四》（卷4）。
⑥ 《明史·兵四》。
⑦ 《明太祖实录》，洪武二十九年二月乙巳。
⑧ （明）沈德符：《野获编·兵部·恩军》。
⑨ 《明会典·户部·户口·逃户》（卷19）。
⑩ 《明太祖实录》，洪武二十八年春正月庚子。

在宁夏，如直隶应天府溧阳县（今江苏溧阳）人胡累，"以医累，谪戍宁夏左屯卫，遂为宁夏人"。其后，胡氏家族定居宁夏，见于史籍记载者有胡雄、胡琏、胡汝砺、胡侍四世皆为宁夏人。① 胡氏家学渊博，多儒士，或考中功名，或著书立说。胡琏曾是宁夏著名的秀才，著有3卷本的《槐堂礼俗》和5卷本的《耕隐集》；胡汝砺更是在成化二十二年（1486）中举，并于次年中进士，著有《竹岩集》数卷，尤以编纂《弘治宁夏新志》一书而著称于世。②

在青海，关于因罪贬戍者也不在少数。《西宁府新志》载："王友，燕山卫百户……论功当侯，封清远伯……永乐十二年夺爵……官其子川为西宁卫指挥佥事，因家焉"。③ 李奈，"其父李惠，楚府长史，籍本河南彰德，谪湟中，遂聚族而居"。④"沙鲁尔镇赵家庄张氏来自南京凤阳府，西堡花园钟氏来自扬州……据湟中县大源、大才、共和、维新、西堡、鲁沙尔和省图书馆所存17户姓氏的家谱资料均表明，其中有11户是明洪武年间从南京迁来。内有军户、罪犯和被株连的百姓，均是举家迁移。"⑤

二 清代汉族人口迁入甘宁青地区的主要原因及类型

清朝初年，经过明代开拓与大规模移民，汉族已在甘宁青地区的军屯、民屯地域扎根，其分布区域也大致稳定。随着清王朝的大一统，内外蒙古地区、青海、西藏、新疆地区都归于大清王朝版图，甘宁青地区已不再是边疆。大规模屯田和移民并不是清代对甘宁青地区的主要政策。汉族活动区域扩大和人口增加的主要原因逐渐演变为驻军及其后人的本地化，以及灾荒流徙、商帮定居等。

（一）驻守将士及其后裔

随着清王朝对蒙古、新疆、西藏等地的实质统治，甘宁青地区已经不再是边地。但是由于经常爆发回民起义，以及为了加强对藏区和新疆的震慑，甘宁青地区依然驻守着大量军队。最典型的是以汉族为首的绿营兵及后来左宗棠等人镇压陕甘回民起义之后留驻在甘宁青各地的湘淮

---

① 胡迅雷：《明代胡氏家族述略》，《宁夏史志研究》1989年第1期。
② 同上。
③ （清）杨应琚：《西宁府新志》（卷27），青海人民出版社1988年版，第689页。
④ 同上。
⑤ 湟中县志编委会：《湟中县志》，青海人民出版社1992年版，第357页。

军人。绿营兵为"清初招募的汉兵,其营旗为绿色,后来即称驻各省的汉兵为绿营兵或绿旗兵……在各省的绿营兵,以标为其最高组织,由总督统辖者称为督标,由巡抚统辖者为抚标,由提督统辖者为提标,由总兵统辖者称为镇标,由将军统辖者称为军标(设于四川、新疆),山河道总督统辖者称为河标,由漕运总督统辖者称为漕标。其中,督标、抚标、军标、河标、漕标是属于总督、巡抚、将军、河道总督、漕运总督兼辖的军队,实际上各省绿营独立组织为提标与镇标。各标的防务均汇总于兵部。标下设协,由副将统领;协下设营,由参将、游击、都司、守备分别统领;营下设汛,由千总、把总分别统领。中叶以后,绿营兵额在六十万左右。"① 而当时的甘肃省(今甘宁青大部分区域均属当时的甘肃省)"系西陲要地,所设两提五镇额兵较他省为多"。② 罗尔纲认为:"绿营兵士一列兵籍,便终生不能改。"③ 所以活动在甘宁青地区外地籍绿营兵将士,除非调拨至他处,否则必须携带家属定居驻地,这自然引发了许多非甘宁青地区汉族人口的迁入。驻守将士及其后裔本地化以青海最为典型。据《青海省志》的编纂者考察发现:"清初,驻守青海地区的西宁镇及所属各绿营士兵……其中也有征自内地的汉族,他们携家眷到军营所在地居住,日久也成本地土著之人。"④ 化隆县"甘都镇甘都街村大多数居住在城内的汉族,即为清代退伍退职人员的后裔。当时为使这些人能安居乐业,政府还统一规划修筑了居民住宅。化隆县城一带,清乾隆至道光年间(1736—1850)的退伍、退职人员留居颇多。巴燕南街田氏祖先田增桂是巴燕戎格第一批营兵;李氏祖先四世李斌曾以行武受六品军功;六世李兴受五品军功,自此留后化隆。现李氏人口众多,分居今贵南县、化隆群科、雪什藏、昂思多麻铺、巴燕南街等地;解氏先祖解魁以武功封'虞侯',来化隆协理通判而留居,其后又有二人先后以武功封武德骑尉世袭罔替,迄今有60余人。后有人迁居贵德县城;牛氏先祖也以军功留居化隆,后世又有数人世袭思骑尉;陈氏先祖也以军功随军戍守化隆而留居;张氏先祖二世张世禄

---

① 俞鹿年:《中国官制大辞典·军事机构·绿营兵》,黑龙江人民出版社1992年版,第1100页。
② 《钦定石峰堡纪略》(卷19)。
③ 罗尔纲:《绿营兵志》,中华书局1984年版,第230页。
④ 青海省地方志编纂委员会:《青海省志·民族志》,民族出版社2008年版,第61页。

曾任巴燕戎格厅千总，于乾隆年间征金川阵亡，以子荫封恩骑尉世袭罔替，三世张秀山又以军功擢巴燕戎部司，自此定居化隆，以后又有数人以军功擢至蓝翎。行伍出身而没有军功退伍后留居化隆的则更多。"①这种情况在宁夏同样存在。在宁夏固原，民国时期城内小南市巷崔享的祖父"于清道光二十九年间徙居固原"，后又在"提标公干"。②历任固原提督的部分部下也成为固原人，从方志中可见到的主要是同治后的几位。"在清光绪之初，随雷少保而寄籍者，有中营参将陈正奎、兵弁雷某、聂某。随邓提督寄籍者，有中营参将王任福、右营守备梁世臣、城守营千总李文辉。随张提督寄籍者，有蒲城廪生王松龄、皋兰千总马国太。"③

随左宗棠、雷正绾剿伐陕甘回民起义后，许多汉族因为任职等原因留居甘宁青各地。以宁夏固原为例，随董福祥攻克金积堡，"保至守备"后来"寄籍固原"的广东人黄友文。④《民国固原县志》也记载了一些随提督雷正绾"寄籍固原"的军人，如曹万昌，"原籍陕西中部县人，清同治初年，随提督雷正绾到固，遂家焉……历任各汛经制，固原提标右营千总"；王大受之父"清光绪某年廪生，原籍湖北，父随雷少保官固原，遂家焉"；江涌潮，"同治元年由武童入皖抚标……初隶雷少保军……按原籍江苏句容县人"；赵德兴，"寄籍固原。以武功世其家。咸丰初发捻之变，以武童入伍……雷少保嘉其勇……按原籍河南人。"⑤

（二）屯田者

清代大规模屯垦已西移至新疆，但甘肃河西地区仍有小规模屯田。雍正五年（1727），户部议覆川陕总督岳钟琪的疏中曾说："川陕总督岳钟琪疏言，沙州招民垦种，臣檄甘肃布政使钟保，转伤平、庆、临、巩、甘、凉、西七府及肃州所，各于所需酌量补招，务足二千四百户之数。"⑥路向东的研究指出，从康熙末年至雍正后期，清廷动用巨额努

---

① 化隆县志编委会：《化隆县志》，陕西人民出版社1994年版，第662页。
② 《民国固原县志·艺文志》。
③ 《民国固原县志·居民志》。
④ 《民国固原县志·人物志》。
⑤ 同上。
⑥ 《清世宗实录》，雍正五年八月壬子。

金，极尽所能，招募陕甘无业贫民前往河西走廊西部及嘉峪关以西地区安家屯垦。① 清同治年间，西北爆发了回民起义，民族仇杀不断。甘肃许多人或死于战乱，或流徙他处，许多村庄沦为废墟，荒无人烟。清王朝向人口稀少地区组织移民。有研究指出，在河西，"清代后期，地方官员多次组织向敦煌地区移民。民国时期，敦煌地区的人口大多是清雍正三年（1725）从甘肃56个县迁移而来分散到境内的。"② 同时还有自发流动到人烟稀少地区的垦荒定居者。这些移民大多以汉族为主，既有甘肃籍，也有来自陕西等地的移民。

总之，清代因政府的军事和行政因素迁居甘宁青地区的汉族虽不及明代的数量，但是这些汉族人口填补了甘宁青一些区域因战乱、饥荒等原因而出现的人烟稀少的状况。对甘宁青地区当时的社会发展，汉族与少数民族的交流互动起到了一定的作用。

三 明清时期迁入甘宁青地区的其他类型汉族移民

明清时期，因经商、战马饲养、明代藩王分封等原因，从区域外也迁入了一定数量汉族。

（一）山陕商人

明时为满足西北卫所的军粮所需，政府实行"开中制"政策，利用"盐引"和"茶引"作为销售凭证，引导民间的商人向西北运输粮草。山西、陕西商人利用地理便利，因时而起，成为后世知名的商帮，他们垄断了西北市场上的茶、布、盐等商品交易。明代在河州（今临夏市）设茶马司，"命秦陇商领茶引，采茶于汉，运之茶马司"。③ 当时，为了对抗徽商及其他商帮，山陕商人互相合作，逐渐合流。山陕商人在很多城镇建造山陕会馆或秦晋会馆，以协调内部纠纷、维护共同利益。

清代山陕商人的活动足迹进一步扩大，已触及青海。"山西、陕西商人进入青海地区经商，光绪初年，他们在青海商业贸易界站稳了脚跟，形成了颇有名气的'山陕商帮'，并于清光绪十四年（1888）在西宁首建'山陕会馆'。从此以后，山陕商人以西宁为'根据地'，活动

---

① 路伟东：《清代陕甘人口研究》，博士学位论文，复旦大学，2008年。
② 邓慧君：《甘肃近代社会史》，甘肃人民出版社2007年版，第15页。
③ （清）《洮州厅志》（卷16）。

于青海地区各主要州县。"① 这些山陕商人在青海置地定居、建有公墓、购置义地义园、瘗所，西宁的山陕会馆有义园二所、墓地两处；② 湟源的山陕有墓地一处。③ 清末民初，西宁最大的4家山陕商号为：泰源号、世诚号、德合生、德兴旺。④

宁夏是明代实施"开中"的重要地区之一，也是山陕商人最早活动的区域之一。但关于山陕商人最为直接的记载散见于各类方志关于山陕会馆的信息。应该说，山陕商人在宁夏各地建立会馆时，其已经在当地活动了很长时间，建立了较为成熟的商贸网络。宣统时编纂的《固原州志》就记载有修于乾隆年间的"山西会馆铁碑"："按碑在张义堡西城根下。镔花掩映，锈色斑斓。士人云：当乾隆时，商贾辐凑，晋人甚多，此馆盖当商议事处。同治兵燹后，仅存一铁碑矣。噫！"⑤ 这个铁碑在张义堡，即今固原张易镇。从这则史料中我们还可以得到一个信息就是，至少在乾隆年间，山西的商帮在固原已经很活跃了。当时除了"山西会馆"之外，还有"秦晋会馆"。《民国固原县志》记载有铸于乾隆三十六年五月九日的"秦晋会馆铁钟"⑥，可见，至少在乾隆年间陕西商帮也活跃于固原。这个秦晋会馆到光绪年间还铸了一口大铁磬："秦晋会馆上殿大铁磬：……光绪八年四月六日铸。"⑦ 据《民国固原县志》记载："固原行商坐贾，在清光绪前，皆属山、陕两省人。本省陇南人次之。"⑧ 日本人为方便其侵华修纂的中国各省方志中，对宁夏银川山陕商人的活动也有记载，如彬阳会馆为陕西人的会馆，咸丰初年由当地陕西籍的同乡发起创立；书中还提到银川还存在山西会馆。⑨

---

① 任斌：《略论青海"山陕会馆"和山陕商帮的性质及历史作用》，《青海师范大学学报》1894年第3期。
② 刘文锋：《山陕商人与梆子戏》，文化艺术出版社1996年版，第236页。
③ 焦文彬：《古都戏曲》，文物出版社2004年版，第15页。
④ 瞿忠天：《青海经济史 近代卷》，青海人民出版社1998年版，第222页。
⑤ （清）《固原州志·艺文志》。
⑥ 《民国固原县志·艺文志》。
⑦ 同上。
⑧ 同上。
⑨ ［日］马场锹太郎编著：《新修支那省别全志·宁夏史料辑译》，和龚、任德山等译，北京燕山出版社1995年版，第189页。

表 2-1　　　　　　　明清山陕会馆在甘肃的分布①

序号	地点	会馆名称	创建及沿革
1	兰州	骊陕会馆	康熙四十七年（1708）为陕商所建，在山字石附近
2	兰州	陕西会馆	建于咸丰五年（1855），在贡院巷
3	兰州	山陕会馆	宣统年间所建
4	兰州	韩城会馆	为旅陇韩朝帮陕商所建
5	榆中	西会馆	天启元年（1621）由陕西商人建
6	榆中	东会馆	天启七年（1627）由山西商人建
7	甘谷	山陕会馆	嘉庆十五年（1810）建
8	景泰	陕山会馆	咸丰五年（1855）建
9	合水	关帝庙	
10	夏河	山陕会馆	
11	临洮	关帝庙	州西门外，乾隆二十三年（1758）建
12	张掖	陕西会馆	光绪二十六年（1900）建
13	景泰	山西会馆	雍正三年（1725）建
14	张掖	山西会馆	雍正三年（1725）建
15	临夏	山陕会馆	清中叶建，有中殿、戏楼、东西厢房等，供关羽像，在西部有义地
16	永昌	东会馆	清中叶建
17	酒泉	陕西会馆	清代建
18	酒泉	山西会馆	清代建
19	古浪土门镇	山西会馆	清代建
20	古浪大镇	陕西会馆	清代建
21	敦煌	山西会馆	嘉庆十四年（1809）建
22	武山汲歌镇	山陕会馆	建于道光年间
23	永登红城镇	古晋会馆	建于乾隆二十一年（1756）
24	景泰八道泉	三圣庙	建于道光二十九年（1849），有铜旗杆
25	通渭	山陕会馆	建于西关中街报恩寺东
26	康县	陕甘会馆	有戏楼、楼房辉煌，为名胜之地
27	武威	陕西会馆	

①　宋伦、田兵权：《明清山陕商人在甘肃的活动及会馆建设》，《西安电子科技大学学报》2008 年第 4 期。

续表

序号	地点	会馆名称	创建及沿革
28	天水	陕西会馆	建于北街
29	天水	山西会馆	建于北街
30	平凉	山陕会馆	平凉东关，山陕商人建
31	定西	山陕会馆	
32	临水	山陕会馆	
33	陇西	山陕会馆	
34	成县	山陕会馆	

在甘肃，山陕商人不仅在兰州、秦州、张掖、酒泉、武威等交通要道的大城市设有会馆，而且深及周边的县和小城镇，使其足迹从通都大邑深入到穷乡僻壤。如甘肃的康县南六十里的带镇"其人半秦"，他们在带镇设有"陕甘会馆"。① 山陕商人建立会馆后，便置地定居，迁入同族，还设立公墓，俨然本地人。就像有学者所指出的："陕甘会馆的设立，既表现了陕西商人汇纳百川的开放性经营思想和竞争意识，又表现了陕西商人在甘肃的本土化过程。因为设立陕甘会馆，说明陕西商人开始将自己整体融入甘肃的社会氛围之中，形成对甘肃的文化心理认同，集中表现出明清甘肃客帮商人的本土化倾向。"② 明清时期，许多山陕商人购置义地义园、痤所，以便"有义阡以埋葬，有公所以停柩"。③ 如兰州的骊陕会馆就有义园1所。④ 有研究者对明清时在甘肃建立的山陕会馆作了统计（见表2-1）。

（二）马政机构的官吏及牧丁

"马政，是中国古代封建国家对官用马匹的采办、牧养、使用等诸多方面所实施的管理制度"。⑤ 明代初年，为了满足军事征战对军马的需求，马政极为兴盛，形成了几类互不辖属、各成独立系统的马政机

---

① （清）《康县志》（卷9）。
② 宋伦、田兵权：《明清山陕商人在甘肃的活动及会馆建设》，《西安电子科技大学学报》2008年第4期。
③ （清）《汉口山陕会馆志》汉口景庆义堂刻本。
④ 刘向东：《兰州市服务业志》，甘肃人民出版社1991年版，第115页。
⑤ 姚继荣：《明代西北马政述论》，《青海师专学报》1996年第1期。

构。主要有：御马监、两京太仆寺、行太仆寺、苑马寺，各边地还设有群牧千户所，各藩王和功臣还专设牧场。在甘宁青地区，明王朝在永乐四年（1406）设"苑马寺于陕西、甘肃，统六监，监统四苑"。① 永乐六年冬十二月，又"增设陕西苑马寺威远、同川、熙春、顺宁四监，并前长乐、灵武为六监。以开城、安定、弼隆、广宁四苑隶长乐监，清平、庆阳、定边、万安四苑隶灵武监，武安、陇阳、保川、泰和四苑隶同川监……"② 可以说，明初陕西、甘肃苑马寺下属十二监四十八苑，遍及陕西、甘肃、宁夏、青海等沿边牧草丰美之地。

具体而言，陕西苑马寺辖六监二十四苑：灵武监统清平、万安、定边、庆阳四苑；长乐监统开城、安定、广宁、弼隆四苑；威远监统武安、陇阳、保川、泰和四苑；同川监统天兴、永康、嘉靖、安胜四苑；熙春监统康乐、风林、香泉、会宁四苑；顺宁监统云骥、升平、延宁、永昌四苑。甘肃苑马寺辖六监二十四苑为：祁连监统西宁、大通、永安、古城四苑；甘泉监统广牧、麒麟、温泉、红崖四苑；临川监统全山、巴川、暖川、大河四苑；宗水监统清水、美都、永川、黑城四苑；安定监统武胜、永宁、青山、大山四苑；武威监统和宁、大川、宁番、洪水四苑。③ 位于今甘宁青的主要是：长乐监，位于今宁夏固原市原州区；灵武监，位于今宁夏灵武市；同川监，位于今甘肃庆阳市庆城区；威远监，位于今宁夏隆德县；熙春监，位于今甘肃临夏市或临洮县；甘泉监和祁连监，位于今青海互助县；临川监，位于今青海民和县；武威监，位于甘肃山丹县；宗水监，位于今青海乐都县；安定监，位于今甘肃古浪县。④

虽然正统二年起明朝陆续裁撤了甘肃苑马寺及其所属全部六监二十四苑和陕西苑马寺所属的四监十八苑，但甘宁青地区存在着马政机构仍是事实。这些马政机构的官吏及牧丁许多是外地汉族，因为明代对马政实行军事化管理，牧丁由六种人组成："曰恩军，曰队军，曰改编之军，曰充发之军，曰召募之军，曰抽选之军，皆籍而食之。"⑤ 恩军的

---

① 《明史·兵志四·马政》。
② 《明太宗实录》，永乐六年十二月戊戌。
③ 同上。
④ 姚继荣：《明代西北马政机构置废考》，《西北史地》1993年第2期。
⑤ 《明史·职官四》。

意思就是："籍没免死充军者谓之恩军"。① 而"改编军，当是指弘治末年各处逃来流民"。② 从杨一清整顿马政是向明帝呈递的奏折中可以看出，自明初至杨一清整顿马政时，明王朝一直将山东、河南等地的犯人发配苑马寺为充任"恩军"。"仍乞查照永乐年间发充恩军事例，今后北直隶、山东、河南、山西、陕西法司问拟人犯，有例该边卫永远充军者，俱发陕西都司转解陕西苑马寺，发编各苑，永远牧马。"③ 明帝准其所奏，并制定了针对将官、藩王府违犯法纪，继续役使牧丁、召集外人的相应措施。④ 许多牧丁也是罪犯，宣德六年（1431）十一月，明廷"令刑部、督察院及陕西布政司、按察司，凡间杂犯死罪应充军者，就发陕西苑马寺充军养马。"⑤

马政机构的许多官吏也是谪贬之人，杨一清整顿西北马政时就发现了这一状况，并认为是导致西北马政衰败的原因之一。他在奏稿中说："数十年来，士大夫重内轻外，又见两寺衙门无权，多不乐为，用人者因而俯就之。凡遇缺员，苟且充数。绩习既久，遂为迁人谪宦之地，人人得而轻之。虽有才能，终身不展，垂首贵志，坐待罢黜。"⑥ 同时，杨一清还招募在陕甘宁青各地无户籍的军余及各类流民充当牧丁，"给拨草场，使之住牧"⑦，既能解决牧丁不足，也可以安定社会，"公法私情，似为两便"。⑧ 明弘治十八年（1505）三月，为兴建武安苑，杨一清"募流民投充牧军者一百六十三户"⑨ 作为牧丁，这些牧丁大多数是汉族。

（三）分封到甘宁青的藩王及其子孙、藩王府中各类人员、藩王牧场的牧丁等

明代分封到甘宁青地区的藩王和将领主要有：庆王、韩王、肃王

---

① 《明史·食货六》。
② 何琪：《明代西北马政制度》，《宜宾学院学报》2011年第11期。
③ （明）杨一清：《杨一清集》（卷1），唐景绅、谢玉杰点校，中华书局2001年版，第15页。
④ 同上。
⑤ 《明宣宗实录》，宣德十年十月壬辰。
⑥ （明）杨一清：《杨一清集·为遵成命重卿寺官员以修马政事·关中奏议全集·马政类》（卷1），唐景绅、谢玉杰点校，中华书局2001年版，第15页。
⑦ 《明孝宗实录》，弘治十七年正月乙亥。
⑧ （明）杨一清：《杨一清集·为遵成命重卿寺官员以修马政事·关中奏议全集·马政类》（卷1），唐景绅、谢玉杰点校，中华书局2001年版，第13页。
⑨ 《明孝宗实录》，弘治十八年三月戊戌。

等，另有楚王和功臣沐英等人。藩王就封时除带有规定大批护卫甲士外，还带有谋士、巫医乐师等。明洪武二十年（1387），"以（宁夏）地赐韩、肃、楚、庆诸藩为牧场。"① 洪武二十三年（1390），楚王就向其牧场海喇都营"调拨武昌护卫前所六百户，官军一千五百名，屯牧于此。"② 以分封到那宁夏的庆王为例，"共传位历十世，册封亲王十一，世子一，郡王四十二；授将、尉爵近百。庆王直接统辖下的中护卫就有旗军5600名之多。除此之外，另一个大的手工工场就是专门为庆王府的皇族们生产生活用品的'工正所'，'工正所'……工匠中有画工、刻字工、金箔匠、金银匠、银匠、裱背匠、笺纸匠、织机匠、绣工等66个工种。这里有劳动者360余名，超出总镇'杂造局'很多。而在灵州瓷窑寨另有'庆府窑匠四十余名'，专门为庆王府生产陶瓷器……这些服役于庆王府的手工匠、乐工、校尉合计2000余人，与护卫军总共有七千五百余人，几乎相当于七个千户所的军士人数。"③ 其他藩王系统人数也不在少数。

四 明清时期汉族人口迁入对甘宁青地区民族居住格局的影响

（一）汉族人口迁入对甘肃民族居住格局的影响

在甘肃，明清时期汉族的迁徙增加了今甘肃大多数地区汉族人口数量，形成了一些汉族聚居区或汉族与少数民族杂居的区域。例如，在洮岷流域，围绕军事和行政机构形成了一些较大的汉族聚居区，改变了这里自唐宋以来以吐蕃、回、蒙为主的民族居住格局。再如，明代之前，河西走廊是以少数民族为主的多民族杂居地区，明清之后该地区形成了汉族与回、裕固（撒里畏兀儿、黄番）、蒙古、藏、满等民族交错杂居的居住格局。

（二）汉族人口迁入对宁夏民族居住格局的影响

明代，宁夏境内民族主要是汉族、回族、蒙古族。既有民族聚居区，也有民族杂居区。汉族人口的迁入，一方面形成了一些汉族聚居区，另一方面汉族与蒙古族、回族杂居范围逐渐扩大。清代，随着伊斯兰教在宁夏的迅猛发展，绝大多数蒙古族在明末清初融入回族中，在宁

---

① 《民国固原县志·建置志》。
② （明）《固原州志·文武衙门》。
③ 路虹：《明代宁夏镇研究——兼论宁夏镇与周边蒙古的关系》，硕士学位论文，西北民族大学，2005年。

夏形成了以回汉杂居为主,并有小聚居区的民族居住格局雏形。陕甘回民起义之后,金积堡的回族聚居区大规模缩小,又迁董福祥"董字三营"群众2000余口及宁夏府部分回族到灵州、金积堡等空地居住。同时,由于战乱破坏,宁夏许多地区人口稀少,吸引了甘肃等地农民迁入,一些地方形成了以村庄为单位的汉族聚居区或回汉杂居区。

(三) 汉族人口迁入对青海民族居住格局的影响

明清之前,因不同民族政权的关系,与少数民族人口相比,汉族人口数量相对较少,主要集中在以西宁为中心的河湟谷地。明代西宁卫设立之后,汉族在青海的农耕区活动范围进一步扩大,人数也逐渐增多。随着清代西宁府和其他州县的设立,以及山陕商人的活动,汉族分布的范围更加扩大,人数进一步增多。其后由于不同民族的迁移,撒拉族与保安族的形成,青海的东部地区逐渐形成了汉族与蒙古族、藏族、回族、土族、撒拉等民族交错杂居并各有聚居区的居住格局。

第二节 少数民族人口迁移对甘宁青地区民族居住格局的影响

甘宁青地区自古就是一个多民族地区,明清时期是该地区回族、撒拉族、裕固族、保安族等少数民族形成的重要时期,也是蒙古族、满族、裕固族、保安族、回族等少数民族在甘宁青地区迁移定居的重要时期。

一 回族人口迁移对甘宁青地区民族居住格局的影响

早在唐代,就有大食穆斯林商人沿丝绸之路进入甘宁青地区,他们是甘宁青回族最早先民。据慕寿祺研究:"终唐之世,惟甘、凉、灵州有回族。"[1]蒙元时期,随着蒙古军队的征战,大批中亚中东的穆斯林随之东迁。蒙古人统一中国后,这些穆斯林留居甘宁青戍边、屯牧,在与当地各族居民通婚中不断壮大了回族族体。明代,来自中亚、中东穆斯林的许多商人和西域贡使留居甘肃不归,进一步促进了甘宁青地区回族聚居区的形成。清同治陕甘回民大起义之前,甘宁青有许多回族聚居

---

[1] 慕寿祺:《甘宁青史略·副编》(卷3)。

区，如甘肃的河西地区、河州、平凉，宁夏的固原、同心、灵州等地，青海省的河湟地区。陕甘回民起义失败后，由于战事损耗、清政府的安置政策，甘宁青地区回族的分布状况有了重大改变，尤其是河西走廊一带再无回族聚居区，即"自是甘、凉、安、肃一带无回族聚居处"。[①]

（一）陕甘回民起义之前甘宁青地区回族聚居区的形成

甘宁青地区是丝绸之路的必经之地，元时就有大量穆斯林留居各地，形成许多大小不等的聚居区，如在河西走廊，"元时回回遍天下，及是居甘肃（此处指甘州和肃州）者尚多"。[②]

陕甘回民起义之前，回族迁徙对甘宁青民族居住格局影响较大主要包括以下几个方面：一是安置大批归附的"西域回回"、西域贡使与其他各类穆斯林的落居，使河西地区、灵州、固原、平凉等地的回族人口大增。以宁夏为例，至同治年间，永宁纳家户、平罗宝丰、同心半个城、豫旺、灵州、金积、吴忠堡，固原的开城、盐茶厅、硝河等都是主要的回族聚居区。二是驻防各地的穆斯林士兵以及穆斯林藩王的牧丁。甘宁青是明代防御吐蕃和蒙古的前沿，明王朝在此设立军镇。以河州为例，沐英曾率军征伐临潭、河州等地，部分屯戍的穆斯林军士留居河州。据《临夏回族自治州志·民族宗教志》载："明代河州多旷土，回族将领沐英率军镇守临潭、河州等地，部分穆斯林戍边军士屯留河州，并多募回民开屯定边。"[③] 沐英等穆斯林藩王的牧场所属的牧丁也逐渐演变为回族，使河州等地成为较大的穆斯林聚居区。三是明清时期推行"移民实边"的政策。清雍正三年，平定罗卜藏丹津之乱后，为修大通卫所属大通、白塔、永安三处城堡，从陕西、山西、甘肃等地迁来大批回族实边。[④] 四是其他类别的迁徙。门源回族自治县的回族"大多数是从清雍正元年，由甘肃的张掖、武威、临夏及本省西宁、化隆一带逐渐移入的。少部分来自河南、陕西、南京等地"。[⑤] 后又有数百回族因避

---

① 《清史稿·左宗棠传》。
② 《明史·西域传》。
③ 临夏州志编纂委员会：《临夏回族自治州志》，甘肃人民出版社1993年版，第1287页。
④ 《大通回族土族自治县概况》编写组：《大通回族土族自治县概况》，青海人民出版社1986年版，第35—38页。
⑤ 《门源回族自治县概况》编写组：《门源回族自治县概况》，青海人民出版社1984年版，第3—4页。

战乱从河西一带流徙大通、在今城关、新城一带筑堡盖房、从事农业、手工业生产。"现在极乐乡深沟村的'刀子匠',良教乡的'口袋匠'、桥尔沟的'砂罐匠'"都是明代迁来的回族后裔。①

明代至陕甘回民起义之前的回族迁徙不仅形成了一些回族聚居区,也形成了回族与其他民族交错杂居的居住格局,对甘宁青地区民族分布格局的形成奠定了一定基础。这一时期,在甘肃形成的回族聚居区主要是河西、甘肃东南部(平凉、定西)、河州(今临夏),在宁夏形成的回族聚居区主要是灵州、固原、金积(今吴忠金积镇周围),在青海形成的回族聚居区主要是河湟谷地。回族的居住区域尚未涉及今甘肃的甘南州、青海省的河湟谷地之外的地区。

(二)陕甘回民起义失败后,清王朝善后措施对甘宁青地区民族居住格局的影响

陕甘回民起义失败后,随着甘宁青地区四大起义中心相继失陷,回族在甘宁青的分布经历了一次重大调整。

第一,甘肃河西地区不再是回族聚居区。金积堡、河州和西宁三个起义中心相继失陷后,陕、甘、宁、青一带大部分回族起义将士退据河西,以肃州为中心与清军展开最后抗争,但终因寡不敌众而被镇压。起义被镇压后,河西地区是"杂其甘州、凉州各回死亡殆尽,亦无遗种,从此关内外花门勾结当可无虞"。② 回族除被屠戮外,余者被迁至他处或向青海、宁夏、新疆以及中亚一带流徙。河西地区自此便不再是回族聚居区。以后逐渐演变为以汉族为主,间有蒙古族、裕固族、哈萨克族小聚居区的地区。

第二,宁夏灵州一带回族数量骤减,宁夏南部和甘肃平凉、定西一带回族数量剧增。金积堡被剿灭后,左宗棠在善后措施中"把金积堡的1.2万余回族老弱妇女,解赴到固原城外数十里的地方垦荒。陈琳所部及河西一带陕回9000余人被安插于化平川(今宁夏南部的泾源县)一带……这种强制的编管、迁徙措施,造成了宁夏回族历史上无论人口分布还是生存环境的一次最重大变化,今日的宁夏回族聚居区就是在这

---

① 《大通回族土族自治县概况》编写组:《大通回族土族自治县概况》,青海人民出版社1986年版,第35页。

② 罗正钧:《左文襄公年谱》,岳麓书社1982年版,第255页。

次变动的基础上形成的"。① 在甘肃平凉及定西，左宗棠在善后措施中将陕西籍的回民义军安置于此。"迁陕回杨文彦一起二百五十三名口，于平凉致谢家庄、桃家庄，迁陕回张代雨一起二百九十一名口，于平凉之张家庄、曹家庄，迁陕回拜崇花一起五百三十七名口，于会宁之姚王家、曲家口……迁陕回马文元一起一百五十七名口，于安定之刘家沟，迁陕回马维骧七十四名口，于安定之石家坪，迁陕回马振清一起三百六十三名口，于安定之好地掌。"② 这大体形成了平凉和定西一带的回汉分布格局。这一善后措施使宁夏的灵州及其周围在很长一段时间内回族数量相对较少，宁夏南部和平凉一带的山区回族数量急剧增加，是此后甘宁青地区的主要回族聚居区。

第三，清政府将降清的李得仓部、崔伟部、毕大才部回族安置今张家川回族自治县一带，形成新的回族聚居区。清同治八年（1869）五月，"回民军首领李得仓投降。六月，其余部3.1万余人被安置在张家川等地。"③ 清同治十二年（1873），"正月，左宗棠将在西宁招降的陕西籍回民毕大才部眷属3280余人，安置在龙山镇北山、连五一带。三月，左宗棠将在西宁招降的陕西籍回民崔伟部眷属1万余人，安置于恭门镇一带。"④ 这些回族被安置到天水地区的清水、秦安两县境内的张家川镇、恭门镇、龙山镇、胡川、刘堡、平安、张棉驿、川王、连五、梁山、阎家等地，使得今张家川回族自治县一带由以汉族为主演变为以回族为主。

第四，青海省出现了回族分布区域的局部变动。以西宁城区为例，"起义前，西宁为河湟地区回族聚居的中心，人口繁多，在城东、南、北三关均有聚居区，城郊也有8个村庄居住回族，从事农业生产"。⑤ 清王朝在善后时，"迁城内后街回民于南关、东稍门；迁南关、东稍门回民于小南川各庄"。⑥ 西宁城区的回族分布区域发生了重大变化。在丹噶尔厅，善后措施中将回族悉数迁出，当地很长一段时间内无回族居

---

① 丁国勇：《宁夏回族》，宁夏人民出版社1993年版，第93页。
② 罗正钧：《左文襄公年谱》，岳麓书社1982年版，第235页。
③ 张家川县志编纂委员会：《张家川回族自治县志·大事记》，甘肃人民出版社1999年版。
④ 同上。
⑤ 贾伟：《明清时期河湟地区民族人口研究》，博士学位论文，兰州大学，2012年。
⑥ 《豫师青海奏稿》。

住。清代纂修的《丹噶尔厅志》对此有详细记载:"惟道光、咸丰之际,户口较胜于今者,以有回籍数千户也……自同治之变,将丹噶尔回户尽数拔于西纳川一带安插……至今丹地并无回籍。""同治十二年(1873),回族反清失败后,左宗棠曾将贵德、西宁等地回族强行安置在化隆、尖扎等地,仅扎巴一地一次就安置了500多人。化隆、尖扎地是符合清政府'善后'中对移民地的要求……自然条件恶劣,开发程度低,荒绝无主之土地较多等,成为河湟地区回民的主要迁居地之一。"① 这一善后措施使化隆县成为回族聚居区,尖扎县的回族人口增加。

二 蒙古族人口迁徙对甘宁青地区民族居住格局的影响

元亡之后,甘宁青一带的蒙古族王公和部落大都归顺明王朝。生活在明王朝周边的蒙古部落时常扰边,明除了设置九边重镇防御外,还不断招降蒙古人,一些蒙古人主动内附。明嘉靖四十三年(1564)七月,明廷升河南右布政使王崇古为都察院右佥都御史,巡抚宁夏。王崇古依照明"朝廷悬招降之例"②,广招蒙古降酋,"以为得以夷攻夷之法"。③ 曾驻牧于贺兰山的蒙古首领哱拜与"土谷赤、阿术尚虎不亥及华人被虏者郑等"④ 300人来投宁夏镇,得到了宁夏巡抚王崇古的接待,并令其隶属宁夏守备郑印麾下。明代,为寻找更好的牧场,生活在河套一带的蒙古族也不断向青海迁徙。明代迁入青海的蒙古部落十分复杂,而且许多部落时来时去,游动于蒙古和青海之间。明正德年间至嘉靖年间见于史料记载进入青海的主要有亦卜剌⑤、卜儿孩等为首的蒙古部落。除此之外,还有俺答汗的儿子宾兔等。⑥ 这些迁入的蒙古部落在青海湖附近以及甘肃等地游牧,改变了以藏族、汉族为主的原有民族分布格局。

对现有民族分布格局影响最直接的当属固始汗的迁入。明末,生活在新疆的和硕特部首领固始汗借藏传佛教教派之争,率部进入青海,先

---

① 贾伟:《明清时期河湟地区民族人口研究》,博士学位论文,兰州大学,2012年,第112页。
② 《明经世文编·确议封贡事宜疏》。
③ 诸葛元声:《两朝平攘录·宁夏》。
④ 同上。
⑤ 魏焕:《皇明九边考》。
⑥ 杨建新、王东春:《明代蒙古部落大批入据青海考论》,《中国边疆史地研究》2007年第2期。

后击杀迫害黄教的却图汗和白利土司，尽得青海诸地，后又占据西藏，命其长子鄂齐尔汗·达延进驻拉萨，统辖藏区。在青海将蒙古部落分为左右两翼，命十子分领之。其所辖领地包括今河西走廊的武威、张掖附近的草原地区。固始汗死后不久，青海诸台吉召集会议，将青海地区分左右两翼统治。①"蒙古的不断入据青海，使众多的藏族部落被迫离开环湖地区，南迁河南，即小河套（西宁南二百里许黄河南北之隙地）地区。离开了水草丰美的青海湖家园，逐渐向南迁徙，游牧于黄河南北两岸。从而改变了过去青海以藏族为主体，兼有回、土等的多民族的地区，成为青海是以蒙藏两族为主体的民族关系格局。"② 此时，蒙古族在甘宁青的势力范围包括今青海全部及今甘肃河西走廊的草原地区。

同时，一些归附的蒙古人被安置在甘宁青各地，与各民族杂居。如明太宗年间，"鞑靼雅卜哈等七人来归，命为宁夏卫百户镇抚，赐白金、钞币有差。"③ "鞑靼塔安不花等来归，以塔安不花为宁夏卫指挥佥事，余受千户、镇抚，赐银钞、文绮、（彩）缯有差。"④ 杨一清任三边总制时发现："（灵州）内有土民四里，并土达军余六百户。"⑤

清雍正年间，青海蒙古贵族罗卜藏丹津发动叛乱。乱平后，清朝采纳年羹尧的"青海善后事宜十三条"和"禁约青海十二事"等善后措施，实行蒙藏分治。对蒙古实行盟旗制度，对藏族实现千百户制度。蒙古式微后，藏族渐兴。于是，以刚察部落为代表的藏族部落开始向黄河北岸迁徙，并不断攻掠蒙古部落。清廷在武力驱剿失效后，咸丰八年（1858），清廷命西宁办事大臣福济为移入河北的千布录、刚咱、汪什代克、都受、完受、曲加洋冲、公洼他尔代、拉安8个部落在环湖地区划给地界游牧，并实施千百户制管理，于是形成了"环海八族"，基本奠定了今天青海地区蒙藏分布的格局。青海蒙古势力被削弱后，因受藏族抢掠及内部纷争，一部分蒙古部落迁至甘肃河西走廊的南山一带，这些蒙古部落就是今甘肃肃北蒙古族自治县蒙古族的主体。

---

① 王辅仁、陈庆英：《蒙藏民族关系史略》，中国社会科学出版社1985年版，第212页。
② 吕德胜：《清代中期青海地区蒙藏格局变化与蒙藏关系变迁研究》，硕士学位论文，西北民族大学，2008年。
③ 《明太宗实录》，永乐五年二月壬辰。
④ 《明太宗实录》，永乐五年八月辛卯。
⑤ （明）杨一清：《杨一清集·总制类》（卷7），唐景绅、谢玉杰点校，中华书局2001年版，第257页。

三 保安族人口迁徙对甘青地区民族居住格局的影响

保安族的形成与明代在今青海省同仁县设立的保安堡密切相关。正是在保安堡这一特定区域，生活在这里的回族与改宗伊斯兰教的蒙古族、藏族、汉族相互融合形成了保安族。杨建新认为："保安族在其形成过程中，必有一定数量的土族、撒拉族、藏族融入，并受土族，撒拉族，藏族影响较大。"①

保安族先民原以驻军垦牧形式住在今青海省同仁县境内的隆务河两岸。地方志认为："原先在青海同仁居住生活的是藏族和土族，元初始有蒙古军队和随蒙古军东来的色目人就地屯田戍守，称为'守边防番'的'营伍人'，亦兵亦农，垦田备战。随着元政权的日益巩固，大规模战争结束，元始祖下令将军队编入民籍，成为民户，与当地土著民族联姻结亲，长期定居、生活形成保安族先民。明洪武时期在今青海同仁设保安站、保安堡，明万历年间修保安城，保安民族逐渐形成。"②清代又在保安族生活的地方设置了"保安营"。当时同仁地区的保安、下庄、尕撒尔三地遂有"保安三庄"之称，住在三庄的人被称为"保安人"。约在清咸丰年间，因与周围藏、土等族"经常因灌溉用水发生民族纠纷"③，以及隆务寺的藏传佛教宗教上层在保安人中强行推行藏传佛教。保安三庄以穆斯林为主的居民迁至今甘肃大河家、刘家集一带。他们现居住在甘肃省临夏县西北部吹麻滩、乩藏两区所属的大河家、刘集、柳沟、石源等乡，以大河家乡的大墩、甘梅和刘集乡的高赵李家三个地方最为集中，大墩、甘梅、高李等村庄，仍被习惯地称为"保安三庄"。保安族的迁徙使青海同仁地区原本由藏族、土族、保安族、回族居住的地区少了保安族这一重要民族，也使甘肃临夏成为回族、东乡族、保安族、汉族等多民族杂居的地区。

四 裕固族先民的迁徙对甘肃省民族居住格局的影响

明代，明廷遣使招抚了元宗室王卜烟帖木尔，设立了安定、阿端、曲先、罕东、罕东左、赤金等"西北七卫"。"关西七卫"民族成分复杂，既有撒里畏兀儿人，也有蒙古族、藏族等民族。明后期，受蒙古袭

---

① 杨建新：《中国西北少数民族史》，民族出版社2003年版，第621页。
② 甘肃省积石山保安族东乡族撒拉族自治县志编纂委员会：《积石山保安族东乡族撒拉族自治县志》，甘肃文化出版社1998年版，第397页。
③ 马少青：《保安族》，民族出版社1989年版，第8页。

扰、吐鲁番伊斯兰教势力的不断东扩影响，以及诸卫相互攻击内耗。"1528年（嘉靖七年），明朝派总制三边兵部尚书王琼安置东迁的撒里畏兀儿诸部。安置的原则是'分散安插'。从王琼的安置结果看，一是根据东迁后撒里畏兀儿诸部的牧地，分散安置于'甘州南山'和'肃州塞内'。二是除赤斤、罕东左卫尚保留卫建制外，其余均未建卫，各部自保。从此，所谓撒里畏兀儿只有诸部，而没有诸卫。"① 东迁后，关西诸卫各民族以撒里畏兀儿人为核心形成了今天的裕固族。安置在甘州南山的诸部形成了以后的东部裕固，安置于肃州塞内的诸部形成了以后的西部裕固。

清康熙三十七年（1698），清朝批准川陕总督吴赫的奏请，把西喇古尔黄番，主要是疏勒河源头的安定等卫的后裔迁至祁连山腹地，游牧于祁连山南北。安定王后裔迁至今康乐区，成为后来的大头目部落；阿端和曲先卫后裔迁至今大河区，成为后来的贺朗格部落和亚拉格部落正头目所辖部众，并在原来各卫的基础上，形成了新的"西喇古尔七族（即七大部落）黄番"。同时，封"大头目部落"首领厄勒者尔顺为"七族黄番总管"，赐黄马褂和红顶蓝翎帽，形成七族黄番总管制度，结束了明中叶以来各部分散自保的困境，裕固族内部的凝聚力得到进一步增强。裕固族便与当地汉族、藏族、蒙古族交错居住于祁连山腹地、河西走廊南山以北和陶勒南山以北（今甘肃肃南裕固族境内）。

五　驻防八旗对甘宁青地区民族居住格局的影响

清王朝是满族建立的封建王朝，清统一中华后，在全国各地派驻满洲八旗将士驻防，形成了以"满营"或"满城"为核心的满族聚居区。对民族众多的甘宁青地区而言，驻防八旗的形成对当地民族居住格局产生了一定影响。

清初先后有大批八旗军队及其家属、工匠等迁居甘宁青驻防，清代驻防八旗在甘宁青地区主要分布于宁夏（今银川市）、庄浪（今甘肃永登）、凉州（今甘肃武威）三处。据光绪年间编纂的《甘肃新通志·兵防·满营》载，宁夏、凉州、庄浪各兵马数额分别为：宁夏驻防兵3488名，凉州驻防兵1510名，庄浪驻防兵844名，共计5842名；加

---

① 高自厚、贺红梅：《裕固族通史》，甘肃人民出版社2003年版，第68页。

上其家属，人数若以3倍计，也有1.7万多人。

在宁夏，康熙三十四年，"谕议政大臣等。宁夏地方紧要，宜设官兵驻防"。[①] 同年七月"升右卫左翼护军统领觉罗舒恕为宁夏将军"。[②] 清廷开始在宁夏派驻满族兵丁驻防。清雍正元年（1723），为使旗兵在宁夏永久驻防，清廷拨银于宁夏城外东北二里处修筑了"宁夏满城"，亦称"宁夏满营"。至1916年满营解散之前，满族一直居住于满城之内。1915年，宁夏护军使马福祥代表北洋政府颁布满营官兵全部化旗为民，满族开始与境内的回汉民族杂居。由于过度汉化，满族在满城解体后，融合到了汉族中。剩下的满族没有特别明显的民族特征，并未保留下典型的民族聚集区。

在甘肃，雍正十三年，清廷设甘肃凉州八旗，驻防满、蒙、汉兵共二千人；设庄浪八旗，驻防满、蒙、汉兵千人。[③] 除此之外，在兰州等地还有满族籍的文武官员及其家属，人数也不在少数。民国时期，甘肃境内的满族人数减少，有部分迁出甘肃。原满营士兵一部分从事农耕，部分散居各地城镇从事小贩、手工业，或做苦力维持生活，文化程度较高者则从事文化教育科技等工作。[④] 这些留居在甘肃的满族或融入汉族，或保留民族身份，与汉族、回族等民族杂居一处。

综上所述，明清时期是甘宁青地区现有民族居住格局形成的重要时期。特别是汉族人口的迁入奠定了该地区汉族人口的基础，也形成了现在甘宁青地区汉族与其他少数民族"大杂居，小聚居"的民族居住格局。

---

① 《清圣祖实录》，康熙三十四年七月辛酉。
② 《清圣祖实录》，康熙三十四年七月己巳。
③ 《清史稿·兵志·八旗》。
④ 宋仲福、邓慧君：《甘肃通史》，甘肃人民出版社2009年版，第344页。

第三章　民国时期人口迁移对甘宁青地区民族居住格局的影响

民国时期是甘宁青地区民族居住格局调整的重要时期，这一时期的人口迁移对民族居住格局影响较大。主要包括新疆哈萨克族向甘肃和青海迁移之后形成新的民族聚居区，甘肃和宁夏满城解体后满族聚居区消失，青海省、甘肃省游牧区开发引发的汉族、回族、撒拉族等民族的人口迁移等。

第一节　人口迁移对甘肃省民族居住格局的影响

甘肃省地形复杂，是农耕与游牧的交错地带。由于土地承载力低下，这里自古人口密度低，加之频繁的战事破坏和自然灾害侵袭，民国之前人口增长率一直不高。自清同治年间的回民大起义以来，甘肃省所历战事颇多，如1926年甘军与国民军的战争、1928年马仲英起兵，等等。民国期间甘肃省自然灾害亦是不断。甘肃民众或遭战事屠戮，或因灾荒饿毙，或流落他乡，人口损耗甚惨，境内人口十分稀疏。这为以后的人口迁徙留下了巨大的空间。从居民的生计方式来看，甘肃是一个多元社会，这里有农耕的汉族、回族，有游牧的藏族、蒙古族，有亦农亦商的回族与其他穆斯林民族。从人口分布来看，农耕区人口多、游牧区人口少，东部稠密、西部稀疏。从居民的居住模式来看，是城镇人口集中，农牧区人口分散。民国时期，各种类型的人口迁移使甘肃各民族交流与互动加快，一方面民族聚居模式被打破，多民族杂居的区域逐渐扩大；另一方面在一些地方形成了新的规模大小不等的民族聚居区。

一　民国时期甘肃人口及民族分布状况

（一）民国时期甘肃省人口状况

民国时期，甘肃人口呈现递增趋势。民国元年（1912），全省约有98万户、498万人；民国十一年（1922），增加到116万户640万人左右；民国十七年（1928），增加到120万户600万人左右；1929年，甘肃析置为三省，甘肃行政管辖区域缩小，人口数也相应减少；分省时原青海河湟谷地三县四厅有40余万人，宁夏诸县有70余万人，两地合计有110余万人，以当时660万人左右的人口来看，分治后的甘肃省有550余万人；到1944年，在15年时间里，甘肃省人口增加到了650万人；到1949年甘肃人口达到900万。①

从以上人口增加的趋势看，民国时期甘肃人口增加的速度不低，从民国初期的近500万人（包括青海、宁夏的人口）到三省分治后的550万人（不包括青海、宁夏的人口），再到1949年的900万，在不到40年的时间里，人口增加了400万左右，即每10年增加100万人。这期间，人口增加原因主要有五个方面：一是抗战时期，沦陷区人口的迁入；二是新疆哈萨克族人的迁入；三是各个时期不同派系、不同政党的军队进入甘肃；四是因战乱和灾荒而从邻近各省迁入的人口；五是人口自然增长。

（二）民国时期甘肃省少数民族人口及其分布状况

民国时期，甘肃省有回族、藏族、蒙古族、东乡族、裕固族、保安族、撒拉族、哈萨克族、土族、满族等少数民族。从20世纪40年代的少数民族人口分布来看，当时甘肃省约有人口600万，其中回族占全省总人口的1/14，约有43万人；藏族分布在西南的夏河、卓尼、岷县、临潭等县，约有7.5万人；哈萨克族分布在关外的安西、敦煌、玉门等地，当时没有具体统计数据，仅在祁连山西北部就分布着3万多人；蒙古族分布在祁连山西北一带，归肃北设置局管理。②民国时期生活在甘肃的各少数民族人口及分布的具体情况大致如下：

1. 回族

清同治年间回族起义被清廷镇压后，河西地区便不再是回族聚居

---

① 宋仲福、邓慧君：《甘肃通史》，甘肃人民出版社2009年版，第333页。
② 邓慧君：《甘肃近代社会史》，甘肃人民出版社2007年版，第8页。

区，张家川一带形成了新的回族聚居区。民国初期，甘肃回族居住区仍相对较为稳定，其聚居区和散居地均无大的变化。民国中后期，由于战乱以及谋生等原因，从陕西、宁夏、青海等地有数以万计的回族迁入，使甘肃回族人口逐渐增加。至20世纪40年代初，甘肃回族已逾40万人。据1947年统计，在甘肃省71个县中，56个县建有清真寺；其余15个县，也可能有零星的穆斯林分布，回民最集中的临夏，有10万人左右，回民人数在2万人以上的有宁定（广河，5.5万人）、清水（4万人）、和政（2.95万人）、平凉（2.65万人），回民人数在1万人以上的有康乐（1.87万人）、皋兰（1.33万人）、静宁（1.15万人），1949年甘肃有回族51.6万人。[①]

2. 藏族[②]

民国时期，甘肃藏族仍处于由寺院上层和部落头人统治的政教合一的封建部落制社会。其聚居区和清代没有多大变化，主要分布在两大区域。一部分集中在甘、川、青三省交界的安多藏族聚居区。安多藏族聚居区在甘肃省主要是夏河县、卓尼县为主的草原牧区和半农办牧区，还包括临潭、岷县、武都、西固（舟曲）、迭部等县的局部或大部，有7万多人。1947年统计，夏河县共有47309人，其中居房者为13249人，住帐房的26420人（其中藏族人23220人，藏地蒙古族3200人），出家者（僧人）7640人。据1940年的不完全统计，卓尼设治局有36306人。另一部分分布在河西走廊祁连山北麓，包括永登、民乐、张掖、临泽、高台、酒泉等县的山区，有2万多人。

1947年，据夏河、卓尼、岷县、临潭、武都、永登、张掖、民乐、高台、酒泉等县不完全统计，共有藏族96095人；又据1948年夏河、卓尼、临潭和岷县的有关材料记载，这些地区共有藏族134378人；1949年，甘肃省有藏族18.1万多人（内有寺院僧人2万多人）。其中，甘南地区有藏族14.3万多人（内有僧人1.6万人），天祝地区有藏族1.4万余人。

另外，藏族在甘肃省其他一些地区以"大杂居，小聚居"的形式

---

① 宋仲福、邓慧君：《甘肃通史》，甘肃人民出版社2009年版，第337页。
② 该部分内容数据主要参考宋仲福、邓慧君《甘肃通史》，甘肃人民出版社2009年版，第340—342页；甘肃省地方史志编纂委员会：《甘肃省志》，甘肃人民出版社2004年版，第220页。

分布。如 1940 年，临潭县有藏族 8594 人；岷县约有藏族 3500 人；武都约有藏族 2000 人；西固（舟曲）有藏族近万人；永登有藏族 9085 人；张掖有藏族 1216 人；民乐有藏族 849 人；临泽有藏族 2400 人；高台有藏族 345 人；酒泉有藏族 1056 人。此外，永昌、民勤、古浪、武威等地也有少许分布。

3. 东乡族、保安族、撒拉族

民国时期，人们仍按习惯把东乡族、保安族、撒拉族称为东乡回、保安回、撒拉回。

东乡族，自称"撒尔塔"（Sarta）。民族识别以前曾被称为"东乡回回""东乡蒙古""东乡土人"等，因居住在河州（今甘肃临夏地区）东乡地区而得名；1947 年，东乡地区属临夏第二区，辖 5 个乡镇，有 33712 人。此外，临夏积石乡、永靖、宁定、和政等县也有分布。[①]

保安族居住在今甘肃省临夏县西北部吹麻滩、乩藏两区所属的大河家、刘集、柳沟、石源等乡，以大河家乡的大墩、甘梅和刘集乡的高赵李家三个地方最为集中。"据调查，解放前，保安三庄共有佃农一百一十五户，占总户数的百分之十七点二。"[②] 1949 年，甘肃省的保安族也只有 4356 人。[③]

甘肃省的撒拉族"主要聚居在积石山县的大河家、四堡于、刘集乡、吹麻滩和夏河县的拉卜楞等地。这些撒拉族的祖先，多是清同治年间和辛亥革命前后从循化陆续迁去的"。[④]

4. 裕固族

民国时期，裕固族主要生活在河西走廊，被分为两类：一类称为黄黄番，另一类称为黑黄番，两者都信奉藏传佛教格鲁派（黄教）。他们主要分布于酒泉黄泥堡以东至高台之间的沙漠边缘以及高台南山草原，以畜牧为主，各部人口和分布大致如下：[⑤]

亚拉格家：民国时期有 190 余户。其中分布在今肃南明花乡明海的

---

① 宋仲福、邓慧君：《甘肃通史》，甘肃人民出版社 2009 年版，第 338 页。
② 甘肃省编辑组：《中国少数民族社会历史调查资料丛刊》修订编辑委员会：《裕固族东乡族保安族社会历史调查》，甘肃民族出版社 1987 年版，第 157 页。
③ 董克义：《甘肃保安族史话》，甘肃文化出版社 2009 年版，第 9 页。
④ 穆赤·云登嘉措：《青海少数民族》，青海人民出版社 1994 年版，第 439 页。
⑤ 甘肃省编辑组：《中国少数民族社会历史调查资料丛刊》修订编辑委员会：《裕固族东乡族保安族社会历史调查》，甘肃民族出版社 1987 年版，第 3—8 页。

约有50户，分布在今肃南大河乡亚乐约120户、长沟等地约20户。

贺郎格家：共有六七十户，分布在今肃南县明花乡莲花35户、前滩9户，分布在大河乡西岔河10多户，其他地方也有分布。

西八个马家：民国初年有60多户，到解放前夕仅剩30户。最初游牧于祁连山南麓的八字墩一带。后来在西柳沟建寺（称旧寺），才逐渐迁徙到西柳沟、红湾。

东八个马家：裕固语称为"以曼戈勒玛"，即交八匹马的意思，民国时期，他们有140多户，七八百人；其住地和游牧范围，东至黑河，西至拉芨大坂，北至大瓷窑坡，南至呼鲁斯台（友爱地区）。居住在今南县康乐乡的寺大隆、大草村、红石窝、东牛毛等地。

四个马家：民国时只有八九户人家，居住在肃南康乐的牛心墩一带，其部落范围，北至梨园河以南，南至石窑河，西临孔刚木大坂，东临康丰。

杨哥家：民国时有20多户，主要分布在肃南康乐的大、小长干和大小黑、藏一带。

五个马家：解放前有300多人，分布在大河乡的榆木山附近的经窑寺和亚乐乡的红湾墩、大滩等地。其草场和游牧范围东至梨园河，西至红湾墩，南至土坡郎，北至炭寨子。

大头目部落：民国时期有20多户，主要居住在今南县康乐乡的西牛毛、巴音、康丰等地，游牧范围包括干沟门、西牛毛山、大瓷窑、九个泉拉改大坂，其中心地（冬窝子）在干沟门（康隆寺）一带。

罗尔家：解放时有18户，70多人，其游牧范围北靠松木大坂（松木山），南靠孔刚木大坂，东到石窑河，西到东柳沟。

曼台部落：民国时主要居住在今肃南的友爱，解放时有40多户，200多人；游牧范围：东至景阳岭，西至疏勒（陶莱）脑子、黑河，南至八宝河（1915年前往八宝山一带），北至红山顶（又称红大坂，裕固语称"鄂尔孜龙"，意味金钱豹，汉语称豹子沟）。

5. 土族

民国时期，甘肃土族四五千人，信仰藏传佛教，主要分布于卓尼、临潭、临夏的刘家集和积石关、永登等地区；卓尼的土族大部分已丧失了本民族语言，多用藏语，但仍自称"土户家"，保持其部落编制，被编入杨土司的四十八旗中的上治三旗勺哇旗；居于临夏、永登的土族用语属阿尔泰语系蒙古语族，同保安语、东乡语接近。这些土族一部分从事农耕，一部分从事游牧。① 因人口迁徙，在景泰等地也有零星分布。②

6. 蒙古族③

民国时期，甘肃蒙古族主要聚居于两大区域：一是酒泉专区的南山高山草场，行政上分属敦煌、酒泉、临泽等县；二是酒泉以北的马鬃山区，行政上属安西县。南山地区约3.4万平方千米，蒙古牧民在南山高山草甸、色腾儿海子（西海子）、石包城等地共有24个合首（合首意为头目，1个合首可视为1个部落）。1937年1月，经行政院批准，设立马鬃山设治局，由安西县代管。1938年3月，改名肃北设治局，属酒泉专区。据1939年调查，蒙古族的分布情况是：肃北设治局183幕（户）、1036人，敦煌500人，临泽100人，酒泉50人。敦煌等地南山山区人数统计可能缺漏较多。

7. 满族

清代，为维护满族在全国的统治，清王朝在全国各地设置驻防八旗。在甘肃，清王朝在凉州（武威）、庄浪（永登）筑有满城，驻扎八旗官兵，另外在兰州等地还有满族籍的文武官员及其家属，总计当在万人以上。民国时期，部分满族迁出甘肃，区域内满族人数减少；原满营士兵一部分从事农耕，部分散居各地城镇从事小贩、手工业，或做苦力维持生活，文化程度较高者则从事文化教育科技等工作。④

8. 哈萨克族

民国时期，新疆哈萨克族分批迁入甘肃，之后又在甘肃、青海、新疆之间迁徙。民国中央政府、甘肃军政各界都对这些哈萨克族实行各种措施安抚。当时，甘肃境内的哈萨克族主要居住在张掖、安西、玉门、酒泉、敦煌五县。

二 汉族人口的迁移对甘肃省民族居住格局影响

甘肃是汉族祖先华夏起源地之一。自秦汉以来，大量汉族人口在甘肃境内世代居住，生息繁衍。民国时期，省外汉族的迁入，增加了境内

---

① 宋仲福、邓慧君：《甘肃通史》，甘肃人民出版社2009年版，第343页。
② 《景泰县志》编纂委员会：《景泰县志》，兰州大学出版社1996年版，第613页。
③ 该部分内容主要参考宋仲福、邓慧君《甘肃通史》，甘肃人民出版社2009年版，第344页。
④ 宋仲福、邓慧君：《甘肃通史》，甘肃人民出版社2009年版，第344页。

汉族人口的数量，并对局部地区的民族居住格局产生了一定影响。同时，一些汉族向少数民族聚居区迁移，对当地民族分布格局也产生了一定的影响。

民国时期，省外汉族迁入甘肃类型多样。一是甘肃以外的汉族军人流落当地，主要包括东北军、西北军、长征红军、西路红军的流散人员等；二是抗战爆发后涌入的沦陷区难民；三是外地商人、农民等。以军人流落为例，"东北军于学忠部进入甘肃和东北移徙甘肃的人口就是如此，东北难民直到1947年还有不少滞留甘肃，很多最后都定居在了甘肃"。① 以沦陷区难民为例，"由于一波一波的难民涌入，大西南、大西北人口剧增，尤其是西部城市人口增幅甚巨：从1937年至1942年底……兰州人口增35%"。② 人口稀少的陇南两当县，"民国十八年（1929），陕甘大旱，当地储粮东调，而关中灾民充斥着本县，直接加剧了两当的灾情，中部川塬地区人饿死、外逃者约两千人。在这一时期，关中人流落杨家店、广乡镇者至少有两千户。民国二十六年（1937）甘肃省修建华双公路，有河南省筑路工人携带家眷，留居两当、杨店一带经商、务农、务工，一时活跃了市场，农副产品畅销，人民的生产、生活水平都显著提高，两当人口数量达到了两万人"。③

同时，很多汉族在这一时期也流入少数民族聚居区。以肃南裕固族自治县为例，"肃南县的汉族，一部分是1949年前为逃避繁重的徭役、捐税、壮丁由邻近的农业区来的。皇城区的汉族主要来自武威、永昌县，马蹄区汉族主要来自民乐、张掖县，康乐区的汉族主要来自临泽、张掖县，大河区的汉族主要来自高台县，明花区的汉族主要来自酒泉、金塔县，祁丰区汉族主要来自酒泉、嘉峪关。还有一部分汉族历史上就和少数民族杂居在一起"。④ 在天祝藏族自治县，"民国十六年（1927）武威、古浪大地震，翌年大旱，四邻部分灾民移居天祝。……民国三十五年（1946）后，马步芳扩军抓兵，青海省化隆、乐都、大通、互助、门源县和甘肃省永登、武威、古浪、民勤等县的不少群众逃离本土，避

---

① 张琼：《近代甘肃人口变迁问题探析》，硕士学位论文，西北师范大学，2010年。
② 龚义龙：《悲哉！抗战时期流徙到后方的难民们》，中国共产党新闻网，2011年1月11日（http://dangshi.people.com.cn/GB/120280/13699011.html）。
③ 刘瑞、杨永红：《两当县志》，甘肃文化出版社2005年版，第122页。
④ 肃南县志编纂委员会：《肃南裕固族县志》，甘肃民族出版社1994年版，第117页。

居天祝，使天祝地区人口急骤增加。"①"民国时期，山西、陕西等地商人到天祝经商，有的和当地妇女结婚而留居。"② 在藏族聚居的夏河县，"民国以来，汉人之留居拉卜楞者，多为各机关公务人员及少许之商人而已，其留居地方，亦仅限于夏河县拉卜楞镇及合作博拉，人数约为1000人"。③

三　回族人口迁移对甘肃省民族居住格局的影响

民国时期，回族迁徙对甘肃民族分布格局的影响主要包括三个方面：一是回族向传统回族聚居区迁移，使当地回族人口比例增加；二是回族向汉族聚居或回汉杂居地区迁移，使当地回族人口增加，民族杂居模式更加明显；三是回族向其他少数民族聚居区迁移，使回族与其他少数民族相互杂居范围扩大、人口增加。

（一）回族人口向回族聚居区的迁移

以平凉为例，"民国初年（1912）后，山西等地经商的回族，络绎不绝，来往于此，也有留居平凉的。抗日战争期间，晋、冀、鲁、豫的部分回族，逃避战乱，'一条扁担两只筐，携儿带女到平凉'。后多定居于境内。其中，河南孟县桑坡村，俗称'丁、白、张三大姓'者尤为众多，初居城南景家沟、红照壁沟，后景家沟的全迁于红照壁沟及兴合庄和城北泾河南岸"。④ 在永登县，"陕甘回民反清失败后，清政府把肃州、甘州、凉州等地的许多回族人迁移至永登，回族人口又有了回升。清末以来，永登回族人口和聚居地相对稳定。民国时期，马步青驻军永登期间，建造了规模宏大的清真寺，永登回族人口发展到鼎盛期。据民国三十年（1941）记载，永登有回民4600多人，1949年有4980多人，散居于县城之西关、南关、各乡镇，以窑街、连城两地所居者为多。"⑤

（二）回族人口向汉族聚居区的迁移

以清水县为例，"民国十八年（1929），陕甘闹饥荒，有不少张川镇、秦安等地回民逃荒到清水落户"。⑥ 在武都县，"民国时期，回族人

---

① 天祝县志编纂委员会：《天祝藏族自治县志》，甘肃民族出版社1994年版，第117页。
② 同上书，第137页。
③ 甘肃省夏河县志编纂委员会：《夏河县志》，甘肃文化出版社1999年版，第232页。
④ 平凉市志编纂委员会：《平凉市志》，中华书局1999年版，第622页。
⑤ 兰州市地方志编纂委员会：《兰州市志·民族宗教志》，兰州大学出版社2007年版，第65页。
⑥ 清水县志编纂委员会：《清水县志》，陕西人民出版社2001年版，第952页。

口逐渐增多，不少回族又善经商，宗教活动和清真寺的修建比以往更甚。据1943年《新西北》刊记载：'武都已有清真寺8座，拱北1处，阿訇28人。'"① 在景泰县，居民"绝大多数是汉族，1949年，全县少数民族只有105人，主要是回族和土族。清同治以前，大芦塘、一条山等地居住回民较多。同治年间，陕西杨文治率领回民反清军来景泰，大部分回民随军而去。1931—1941年，少数回民因经商谋生从临夏和宁夏陆续迁来景泰定居。"②

（三）回族人口向藏族聚居区的迁移

以天祝县和夏河县为例，"清代，天祝已有伊斯兰教传入，光绪年间在今华藏寺镇阳山一带建有清真寺。民国后，在天祝落户和经商的穆斯林增多，先后在安远驿、金强驿、打柴沟、岔口驿等地建有清真寺，解放后于1956年在炭山岭镇又建了清真寺。至1988年全县清真寺共有6处。"③ "夏河地区回族大部分来自河州（临夏），小部分来自陕西、宁夏和青海。他们进入拉卜楞地区的年代，可追溯到明代'茶马互市'为他们提供了进入藏区的便利条件。而回族大规模进入拉卜楞地区大约在嘉庆年间和清代后期，河湟一带的回族因战争迫使或不能承受清政府的苛捐杂税，便陆续进入边疆少数民族地区从事商业、农业和手工业以谋生计。"④ "最初，进入拉卜楞做生意的回民是不允许携带家眷的，这些人，或父子，或兄弟，抛下家中的父母、妻儿，单身到拉卜楞谋生。民国十七年（1928）12月，马仲英（俗称尕司令）率部队从洮州进入拉卜楞藏区，与拉卜楞寺院发生冲突，马仲英部烧毁了宗喀巴佛殿，又欲烧毁整个寺院。这时，在拉卜楞的回族士绅商民联合向马仲英叩头求情：'回、藏不能结仇，如果你们把寺院烧了，今后夏河的回、藏人民就没有和平安定的日子了'。马仲英看在河州回族同胞的分上，答应了要求。事后，为感谢此情，拉卜楞寺上层人士黄正清等人，才破格允许在拉卜楞经商的回人和因动乱而逃入的难民可以携带家眷，长期居住此地，并同意扩建拉卜楞清真寺。自此，拉卜楞回族人口日渐增多。据资

---

① 武都县地方志编纂委员会：《武都县志》，生活·读书·新知三联书店1998年版，第1058页。
② 景泰县志编纂委员会：《景泰县志》，兰州大学出版社1996年版，第612页。
③ 天祝县志编纂委员会：《天祝藏族自治县志》，甘肃民族出版社1994年版，第785页。
④ 甘肃省夏河县志编纂委员会：《夏河县志》，甘肃文化出版社1999年版，第232页。

料记载，光绪十七年（1891）有回族60户，民国初为200来户，1000余人。新中国成立前回族人口为2450人，占总人口的4.3%。"①

四 哈萨克族人口迁徙对甘肃省民族居住格局的影响

民国之前，中国哈萨克族主要分布在新疆，甘肃省境内并无哈萨克族部落。民国时期，由于新疆统治者盛世才对哈萨克族强征枪马、壮丁，实施强迫教育，并课以重税。居住在新疆东部哈密、巴里坤一带的哈萨克族不堪其辱，分批先后进入甘肃境内。一般认为，迁入甘肃的哈萨克族共有四批，共计7000余户3万余人。②也有研究者根据甘肃省档案馆馆藏的档案资料认为，民国时期哈萨克族共有三次迁入甘肃，1万余人。③哈萨克迁入甘肃后，对当地民族关系、社会稳定、地方管理等带来了一系列问题，为应对哈萨克迁入带来的各种社会问题，国民政府和甘肃军政官员采取了一系列措施，既有政治上的安置、安抚、遣返，也有军事上的弹压。最终将部分哈萨克族遣返新疆，对在甘的哈萨克族划定牧场、实施生计转型，使哈萨克族在甘肃得以立足，这些哈萨克族主要居住在张掖、安西、玉门、酒泉、敦煌五县。

哈萨克族向甘肃迁徙改变了甘肃省河西地区的民族居住格局，使这里原本由汉族、回族、蒙古族、藏族、裕固族等民族构成的"大杂居，小聚居"居住格局中多了哈萨克族聚居区。

五 其他民族迁移对甘肃省民族居住格局的影响

民国时期，其他民族的迁移，对甘肃民族分布格局产生了或大或小的影响。

（一）撒拉族

生活在积石山保安族东乡族撒拉族自治县的撒拉族，"亦有在民国十七年（1928）因反抗国民军压迫斗争失败后逃难迁入的。主要居住在四堡子乡、大河家镇、刘集乡、石塬、柳沟、吹麻滩、乩藏、小关、中咀岭等乡镇亦有零星散居。"④撒拉族迁入积石山县，使当地的撒拉

---

① 甘肃省夏河县志编纂委员会：《夏河县志》，甘肃文化出版社1999年版，第232—233页。
② 阿克塞哈萨克族自治县志编委会：《阿克塞哈萨克族自治县志》，甘肃人民出版社1993年版，第44页。
③ 王禄明、陈乐道：《哈萨克族迁甘始末》，《伊犁师范学院学报》2007年第1期。
④ 甘肃省积石山保安族东乡族撒拉族自治县志编纂委员会：《积石山保安族东乡族撒拉族自治县志》，甘肃文化出版社1998年版，第402页。

族人口进一步增加，使撒拉族与保安族、东乡族的民族杂居更加明显。在藏族聚居的夏河县，"中华民国期间，撒拉族为了抗丁，一小部分人先后到夏河，居住在拉卜楞镇，这就是今夏河撒拉族的源流。据统计，1921年前后，拉卜楞有撒拉族40余户200余人"。① 迁入夏河县，增加了藏区穆斯林人口的数量，使当地民族成分更加多样化。

（二）东乡族

"现甘肃省积石山保安族东乡族撒拉族自治县的东乡族主要是清乾嘉、同光年间和民国初年，从东乡锁南、大树、汪集、达板、考勒、龙泉、东塬等迁入的。主要分布在胡林家、吹麻滩、居集、乩藏、关家川、寨子沟、徐扈家、中咀岭、铺川、银川、小关部分地区。"② 民国时期，东乡族迁入今积石山县，使当地东乡族人口进一步增加，也使东乡族与保安族、撒拉族的民族杂居更加明显。

（三）蒙古族

民国时期，河西地区战乱频繁，灾荒不断，居民迁入、徙出频繁。先后有宁夏、新疆等地蒙古族人口迁入今肃北蒙古族自治县。这一时期，外蒙古在苏俄影响下爆发了革命，一些喀尔喀蒙古喀尔喀札萨克图汗部的王公豪富及喇嘛等宗教人员进入了额济纳旗，并有部分迁入今甘肃肃北蒙古族自治县。"20世纪初进入甘肃西部北山的喀尔喀蒙古人，大部分属于札萨克图汗部的所属旗，后来迁徙到了张掖南北山，形成了今天的张掖市甘州区平山湖蒙古族乡和肃南白银蒙古族乡。"③ 蒙古族的迁入，使肃北县的蒙古族聚居区的蒙古族人口数量增加，其民族聚居程度提高。

（四）土族

今天的甘肃土族"大部分人是本世纪（指20世纪）30年代后从青海省的互助、民和、门源、大通等地迁来的，他们大多就近而居，天祝县土族与互助县相邻，积石山县土族与民和仅一河之隔，形成了具有明显特点的聚居区。"④ 在天祝藏族自治县，也有青海迁入的土族。"抗日

---

① 甘肃省夏河县志编纂委员会：《夏河县志》，甘肃文化出版社1999年版，第233页。
② 甘肃省积石山保安族东乡族撒拉族自治县志编纂委员会：《积石山保安族东乡族撒拉族自治县志》，甘肃文化出版社1998年版，第400页。
③ 任文军：《甘肃蒙古族史话》，甘肃文化出版社2009年版，第5页。
④ 马雪莲：《甘肃的土族》，《党的建设》1994年第4期。

第三章　民国时期人口迁移对甘宁青地区民族居住格局的影响

战争结束后，马步芳大规模扩军，互助、大通等地的一部分土族不愿当兵而避居天祝，加入了当地藏族部落，给天堂寺和其他部落头人当'牛户'……天祝土族主要分布在朱岔乡的朱岔、大科什旦，天堂乡的业土、那威、科拉，石门乡的麻子沟村等。"① 在景泰县，也有迁入的土族，"土族原系青海人，为了逃避兵役，40年代迁入景泰县正路乡境内定居"。②

此外，还有俄罗斯人、朝鲜族与韩国人迁入兰州。"兰州市的俄罗斯人是在抗日战争前后迁来的。多从事修理业和服务性行业，如粉刷房屋、裱糊顶棚等。"③ "抗战时期，个别东北朝鲜族和韩国人迁至兰州，居住在民国路（今武都路西段）一带。"④ 他们的迁入，使兰州市民族成分更趋多样化。

总之，民国时期，汉族向甘肃的迁移使甘肃部分地区汉族人口增加，对民族居住格局产生了细微影响。少数民族的迁移对甘肃民族居住格局影响较大，如满城的解体使满族聚居区消失，哈萨克族的迁入及其他民族的迁移，或形成了新的民族聚居区，或增加了原有民族聚居区少数民族的数量。受人口迁移的影响，民国时期甘肃民族居住格局的基本状况是：河西走廊一带是多民族杂居区域，但在杂居中又有裕固族、哈萨克族、蒙古族、藏族的小聚居区；今甘南是藏族的聚居区，但在夏河一带又有少量藏族、汉族、回族杂居区；今临夏是由汉族、回族、保安族、东乡族构成的多民族杂居区，在杂居中又有各民族的小聚居区；今兰州市因人口迁移，民族成分多样，但以汉族与回族为主，回族有较大范围的聚居区，其他少数民族基本散杂居；今平凉地区主要是回汉杂居区，在杂居中又有张家川等范围较大的回族聚居区；其他地区主要是汉族聚居，间有少量的其他民族。

---

① 甘肃省夏河县志编纂委员会：《夏河县志》，甘肃文化出版社1999年版，第137页。
② 景泰县志编纂委员会：《景泰县志》，兰州大学出版社1996年版，第612页。
③ 兰州市地方志编纂委员会：《兰州市志·民族宗教志》，兰州大学出版社2007年版，第113页。
④ 同上书，第111页。

第二节　人口迁移对宁夏回族自治区民族居住格局的影响

　　经历了漫长的历史发展、民族融合及多元文化整合之后，清末至民国初年宁夏已成为回族和汉族主要聚居地。由于社会动荡、战乱及自然灾害等原因，民国时期，宁夏很多地区人口锐减、地广人稀。在这一背景之下，周边的甘肃、陕西、山西以及中原地区的河南、安徽等地很多汉族陆续流徙到宁夏定居繁衍，成为宁夏当前汉族人口的一个重要组成部分，同时也有大量回族迁移到宁夏各地定居，增加了宁夏回族人口的数量。可以说，民国时期大量外省人口的迁入奠定了宁夏当前人口规模和民族居住格局的基础。

一　清末至民国初期宁夏[①]民族及人口状况

　　清代和民国初年，宁夏是指甘肃省宁夏府，辖区主要为宁夏河套地区。民国建立后，初置宁夏道，仍隶甘肃省。民国十七年置宁夏省，辖区主要是同心以北的河套地区，并含有今内蒙古自治区河套以西地区，不过宁夏所辖河套地区多是无人居住的沙漠地带，人口极度稀少。民国元年（1912）宁夏省人口为303042。[②] 由于战乱以及自然灾害等原因，宁夏人口损失严重。到民国十四年（1925）宁夏府人口只有12553户68785口，较清乾隆四十五年（1780）少48675户231556口；民国十七年（1928）宁夏省人口总计仍只有449869。[③] 这是宁夏北部地区的人口情况。宁夏南部自然灾害更为严重，特别是1920年震惊世界的8.5级海原大地震造成宁夏当地特别是宁夏南部地区人口急剧减少。事后，据当时有关部门及《民国固原县志》统计：固原县（含今彭阳县全部及西吉县部分乡镇）共死亡3.6万人，约占人口总数的45%。仅海原一县死者就达7.3万余人，全区因地震而死者有23万人之多，这一严重自然灾害造成宁夏境内人口骤减，地广人稀。从表3-1可以看

[①] 本书所研究的宁夏是指今宁夏回族自治区所辖地域。
[②] 路遇、滕泽之：《中国人口通史》，山东人民出版社2000年版，第970页。
[③] 同上。

出，民国后期宁夏境内各县市的人口数量以及回族的分布和人口规模。

表3-1　1945年宁夏各市县人口数量以及回族的分布和人口规模

单位：人、%

地区	市县	总人口	回族人口	回族所占比重
总计		1049251	303744	28.95
北部地区	小计	716039	147830	20.65
	银川市	38634	994	2.57
	永宁县	75581	26648	18.81
	贺兰县	64066		
	惠农县	62697	31470	26.04
	平罗县	58135		
	陶乐县	3367		
	金积县	47736	16111	33.74
	宁朔县	56557	7768	13.74
	中卫县	87088	675	0.78
	中宁县	79327	1479	1.86
	灵武县	81776	34187	41.81
	盐池县	27265	222	0.81
	同心县	33810	28294	83.69
南部地区	小计	333212	155914	46.79
	固原县	128345	48935	38.13
	海原县	47712	37248	78.07
	西吉县	69947	34323	49.09
	隆德县	64680	13411	20.73
	泾源县	22528	21979	97.56

资料来源：丁国勇：《宁夏回族》，宁夏人民出版社1993年版，第24页。

二　邻近各省汉族人口流入对宁夏民族居住格局的影响

陕甘回民大起义之后，宁夏回汉民族关系紧张，回汉民族一般隔离居住。左宗棠处理回民起义的善后措施，将"金积堡的1.2万余回族老弱妇女，解赴到固原城外数十里的地方垦荒。陈琳所部及河西一带陕回9000余人被安插于化平川（今宁夏南部的泾源县）一带"。① 同时，又迁董福祥"董字三营"群众2000余口及宁夏府部分回族到灵州、金积堡等空地居住。保留"罗山的谢家段头和纳家闸、广武、石空、牛家营、韦州、红沟窑、田家沟等处，以及固原、盐茶一带"为回族活动区。② 在很多地方形成了一些回汉分居的模式。在海原县，"同治后，出现了纯回民和纯汉民的堡寨或村落"。③ 固原有座"七营汉回分界碑""刊于光绪四年，绅民公建，在七营。其略云：七营距州一百二十里，墼朔冲途，人烟辐辏。向无回民，即有回族贸易者，朝来夕归。同治乱后，田地悉为回民所占。迨承平，汉民无地可耕，因迭控于左文襄公军次。蒙派委员，会州连讯，判定十里内不准回民居住。占领、置买田地一概退还，同事出力。八庄亦有回民居住者，一时发还殆尽。而后汉、回相安焉。"④ 该碑设立后，回汉民族出现了分离居住模式。

1920年12月16日，海原县发生8.5级特大地震，23万余人死亡。1921年4月12日，固原县发生6.5级大地震，固原百姓死伤惨重。遍及中国北方的民国十八年（1929）大旱，饥馑蔓延，饿殍遍及宁夏大地，人相食、逃他乡的情景不难想象。1934年1—3月，马鸿逵和孙殿英之间的"孙马大战"爆发，战事所及地区，百姓携妻带子、背井离乡，到处残垣断壁，满目疮痍，村舍皆墟，食粮财物农具房舍被劫毁一空。地广人稀引发了邻近的甘肃、陕西等地居民不断向宁夏迁移。据《固原县志》记载，民国时期，"甘肃静宁、庄浪、会宁、天水、秦安等地农民来县垦殖，从而形成本县汉族种性复杂的特点"。⑤ 人口迁出地《秦安县志》称："由于秦安一直是人稠地狭县，加之自然灾害经常出现，所以，清代和民国时期，居民多移至'北里'（今秦安以北的会宁、陇东及宁夏等地）谋求生存。"⑥ 如"1918年的石嘴山，居民'多来自秦、晋。有粤人黄姓之家，旧随宁夏镇台冯某来者。鄂人有三四

---

① 丁国勇：《宁夏回族》，宁夏人民出版社1993年版，第93页。
② 吴忠礼：《宁夏近代历史纪年》，宁夏人民出版社1987年版，第73页。
③ 海原县志编纂委员会：《海原县志》，宁夏人民出版社1999年版，第128页。
④ （清）《固原州志》。
⑤ 固原县志编纂委员会：《固原县志》，宁夏人民出版社1993年版，第949页。
⑥ 秦安县志编纂委员会：《秦安县志》，甘肃人民出版社2001年版，第175页。

家'。"① 如在海原县，"同治后，出现了纯回民和纯汉民的堡寨或村落。"② 民国时期，甘肃秦安等地汉族迁居宁夏回族村落定居，出现了回汉民族杂居状况。

三 省内外回族人口迁移对宁夏民族居住格局的影响

民国时期，宁夏地广人稀的特点不仅吸引了大量外地汉族移民，而且也有大量周边地区的回族迁入并定居宁夏。这一时期迁入宁夏的外省回族既有随马氏家族来宁的甘肃河州回族，也有因宗教信仰和地方经济发展等原因迁入的各地回族。例如，马氏家族所统领的部队源于甘肃河州回族，其用人向以"甘、马、回、河"为主，即甘肃人、河州的、马姓、回族为主。即便随着统治权势日增，军队数量增加，其用人也多不出此惯例。1912年马福祥所带"昭武军"步骑13营约3000人赴任宁夏，而马鸿逵1932年就任宁夏时带来3个独立旅部队。加上马鸿宾的部队，保守估计至少有两万人，如果将随后进入宁夏其家属计算在内，人数会更多。另外，随着伊斯兰教哲合忍耶门宦在吴忠和西吉两地的重新创复，甘宁青许多回族教众向两地不断迁移和聚集。由于皮毛等西北土特产的商业化，民国时期宁夏黄河沿岸成为重要的商业运输中转站，如吴忠从20世纪30年代起成为黄河沿岸声动数省的"水旱码头"，回族商业十分发达，甘青等地回商大量迁入使吴忠及其周围地区再度成为回族聚居区。据《宁夏纪要》记载："（灵武吴忠堡一带）本为荒地，经回民垦殖，始成沃土，至今蔚为本省最大市镇。"同处于黄河沿岸的中卫和中宁等地也有大量外地回族商人迁入，出现了小规模回族聚居区。民国时期，陕西、甘肃、青海等地"回民渐渐入居，同心县逐渐形成回族聚居地区"。③ 民国时期，海原县境内的"树台、高台寺、西安有甘肃河州东乡族和回族群众迁入"。④ 在宁夏中部的中宁县"民国期间，由于军阀混战，天灾人祸连年不断，宁夏南部山区的回民迫于生计，开始向川区流徙。同心县回民金、马、周、李、丁诸姓，迁到奉县南关及宁安乡、恩和乡等地落户，与汉民杂居。金积、灵武地区

---

① 林竞：《西北丛编》，文海出版社有限公司1974年版，第72—75页。
② 海原县志编纂委员会：《海原县志》，宁夏人民出版社1999年版，第128页。
③ 同心县志编委会：《同心县志》，宁夏人民出版社1995年版，第654页。
④ 海原县志编纂委员会：《海原县志》，宁夏人民出版社1999年版，第129页。

的部分回民迁到鸣沙，亦与汉族杂居。"① 宁夏区内外的回汉人口的迁移，使回汉群众交错杂居，基本形成了今天宁夏回汉杂居的民族居住格局。

四　其他形式人口迁移对宁夏人口规模和民族居住格局的影响

民国时期迁入宁夏的移民不仅规模较大，且类别多样复杂，除了自发性流民迁入所导致的乡村地区回汉杂居居住模式及一些大的回族聚居区形成之外，一些其他形式的移民也促进了宁夏现在民族居住格局的形成和人口构成。

首先，为躲避战乱及水旱灾的中原地区难民定居宁夏，增加了宁夏汉族人口的比例和规模。1920—1940年，中原地区不断发生水、旱、蝗等灾害，大量的流民涌入宁夏。抗战爆发后，一些来自沦陷区的难民也进入宁夏，他们主要来自陕西、河南、山西、内蒙古、安徽等地。尤其是蒋介石为阻挡日军前进而炸断黄河花园口段河堤后形成大片的黄泛区，迫使大量的灾民沿陇海线经陕西辗转进入宁夏，部分由内蒙古包头进入宁夏地区。比如："1943年11月，有200—300灾民被当局从西安移到市境冲岗堡、常石墩、潮湖堡（今平罗县崇岗乡一带），部分灾民后定居于打硙口堡（今大武口区大武口乡）。"② 民国时期，"河南蝗、旱灾民及抗战时期战区难民都有定居平罗者。"③ 另据《中卫县志》记载："抗日战争时期，一批沦陷区难民，先后流入本县落户，其中以河南籍者居多。"④ 这些定居宁夏的河南、安徽以及内蒙古、陕西等地移民绝大多数是汉族，进一步促进了宁夏汉族与回族交错杂居的居住格局。

其次，政府屯垦政策产生的移民，增加了宁夏人口规模和密度。1929年，宁夏建省后，实行"招垦荒地，奖励生产，复兴农村"的政策。1932年，宁夏省颁布《宁夏省各县开垦荒地办法》，1936年，颁布《宁夏本省农民招垦办法》，同年，颁布《宁夏省募民移垦暂行办法》等法规，以调动垦荒者的积极性。这些法规内容主要包括：在省境来往要道，设置垦民招待处；垦殖总局筹设垦民临时宿舍，在每一垦区，设立农民借贷所一处，以便贷款民间；为了鼓励农民开荒，省政府

---

① 中宁县志编纂委员会：《中宁县志》，宁夏人民出版社1994年版，第520页。
② 石嘴山市志编纂委员会：《石嘴山志》，宁夏人民出版社2001年版，第184页。
③ 平罗县志编纂委员会：《平罗县志》，宁夏人民出版社1996年版，第44页。
④ 中卫县志编纂委员会：《中卫县志》，宁夏人民出版社1995年版，第78页。

规定，省内外有劳动能力者都可向政府申请开垦，每丁授田20亩，老幼及妇女减半，政府还资助移民建房；农民按规定地点申请承垦，财力不足的自行向该乡合作社借贷，开出的土地所有权归自己，但不能买卖典当，只能按章赋税，官府按地价收；同时政府还通过免收领垦手续费、减低地租等方式鼓励开荒。这些办法的实施，促进了荒地垦殖。例如，在中宁县的宁安堡、盐池县的惠安堡设置移民招待处，专门接纳来自外省的移民；同时，兴修水利，建立移民新村，如在新开垦的云亭屯垦区进行了移民试点；截至抗战前夕已经完成建立第一批移民新村的计划。① 因此，民国时期宁夏颁布的各项垦荒政策大大调动了垦荒者的积极性，吸引了大批陕西、甘肃、内蒙古农民进入宁夏。另外，1939年，国民政府又将甘肃天水两万难民迁入宁夏从事垦殖，这些定居宁夏北部的移民，提高了宁夏北部人口密度。

最后，民国时期大量陕西、山西以及甘肃等地商人定居宁夏，促进了宁夏城镇的发展，影响了宁夏各县市城区的民族居住格局。民国时期，富有经商传统的陕西、山西商人活跃在宁夏各地。以隆德为例，其人数不乏。"民国沙塘山陕会馆统计，隆德经商、宦游山西籍人千余人，陕西籍七百余人。"② 固原也有秦晋会馆，《民国固原县志》对其具体位置做了记载："秦晋会馆：在县城白米市。"③ 民国十三年（1924），秦晋会馆还铸造了一口大铁磬。④ 可见，民国时期，宁夏南部生活着大量山陕汉族商人或宦游者，《固原县志》的记载更可以证明这一点，"民国初年，陕西、山西商人、工匠来县开业"。⑤ 在今彭阳县，也有许多外地汉人经商居住："民国时期，甘肃庄浪、静宁及河南等地难民、商人入境谋生，部分落户定居。"⑥ 活动或定居于泾源的其他外籍汉族商人也不少，"民国十七年（1928），往泾源输入货物的多为山西、陕西等地人，他们相继在县城开设商铺20余家"。⑦ 民国时期迁居

---

① 黄正林：《民国时期宁夏农村经济研究》，《中国农史》2006年第2期。
② 隆德县志编纂委员会：《隆德县志》，宁夏人民出版社1998年版，第68页。
③ 《民国固原县志·建置志》（卷5）。
④ 《民国固原县志·艺文志》（卷10）。
⑤ 固原县志编纂委员会：《固原县志》，宁夏人民出版社1993年版，第949页。
⑥ 彭阳县志编纂委员会：《彭阳县志》，宁夏人民出版社1996年版，第453页。
⑦ 泾源县地方志编纂委员会：《泾源县志（1991—2000）》，宁夏人民出版社2003年版，第140页。

宁夏的外地汉族商人增加了宁夏城市人口的规模，促进了宁夏各地城市的发展。

综上所述，民国时期大量外地回汉群众迁入增加了宁夏的人口规模，促进了宁夏回汉民族交错杂居的民族居住格局的形成，对宁夏多元文化的发展与交流、民族关系的发展与演变具有重要影响。

第三节 人口迁移对青海省民族居住格局的影响

一 民国时期青海省人口状况

青海是我国地广人稀的省份之一，省内各地人口分布极不平衡。全省人口集中分布在东部农业区（包括西宁市、湟中县、互助县、乐都县、民和县、循化县、化隆县、湟源县、平安县、贵德县、门源县、尖扎县、同仁县），这片区域面积不到全省总面积的5%，却居住着全省75%的人口。西部牧业区的面积占全省总面积的95%以上，但居住人口只有全省总人口的25%，尤其是玉树、海西两州有些地方是高寒无人区。这种人口分布状况既与其特殊的地理环境有关，也与历史以来对青海的开发密不可分，尤其是清末民国以来的人口迁徙。

民国时期，青海人口的自然增长很低。建省之前，青海隶属于甘肃省，设有西宁、大通、碾伯、循化、贵德、巴燕、湟源7个县（厅）。在20世纪20年代以前，上述7县（厅）统计的人口始终在30万—40万人；到1921年，7县（厅）人口统计数为450279人；1928年，居住在青海牧区的各少数民族未编户人口以40万—45万人计算，全省总人口约90万人。[①]

1929年，青海正式建省。国民政府在青海少数民族地区改土归流，建立现代政权体制，逐步增设县治，并在省民政厅及各县民政科设立户政机构，扩大人口统计调查的地区和范围。1929年青海建省时，根据南京国民政府颁布的《户口调查统计报告规划》进行的人口调查，1930年整理上报了"青海各县各民族户口表"（原件存南京档案馆）。

[①] 青海地方志编纂委员会：《青海省志·人口志》，西安出版社2000年版，第161页。

该表显示，当时青海有 98379 户，560739 人，其中，汉族人口占 53.6%，回族人口占 21.2%，藏族人口占 14.6%，土族人口占 9.2%，蒙古族人口占 1.4%，但此表登记的人口数未包含青海牧业区各少数民族；后经青海省民政厅调查牧区藏族各部落及蒙古族 29 旗人口，汇总后的全省总人口为 1361678 人。[①]

表 3-2　　　　　　　　1949 年青海省人口分布

地区	总人口（人）	占总人口比重（%）	人口密度（人/平方千米）
全省总计	1483282	100.00	2.05
西宁市	190735	12.87	56.94
西宁市区	70838	4.78	202.39
大通县	119879	8.09	39.97
海东地区	851228	57.39	49.52
海北州	63698	4.29	1.42
黄南州	62436	4.21	3.49
海南州	111700	7.53	2.44
果洛州	62485	4.21	0.85
玉树州	121500	8.19	0.61
海西州	19500	1.31	0.06

资料来源：青海地方志编纂委员会：《青海省志·人口志》，西安出版社 2000 年版，第 61 页。

1949 年解放时，青海总人口为 1483282 人，虽然人口规模不小，但是青海省面积广阔，人口密度每平方千米仅为 2.05 人。而且人口分布极不平衡，1949 年，西宁市和东部农业区的海东地区拥有的人口占全省总人口的 70.24%，牧业区 6 个自治州占全省总人口的 29.74%，人口相对稀少。

二　民国时期青海省民族及其分布状况

青海自古就是一个多民族地区，在相当长的历史时期里，少数民族人口一直多于汉族。民国时期生活在青海省的民族除了汉族之外，主要是回族、藏族、蒙古族和土族等。表 3-3 和表 3-4 是 20 世纪 30 年代和 40 年代各族人口的统计表，从中可以看到各民族人口的状况。1949

---

① 青海地方志编纂委员会：《青海省志·人口志》，西安出版社 2000 年版，第 161 页。

年，青海省共有少数民族人口766896人，占全省总人口的50.4%，其中藏族438533人，回族231859人，土族47891人，撒拉族25184人，蒙古族22474，其他少数民族955人；少数民族中藏族和回族占少数民族总人口的72.38%；藏族主要分布在海北、海南、黄南、玉树、果洛和海西地区，东部农业区的一些县有零星居住；回族主要分布在门源、化隆、民和、大通4县及西宁市；土族主要分布在互助县；撒拉族主要分布在循化县；蒙古族主要分布在河南蒙古族自治县及乌兰县、都兰县。[①]

(一) 汉族人口及分布状况

汉族是青海省世居民族，具有悠久的历史。民国时期，随着青海的开发，不断有汉族迁入，主要包括军政人士、商人、农民等。从表3-3和表3-4可以看出，汉族主要分布在青海省东北部的农业区，即西宁、互助、乐都、民和、湟源、大通等地。

表3-3　　　　　　20世纪30年代青海省各县民族户口

县别	汉族 户数	汉族 人口数	回族 户数	回族 人口数	藏族 户数	藏族 人口数	蒙古族 户数	蒙古族 人口数	土族 户数	土族 人口数
西宁县	18010	109231	7011	49385	851	7001				
贵德县	4422	10002	2334	4321	5164	22006	2339	5231		
都兰县					2600	10400				
循化县	604	3390	2708	15916	1200	6422				
门源县	1000	5030	506	2101	508	2200				
互助县	6000	51197	230	1800	300	1900			1200	29804
湟源县	4059	12611	317	11109						
民和县	2500	12500	500	2500		2500			200	10000
大通县	5604	38800	4723	23000	800	4100			1593	5000
化隆县	1080	7142	2113	7000	1364	3005			130	500
乐都县	8627	49506	229	1042	521	9540			312	6330
共和县	290	1370	56	145	3000	12000	800	3010	24	89
同仁县	120	500	130	508						

资料来源：青海地方志编纂委员会：《青海省志·人口志》，西安出版社2000年版，第162页。

---

① 青海地方志编纂委员会：《青海省志·人口志》，西安出版社2000年版，第73页。

表 3－4　　20 世纪 40 年代青海各县各族人口调查

县别	总人口	汉族	回族	撒拉族	藏族	土族	蒙古族
西宁	16360	10620	493005		8100		
互助	92701	80807	3165		879	9850	
乐都	69989	62925	2992		2104	1968	
民和	55355	31550	17814		14373	4554	
湟源	23715	18730	700		2370		1900
大通	83806	44300	18000		1500	20000	
亹源（门源）	22812	7310	6680		8810		
化隆	14700	5000	12300	1400	6000		
贵德	27680	4260	4180		19300		
循化	24749	3858	3781	12822	4228		
共和	19015	2850	355		14650	180	990
同仁	54000	600	2200		31200		
都兰	27710				10450		17260

资料来源：张其昀、李玉林：《青海人文地理志·民族》，《资源委员会》（季刊）1942 年第 1 期。

（二）回族人口及分布状况

因统计口径与方法差异，历史资料中有关民国时期青海回族人口的数据不一致。丘向鲁在《青海各民族移入的溯源及其分布之现状》一文中说：西宁有回族 7011 户 49385 人，居住在城内东关及第一、第二、第三、第四各区；乐都有回族 229 户 1042 人，居住在城内东关及附郭一带；大通有回族 23000 余人，居住在西区极乐、良教二堡，及东区河州、凉州、新庄、旧庄、南区石山堡；贵德有回族 1900 余人，居住在城关及康杨李三屯；化隆有回族 2113 户 12000—13000 人，居住在城内及附郭数十里；循化有回族 50 余户 200 余人，居住在城关；湟源有回族 317 户 1600—1700 人，居住在县城及附郭；共和有回族 56 户 145 人，居住在口毛底、苏呼、拉开才等处；互助县有回族 230 余户约 1000 人，居住在第一区什字庄，第三区山庄、邵家沟、门中岭、刚冲等处；民和县有回族 5000 余户 26000—27000 人；玉树只有一二人；都兰县只有偶来经商的回族；同仁的回族和汉族没有分别统计，门源的汉回蒙番没有分别统计。① 马鹤天在《青海之民族》一文中指出，1934年，"回族人数，虽全省仅二十余万，但在青海占重要部分，以循化、化隆、同仁、西宁、大通等县为最多，几占全县人口之半。"② 1938年，根据《关于回回民族历史问题考证及其在青海发展情况》一文统计，青海省回族人口共计121467人。其中，西宁49385人，乐都1042人，大通23000人，贵德1900人，化隆12500人，循化13681人，共和145人，互助1000人；1949年，根据青海省统计局的统计，全省回族人口为231859人，占全省总人口数的15.2%。③

《青海各民族移入的溯源及其分布之现状》统计的数字是11.7万—11.8万，《关于回回民族历史问题考证及其在青海发展情况》统计的数字是121467人，两者相差的数字可能是后者将现识别为撒拉族的部分人口统计在内。回族在青海遍布各地，但主要居住在西宁、大通、化隆、民和等农业区。

（三）撒拉族人口及分布状况

根据《青海省志·民族志》记载，撒拉族先民撒鲁尔人初来青海循化时，人口1000余人；随着与当地各民族通婚和人口繁衍，到明嘉靖时，撒拉族人口已达1万余人；清乾隆年间，撒拉族人口达到2万人左右；清乾隆四十六年（1781），撒拉族、回族反清失败，撒拉族约有5000人被杀害或流落他乡，撒拉族人口又下降到14000人左右；民国时期，青海建省时撒拉族人口为16566人，1949年撒拉族人口为25184人。④ 主要分布在循化县，化隆、西宁、湟源也有零星分布。

表3-5　　青海省各县市各民族人口统计（1950年9月）　　单位：人、%

县市别总计	总人口	各族人口						
		汉族	回族	藏族	蒙古族	土族	撒拉族	哈萨克族
	1480271	736731	226084	407387	24090	63082	22758	139
比重	100	49.08	15.32	27.20	1.65	4.30	1.72	0.01
西宁市	81770	56730	20565	39	28	15	70	5

---

① 丘向鲁：《青海各民族移入的溯源及其分布之现状》，《新亚细亚》1933年第3期。
② 马鹤天：《青海之民族》，《开发西北》1934年第3期。
③ 青海地方志编纂委员会：《青海省志·民族志》，民族出版社2008年版，第190页。
④ 同上书，第316页。

第三章 民国时期人口迁移对甘宁青地区民族居住格局的影响 | 109

续表

县市别	总人口总计	各族人口						
		汉族	回族	藏族	蒙古族	土族	撒拉族	哈萨克族
	1480271	736731	226084	407387	24090	63082	22758	139
湟中县	283512	221419	38429	14308				
互助县	162885	109657	6920	6937		39371		
乐都县	112404	100572	1773	9086		973		
民和县	133815	65589	53345	3850		11031		
湟源县	63690	57190	850	4800	750		100	
贵德县	48546	18127	5311	23257				
循化县	40173	2661	3189	12037			22286	
化隆县	81449	16252	41494	23398		3	302	
门源县	35349	21154	8369	5461	146	219		
共和县	29794	2399	1344	24567	1350			134
同仁县	32630	2630	1000	29000				
同德县	2123			2123				
都兰县	13367	836	113	5838	5811	22		
兴海县	21561	876	350	20335				
玉树县	54010	425	85	53500				
称多县	30712	310		30402				
襄谦县	31400			31400				
祁连局	7655	688	737	2250	3980			
曲麻莱局	86599			86599				
河南区	12000				12000			
刚察区	7500			75000				
大通县	123599	59216	42 210	10700	25	11484		

资料来源：青海省人民政府办公厅：《青海统计资料》（第一期），1951 年 1 月 31 日。

（四）土族人口及分布状况

民国时期，土族不是政府法定民族，强迫土族妇女改变本民族的头饰和服装，禁止土族学生穿本民族服装、讲本民族语言。在这种情况下，土族人民或隐瞒自己的民族成分，或流落他乡，土族人口因此锐减。有关调查资料显示，1933 年，青海省土族 3 万余人，其中，共和县 24 户 89 人，互助县 1000 余户约 7000 人，民和县 2000 余户 1 万余人，乐都县 312 户约 6330 人，大通县 5000 余人。[①] 到 1949 年，互助、

---

① 丘向鲁：《青海各民族移入的溯源及其分布之现状》，《新亚细亚》1933 年第 3 期。

民和、大通等地土族也仅4万人左右。① 此外，由于藏传佛教格鲁派在土族地区的广泛传播，土族群众笃信佛教，多送子弟入寺为僧，也影响了土族人口的正常增长。杂居于汉族聚居区的部分土族，由于生活习俗接近，天长日久，为汉族同化。如原住西宁西川口的西祁土司及其部属，当时号称10万，至今杳无踪影，其大部分或全部被汉化。②

（五）藏族人口及分布状况③

民国时期，青海藏族人口分布习惯上按其游牧和农耕地区划分为玉树25族、环海8族、果洛3部和海东各族，其人口状况如下：

玉树25族：昂欠族1100余户、中坝3族300户、苏鲁克族30余户、苏尔莽族约400户、党拉寺族约70户分布在今囊谦县；扎武3族约900户、拉秀族约1000户、格吉族约750户、安冲族约400户、隆布族（不详）、玉树族约750户，分布在玉树县；嘉德喀松各族约840户，年措2族约280户，称多、文保两族100余户，固察族100余户，拉布族100户，分布在称多县。

果洛各族：分布于黄河源头及其东流弯曲处，约5000户。计有阿什羌、旺青多巴和班麻3部。

环海各族：旧称环海八族，指北起祁连山南麓，南至鄂拉山、曲什安水，东至日月山，西至布尔汗布达山，以青海湖为中心游牧的藏族各部落。1949年前，他们分别驻牧于祁连、海晏、共和、兴海、都兰、刚察、天峻等县。其中，刚察族分布在青海湖北岸（今刚察县），2000余户；汪什代海族分布在今兴海县及天峻县，2000余户；达如玉族分布在今海晏县，人口约数百户；阿里克族分布在今祁连县，2000户；千布录族分布在今共和县及乌兰县淖尔一带，1000余户；都秀族分布在今共和县呼裕云河一带，900余户；上郭密族分布在今共和县恰不恰切吉一带，人口不详；阿曲乎族分布在今兴海县大河坝西南、鄂拉山以北地区，3000余户；加咱族、鲁哇族，分布在今兴海县大河坝东南玛沁雪山北麓地区，人口不详。

黄河南各族：分别居住在同德、同仁、贵德县以及河南蒙古族自

---

① 青海地方志编纂委员会：《青海省志·民族志》，民族出版社2008年版，第261页。
② 同上。
③ 这部分内容主要参考青海地方志编纂委员会《青海省志·人口志》，西安出版社2000年版，第71页。

第三章 民国时期人口迁移对甘宁青地区民族居住格局的影响 | 111

治县。

海东各族：湟中县分布有塔尔寺属西纳等6族；化隆县分布有上山隆卜10族、下山塔白加6族；乐都县分布有觉禽族、下营、马营等族；民和县分布有普华族、古迭族；大通县分布有广惠寺族；湟源县分布有哈城族。

可见，民国时期，游牧的藏族主要居住在玉树和青海湖周围，农耕藏族主要集中在塔尔寺周围。

（六）蒙古族人口及分布状况①

民国十八年（1929），青海建省后，青海蒙古族居住地区仍袭用以往的盟旗组织形式，分为左右两翼。左翼包括和硕特及土尔扈特两部14旗，右翼包括和硕特、土尔扈特、绰罗斯、辉特和喀尔喀五部14旗，另有察罕诺门汗旗。至20世纪30年代后期各旗分布地区见表3-6。

表3-6　　民国时期青海蒙古族29旗分布

盟旗名称			分布地区（今）	1939年户口约数（户）
左翼盟	土尔扈特部	南后旗	祁连县默勒、永安一带	130
		西旗	共和县恰不恰	60
	和硕特部	前首（头）旗	河南蒙古族自治县	2000—3000
		北左旗	海西德令哈地区	1300—3000
		北前旗	祁连县大通河上游	500
		西前旗	都兰县察汗淖尔一带	500
		西后旗	都兰县赛什克盐池一带	600
		南左后旗	海晏县拉拉达坂一带	150
		南右后旗	海晏县斑马河一带	50
		北左末旗	乌兰县茶卡地区	60
		北右末旗	德令哈巴音河流域	300
		西右中旗	都兰县诺木洪河以西	1050
		南右末旗	共和县恰卜恰至柳梢沟一带	60余
		南左中旗	同德县黄河南岸	160余

---

① 青海地方志编纂委员会：《青海省志·人口志》，西安出版社2000年版，第70—71页。

续表

盟旗名称			分布地区(今)	1939年户口约数(户)
右翼盟	和硕特部	前左首（头）旗	祁连县默勒	130
		北右旗	海晏县斑马河一带及群科滩	40余
		西右前旗	祁连县俄博及大通河北岸一带	500
		东上旗	海晏县青海湖东北岸群科滩	不详
		南左末旗	海晏县群科滩	100
		西右后旗	都兰县巴隆	300
		西左后旗	都兰县柴达木宗家	150
	土尔扈特部	南右中旗	河南蒙古族自治县西倾山	400
		南前旗	河南蒙古族自治县黄河南岸	300
		南中旗	祁连县永安滩	150
	绰罗斯部	南右首（头）旗	海晏县群科滩、斑马河一带	150
		北中旗	海晏县水峡一带	200
	辉特部南旗		共和县恰不恰	150余
	察罕诺门汗旗（藏族）		湟水西源一带，跨海晏、贵德两县	400余
	喀尔喀部南右旗		祁连县永安滩	2

三 民国时期人口迁移对青海省民族居住格局的影响

民国之前，青海西部和北部一些地方仍然是藏族部落和蒙古盟旗的游牧区，农垦区主要是汉族、土族、回族、撒拉族居住的东部地区，农区所占地域只是小部分。民国时期青海省人口迁移主要是以回汉为代表的农耕区域人口向游牧区迁徙，同时回汉等民族人口也向城镇聚集。如张元彬在《青海蒙藏两族的经济、政治及教育》中写道："近年西宁区的汉人们很多求得蒙藏王公千百户的允诺，去专作垦殖事业，每年收得大批的稞麦，供给蒙藏人民需求。这种事业，成就很好，比较由西宁区载粮食，到达蒙藏牧区去交易的情景，的确获利极大，手续亦清。尤其使人注意的，就是他们的生活远胜于在西宁区农民的生活；同时他们和当地蒙藏人民的感情，也很融洽，相互经济依藉关系底下共同生活着"①，加快了海西地区游牧区的开发。

（一）汉族人口迁入对青海省民族居住格局的影响

从清中后期以来，活动于西北地区的山陕商人就进入青海地区经商。民国时期，随着国外资本主义对农牧产品需求的扩大，定居青海的外地商人也不断增多。与此同时，在中央政府西北开发政策影响下，青海牧区得以开垦，引发了民族迁徙与流动。

从清中后期以来，活动于西北地区的山陕商人就进入青海经商。至清末民初，在西宁形成了4家最大的山陕商号：泰源号、世诚号、德合生、德兴旺。②"除了山陕商帮、回商、本地商人外，还有一些来自河北、四川、湖北、甘肃等籍的商人"③ 进入青海活动。民国时期，外国资本主义对中国农牧土特产品的掠夺，加速了这些产品的商品化，青海作为农牧产品的主要来源地，也相应地卷入其中。商贸业的发展不但使通都大邑更加繁华，而且加速了集贸市场的繁荣。城镇兴盛后，其辐射功能增强，定居人口便增多。梁炳麟在《都兰县风土概况调查记》中写道："商人均由内地而来，货物多系茶、布、酒、针、线等物。夏季向各地放卖，冬季收各种皮毛及鹿茸、麝香等以归，每年一次，多不久居。"④ 方志也对此有所记载："民国时期海西地区的大商号主要有'德盛元'、'三兴盛'、'福盛源'、'忠心昌'等，共有私营商业20户。从业商人来自湟源、西宁、陕西、河南、河北、东北、甘肃。"⑤ 在乐都县，抗日战争前，"商业稍呈兴旺，物价亦较稳定。商号集中在碾伯、城关，多系山西、陕西客商。除经销绸缎等板头货外，兼营日用杂品，如永泰魁等家是资金雄厚、商品较充足的有名商号"。⑥ 在湟源县，"自清初至民国时期有山西籍199户1332人，河南籍22户170人，陕西籍6户29人，来湟源经商或做工，逐渐定居。"⑦ 西宁地处交通要

---

① 张元彬：《青海蒙藏两族的经济、政治及教育》，《新青海》1933年第10期。
② 翟松天：《青海经济史·近代卷》，青海人民出版社1998年版，第222页。
③ 雷琼：《清王民国青海地区商贸市场专题研究》，硕士学位论文，陕西师范大学，2009年。
④ 梁炳麟：《都兰县风土概况调查记》。
⑤ 海西蒙古族藏族自治州地方志编纂委员会：《海西蒙古族藏族自治州州志》，陕西人民出版社1995年版，第6页。
⑥ 乐都县志编纂委员会：《乐都县志》，陕西人民出版社1992年版，第225页。
⑦ 湟源县志编纂委员会：《湟源县志》，陕西人民出版社1993年版，第605页。

道，从青海"湟源、贵德、鲁沙尔、上五庄、大通等地收购的皮毛、药材都集中在西宁，沿湟水用皮筏运往他处。从兰州一路运入的日用品，也由西宁分转各县和牧业区"。① 因此，外来的商家都在这里设立商铺，省内的商人也向此集中，西宁人口增加很快，成为青海集政治、经济、文化为一体的中心城市。

1929 年，青海省建立青海省垦务总局，招募大批甘肃灾民领垦。并"因上年甘肃旱灾，粮食歉收，甘肃粮食仰于青海，导致粮价猛升。各地农民纷纷认垦荒地，促使省内荒地大多得以开辟"。② 此项措施吸引了甘肃省各地汉族农民，他们大多定居到青海新开垦的蒙藏牧区边缘地带，以及湟水河与黄河沿岸。在蒙古族牧区边缘地带的垦殖，也使省内汉族向这些地区流动。

都兰县政府强制将蒙古王公的一些牧场公开向社会开垦。百姓承领后，只向国家纳税，不再为王公承担封建义务。③ "民国十六年（1927 年）都兰北柯柯王爷齐雨民、王家旗王爷王德海，相继招募安置汉、回族农民前来垦种。"④ 1945—1949 年，青海省国民政府先后在海西地区分设察汗乌苏、德令哈垦务局，1948—1949 年由都兰县县长吴可端兼局长。垦务局下设察汗乌苏、香日德、夏日哈（后迁诺木洪）、查查香卡、赛什克、德令哈（后又分为德令哈、郭里木 2 个组）6 个垦务组。共招募安置湟中、湟源、大通、互助等地赤贫农民 120 户⑤，在招募垦荒的 120 户农民中，除一部分土族、撒拉族、藏族外，绝大多数为汉族。在乌兰县，"民国三十四年（1945），青海省政府在察汗乌苏设立垦务局，下设 5 个垦务组，赛什克地区是其中之一。之后，青海东部农业区的汉族人大批进入希里沟、赛什克地区。"⑥ 大批汉族人口迁入后在乌兰县形成了小块汉族聚居区。在贵南县，"民国十八年（1929），因'河湟事变'从甘肃临夏迁来农户 50 户，257 人，先居住在加土乎村，以后随着耕地和人口的增长，移居达玉台等村，以后陆续从民和、

---

① 马安君：《民国时期青海城镇市场述论》，《西藏研究》2008 年第 3 期。
② 葛剑雄主编：《中国移民史》，福建人民出版社 1997 年版，第 511 页。
③ 谷苞：《西北通史》（第五卷），兰州大学出版社 2004 年版，第 269—270 页。
④ 海西蒙古族藏族自治州地方志编纂委员会：《海西蒙古族藏族自治州州志》，陕西人民出版社 1995 年版，第 39 页。
⑤ 同上书，第 40 页。
⑥ 乌兰县志编纂委员会：《乌兰县志》，三秦出版社 2003 年版，第 20 页。

乐都、化隆、贵德等地迁来一些汉族居住贵南。"① 在共和县，民国初年，"甘肃省和青海省东部农业区，又有大批汉族农民迁入曲沟、沙珠玉、恰卜恰一带开垦荒地，经营农业。民国二十年（1931），居住在共和县境内的汉族有290户1370人。1949年618户3504人。"② 据《湟源县志》记载："自清初至民国时期有山西籍199户1332人，河南籍22户170人，陕西籍6户29人，来湟源经商或做工，逐渐定居。"③

除此之外，还有一些因灾害、战争等迁入青海的外省汉族。《门源县志》记载："清末民国之际，甘肃的永昌、民乐、山丹、古浪等地，屡遭旱、涝、雹、地震等灾害，连年饥馑，大批贫苦汉族逃荒谋生入居门源。"④ 抗日战争期间，"青海是抗日战争大后方，内地来青海的人逐渐增多，势难再保持封闭状态"。⑤

综上，汉族及其他民族人口的迁移，使青海省一些纯少数民族地区演变为多民族杂居地区，尤其是汉族定居到青海新开垦的蒙藏牧区边缘地带，改变了当地原有民族成分和民族格局。

（二）回族与其他穆斯林人口⑥迁移对青海省民族居住格局的影响

1912年，北洋政府任命马麒为西宁总兵官。从此开始了马氏家族在青海近四十年的统治。马氏家族"在用人方面所依据的唯一原则是'唯亲是用'"。⑦ 其亲朋故人把持青海各地军政商贸，与他们关系密切的河州回商也不断进入青海各地经商。民国时期，青海省政府也实施了兴屯招垦政策。一些蒙藏首领也把自己牧场中便于农耕的土地开垦，招徕佃户。这些屯垦政策的实施，引发了来自省内外各族人口向蒙藏牧区及其周边迁移，一些回族加入其中。"国民党青海省政府曾一次安排甘肃河州回族灾民近百户于化隆甘都、西滩等地。马步芳为了筹集军饷，曾将甘都的水车、西滩及扎巴部分土地据为己有，召集临夏等地灾民为

---

① 贵南县志编纂委员会：《贵南县志》，三秦出版社1996年版，第411页。
② 共和县地方志编纂委员会：《共和县志》，青海人民出版社1991年版，第473页。
③ 湟源县志编纂委员会：《湟源县志》，陕西人民出版社1993年版，第605页。
④ 门源回族自治县志编纂委员会：《门源县志》，甘肃人民出版社1993年版，第560页。
⑤ 全国政协文史资料研究委员会、青海省政协文史资料研究委员会，《青海三马》编辑组：《青海三马》，中国文史出版社1988年版，第153页。
⑥ 哈萨克族迁徙另文表述。
⑦ 陈秉渊：《马步芳家族统治青海四十年》，青海人民出版社1981年版，第44页。

庄户（佃户）为其垦种，一次就安置了近百户人家。"① 随着回族人口的持续迁入和自然繁衍，"到民国中期，回族人口逐渐超过汉、藏民族，成为化隆县主体民族。"② 这一时期，甘肃地区多次发生灾荒、兵乱，许多回民携儿带女逃荒青海。"因马仲英之乱，甘肃河州等地回族逃到贵德地区避难定居，以后甘肃河州，省内湟中、化隆的回族亦陆续来青海贵德境内经商、务农，先后定居的数量不少。"③

"民国三十一年（1942），马呈祥率领骑兵第五师司令部及所属骑兵第十四兵团3000余人开往察汗乌苏、香日德、巴隆一带，共计垦荒2000余亩。"④ "当时海东、西宁一带，有不少农民为躲避抓兵、派款、劳役、官司或因自然灾害及战乱，生活难以为继，纷纷流入西部求生存；还有部分旧军人或因年老退役，或因不愿为马步芳政权卖命，也相继流入本地；另外还有一部分因都兰地广人稀主动迁徙而来的农民。"⑤ 据《都兰县志·大事记》载："民国十八年（1929），湟中、湟源、化隆等地的回族、土族、撒拉族部分农民为生活所迫，背井离乡陆续来到都兰开荒种地。其为回族、土族、撒拉族人迁入都兰之始。"⑥ 在乌兰县，"20世纪初，回族、撒拉族群众陆续从省内其他地区迁居希里沟地区，或经商，或垦殖。民国二十五年（1936）八月，国民政府驻军马海部将循化地区的9户撒拉族西迁，在今河东村定居。民国二十六年（1937），又从循化、湟中、大通等地动员21户回族、撒拉族群众迁居希里沟地区。民国三十四年（1945），希里沟地区穆斯林人口增至42户。"⑦ 迁入的回族和撒拉族形成了今天希里沟、赛什克等地的穆斯林聚居区，也使乌兰县的多民族杂居更加明显。

民国时期，回族与其他穆斯林民族的迁徙，使回族在青海各地不仅

---

① 化隆县志编委会：《化隆县志》，陕西人民出版社1994年版，第657—658页。
② 化隆回族自治县地方史志编纂委员会：《化隆县志》，陕西人民出版社1994年版，第656页。
③ 贵德县地方志编纂委员会：《贵德县志》，陕西人民出版社1995年版，第549页。
④ 海西蒙古族藏族自治州地方志编纂委员会：《海西蒙古族藏族自治州志》，陕西人民出版社1995年版，第75页。
⑤ 丁尕、梁良：《国民政府在香日德的屯垦活动转》，载《青海文史资料集萃》（工商经济卷），2001年，第93页。
⑥ 都兰县志编纂委员会：《都兰县志》，陕西人民出版社2001年版。
⑦ 乌兰县志编纂委员会：《乌兰县志》，三秦出版社2003年版，第560页。

形成新的民族聚居区,同时与汉族、藏族、蒙古族、撒拉族、保安族等民族杂居现象更为突出。

(三)哈萨克族人口迁移对青海省民族居住格局的影响

民国之前,中国的哈萨克族主要分布在新疆,青海省境内并无哈萨克族部落。民国时期,由于新疆统治者盛世才对哈萨克族强征枪马、壮丁,实施强迫教育,并课以重税。居住在新疆东部哈密、巴里坤一带的哈萨克族不堪其辱,分批先后进入甘肃境内。哈萨克族迁入甘肃后,由于内部矛盾、与蒙藏的摩擦以及与国民党军队的冲突,一些哈萨克族又迁入青海。1938年,迁入甘肃境内放牧的首领阿德巴依部和艾里斯汗争当在甘哈萨克部落的总首领,阿德巴依未遂,便率所部徙至青海,这是最早入青的哈萨克族。1939年5—6月,艾里斯汗部、扎依甫部也率部进入青海。① 这些迁入的哈萨克族部落主要游牧在青海湖以西茶卡、尕斯、马海一带,与蒙古族杂居,一直与当地蒙牧民群众和睦相处,关系甚好。在军阀黑暗统治下,马步芳挑拨哈萨克族与蒙古族的关系,制造民族间互相抢劫和仇杀。马步芳还经常向哈萨克部落强征军马,或纵容部属抢劫哈萨克族的骆驼、羊只等大小牲畜。1939年,哈萨克族在茶卡无法居住,约300户移往海南共和大河坝地区,其余约1000户拟进入西藏,因驮运困难,有约900户按计划西行,约100户赶到都兰希里沟躲避。② 哈萨克族迁徙,在一定时期影响了青海省海西州的民族居住格局和民族关系。

(四)其他民族迁徙对青海省民族居住格局的影响

藏族、回族、土族、撒拉族、蒙古族等民族都是青海世居少数民族。民国以来,除汉族、回族、哈萨克族之外,藏族、蒙古族、土族等民族也有迁徙,对境内民族居住格局发展演变也产生了些微影响。

根据《乌兰县志·大事记》载,民国十六年(1927)青海开放荒地,柯柯旗王爷齐雨民、王家旗王爷王德海相继招垦,就有来自青海东部农业区藏族农民前来垦种。③ 在湟源县,民国时期,有藏族"先后从西宁、湟中、乐都、大通等地迁来数十户,开荒种地,亦与汉族、蒙古

---

① 徐世华:《抗战时期哈萨克入甘初探》,《西北师大学报》1985年第4期。
② 董继瑞:《青海哈萨克族的由来》,《青海工作》2005年第4期。
③ 乌兰县志编纂委员会:《乌兰县志》,三秦出版社2003年版,第18页。

族杂居相处,互通婚姻,使用汉语汉文,有的改用汉姓。"①

"湟中县的蒙古族人民,主要来自海西,多因信仰藏传佛教,到塔尔寺膜拜还愿,送子弟入寺为僧,遂定居下来。民国时鲁沙尔设盐局,蒙古族运盐来鲁沙尔交易者甚多,有的也就定居下来,与汉、藏群众杂居。"② 同时,生活在海西地区的蒙古族,在民国时期受哈萨克族袭扰,有迁入其他地区者。

生活在青海省东部的土族向乌兰县迁徙,使以蒙古族为主的地区逐渐演变为多民族地区。"20世纪30年代初,青海省大通地区数户土族群众迁居铜普地区,从事农耕。此后青海省大通、互助地区的一些土族群众因生活所迫,或逃避兵役等相继迁居希里沟、铜善等地。中华人民共和国成立后,在人民政府的帮助和支持下,又有一些土族群众从互助、大通等地迁居乌兰地区,从事农业生产。"③ 在共和县,民国年间有土族"从互助迁入,1949年有22户120人"。④ 门源县的"土族是从清末和民国时期由互助、大通一带陆续迁入的。迁入原因:一是租种喇嘛寺院的土地,落户定居;二是给当地的富户扛长工、打短工由此落户;三是互助、大通的土族逃荒流入门源。还有一部分土族为避兵役,在门源实行'以马代丁'的藏族部落落户。土族进入门源的时间较晚,没有形成聚居村落,多数散居在浩门河北岸的汉、藏族居住区和达坂山北麓阴田逈东的山边地带"。⑤

综上所述,青海是一个多民族地区,省内外不同民族的迁移,使民族杂居成为必然。民国以来,无论是外省民族的迁入,还是省内民族的流动,都对青海省民族居住格局发展演变产生了一定影响。特别是回、汉两族的迁徙与流动,使青海蒙藏聚居地区逐渐演变为汉族、藏族、蒙古族、回族等多民族共同生活的地方。

---

① 湟源县志编纂委员会:《湟源县志》,陕西人民出版社1993年版,第605页。
② 湟中县志编纂委员会:《湟中县志》,青海人民出版社1990年版,第359页。
③ 乌兰县志编纂委员会:《乌兰县志》,三秦出版社2003年版,第564页。
④ 共和县志编纂委员会:《共和县志》,青海人民出版社1991年版,第475页。
⑤ 门源回族自治县志编纂委员会:《门源县志》,甘肃人民出版社1993年版,第564页。

第四章　中华人民共和国成立至改革开放前人口迁移对甘宁青地区民族居住格局的影响

清末及民国时期，受社会动荡、战乱以及自然灾害等因素影响，甘宁青地区人口稀少、田地荒芜，社会经济十分落后。中华人民共和国成立后，国家十分重视边疆少数民族地区的经济建设和政治文明建设，为加快甘宁青等西部民族地区的经济文化发展，国家组织了大规模的人口迁移。这一时期的人口迁移主要包括国家支援甘宁青建设的各类人员、"三线"建设时期的迁建企业职工与家属、资源开发引起的人口迁移、农业开发引发的人口迁移、安置各类罪犯引起的人口迁移等。但是由于政策变化及其他因素影响，大部分移民于不同时期返迁，但仍有部分人口定居甘宁青地区，对当地民族构成及民族居住格局产生了一定影响。

第一节　人口迁移对甘肃省人口构成及民族居住格局的影响

改革开放之前，甘肃省人口迁移以国家支持少数民族地区发展的政策性移民为主，这些省外人口的迁入对甘肃省人口规模及民族居住格局产生重要影响。

一　新中国成立至改革开放前甘肃省人口迁移的原因及规模

（一）援甘建设者

中华人民共和国成立后，为支援甘肃省的全面建设，来自全国各地的各民族干部、知识分子、工人等迁入甘肃省。以兰州市为例，1949年，随着中华人民共和国成立，中共中央、国务院从国家发展全局出发，实施紧缩沿海战略，将国家工业的发展重点转向内陆城市，对沿海工业采取限制发展的方针，并将内陆城市甘肃省兰州市确定为国家重点工业基地之一。但是，甘肃各城市落后的商业、轻工业及服务行业已经跟不上时代发展的步伐，尤其这些新兴城市的发展，遭遇了人员、设备、技术、资金匮乏的制约。为破解难题，党中央、国务院从全国"一盘棋"战略出发，要求上海等国家最主要的工业城市和工业基地，立足全国，树立全国全面发展的全局观念，在技术、设备、人才各方面支援内陆中小城市发展地方工业，帮助工业不发达地区。经甘肃与上海商榷，从上海迁移一批商业、轻工业及服务行业，支援甘肃重点项目建设和地方经济建设。确定在1956年内迁到甘肃的公司合营工业企业有胶鞋厂、暖水瓶厂、搪瓷厂、墨水厂、小五金厂、中药加工厂、软木加工厂，还有1957年内迁甘肃的玻璃厂，上海内迁甘肃的企业工厂达到8家。迁兰的商业企业有信大祥绸布店、泰昌百货公司、远东绒线店、恒昌照相材料行、培琪西服店、王荣康西服店、红花女子时装店、美高皮鞋店等，还有悦宾楼京菜馆、同华楼菜馆、大中华徽菜馆、立达西菜社、葛裕兴小吃店、许复兴小吃店、上海糕团店、老蔡德胜糕团店等餐饮企业。此外，还确定建筑工程局医院、国联照相馆、龙象照相馆、登记理发店、国家理发店、文龙理发店、意姆登洗染店等服务业馆（店）一并与其他企业整体搬迁。为了活跃上海援甘建设员工的文化娱乐生活，上海民间性质的"春光越剧团"调迁兰州，更名为"兰州市越剧团"。据统计，1955—1956年，上海支援甘肃的商业、服务业企业人员共计11328人，其中，搬迁的纯商业人员有5982人，服务业450人，饮食业1396人，手工业2326人，以及其他人员等。[1] 1956年上半年，上海有4556名流动建筑工人，到甘肃参加兰新铁路修筑工程。[2] 为推动甘肃各大中城市教育事业的发展，上海通过在教育系统内抽调教职员工、组织招聘知识青年等多种方式，为甘肃输送900余名文化教员，到甘肃兰州、酒泉、武威、张掖等地的初等学校，充实甘肃初等学校的师资力量，支持甘肃基础教育发展；还从复旦大学等著名高等院校中抽调

---

[1] 甘肃省委党史研究室：《"一五"时期上海援甘纪实》，《甘肃日报》2013年3月14日第12版。

[2] 同上。

知名教授和大批优秀研究生,加强西部地区高等院校的师资力量。①

另外,还有来自全国各地的汉族干部、知识分子、工人等支援甘肃省少数民族聚居区建设。例如,1950 年后,许多汉族干部到藏族聚居区天祝藏族自治县工作。② 在藏族聚居的舟曲县,"解放后,党和国家为支援舟曲县经济文化建设,培养调进大批外籍干部,教师、医生和农、林、牧技术人员;动员 4200 余名外省地知识青年和职业人员参加舟曲社会主义建设。后,大部分于 1960—1962 年三年困难时期下放、外调或外流。70 年代舟曲林业局机关及所属部分企业迁舟曲……全县汉民族主要分布在县境白龙江沿岸及城关、弓子石、中牌、大川、南峪、坪定、峰迭等乡半高山地带,武坪、插岗、铁坝等地亦有少数汉民族(多为林场工人)。"③ 再如,东乡族聚居的东乡族自治县,"1949 年后,大批汉族干部、技术人员为支援东乡建设,到东乡县工作"。④

因此,1949 年以来,在国家政策影响下大量外省人口迁入甘肃省,改变了甘肃省的人口规模与构成。例如,在玉门市,"中华人民共和国成立后,人口增长速度加快,1949—1987 年,增长 3.2 倍,年递增率为 8.65‰。其原因,一是经济发展,人民基本安居乐业,医疗卫生条件亦有根本改善,出生率上升,死亡率下降;二是在油田建设过程中,从祖国各地调入大批职工;三是 50 年代以来,来自西安、上海、天津、青岛、兰州等城市的知识青年和河南、上海及本省定西等地的移民,亦为玉门人口发展的重要源流"。⑤

(二)农垦移民

1963 年,毛泽东主席提出"屯垦戍边,寓兵益民"战略,国家在酒泉组建了解放军生产建设兵团农业建设第 11 师,下设 9 个团,师部

---

① 甘肃省委党史研究室:《"一五"时期上海援甘纪实》,《甘肃日报》2013 年 3 月 14 日第 12 版。
② 天祝县志编纂委员会:《天祝藏族自治县志》,甘肃民族出版社 1994 年版,第 137 页。
③ 甘肃省舟曲县地方志编纂委员会:《舟曲县志》,生活·读书·新知三联书店 1996 年版,第 602 页。
④ 东乡族自治县地方史志编纂委员会:《东乡族自治县志》,甘肃文化出版社 1996 年版,第 91 页。
⑤ 玉门市地方志编纂委员会:《玉门市志》,新华出版社 1991 年版,第 139 页。

设在酒泉城东南3公里的甘新公路南侧,后迁至玉门市官庄子。① 1964年,农建十一师由新疆生产建设兵团、山东青坨农场及其他省区等地调入管理干部636人;接收国家分配大中专毕业生196人;从新疆生产建设兵团、东北农垦总局和天津市调进技术工人1419人;接收济南军区、北京军区、甘肃省公安部队复转2945人;招收天津、西安、兰州、张掖、武威等地城市知识青年5916人。② 1965年,继续接收国家分配大中专毕业生200人左右,接收复转军人1100人,招收天津、山东淄博等地城镇知识青年8464人。③ 1966年,继续接收复转军人1100人,天津、山东等地城镇知识青年1万余人;截至1969年年底,农建十一师的人口总数已达6.8万人,职工总数为41325万人。④ 1973年10月21日,兰州军区遵照5月中央工作会议关于生产建设兵团移交地方领导的指示精神,撤销兰州军区生产建设兵团。⑤ 1974年,成立酒泉地区农垦局,下属6个农场、8个工矿企业。⑥ 但在知识青年返乡潮中,回城的天津、山东、北京、陕西、兰州知识青年占军垦时期各单位接收知识青年总数的80%—90%。⑦ 留居农垦的移民大多数是汉族,使酒泉市的汉族人口有所增加。

(三)水库开发移民

由于金川峡水库的修建,1958年秋开始,金川峡水库淹没区的金川东、金川西部分社员,由省水利厅拨给搬迁费先后向永昌县其他地方迁移。1958—1969年金川西大队1040余人迁往北海子公社的中庄子、沙沟岔大队和红山窑乡的高古城、河沿子、马家坪等大队插队落户。金川东360余人迁到东寨公社的永丰大队土仓沟和头坝直峡山定居,成立三个生产队。⑧

在修建刘家峡、盐锅峡、八盘峡水库时,甘肃省对水库淹没区以及

---

① 甘肃省地方史志编纂委员会、甘肃省农垦志编纂领导小组:《甘肃省志·农垦志》,甘肃人民出版社1993年版,第78页。
② 同上。
③ 同上。
④ 同上。
⑤ 同上书,第103页。
⑥ 同上书,第108页。
⑦ 同上书,第122页。
⑧ 永昌县志编纂委员会:《永昌县志》,甘肃人民出版社1993年版,第901页。

后来塌陷区居民进行了搬迁。1958—1970年,"刘、盐、八"三座水库共搬迁移民7968户45603人;分别后靠安置在永靖、东乡、临夏、积石山四县的26个乡镇。其中,永靖县迁安3888户23346人,分别占移民总户数和总人口的48.8%和51.2%;临夏县迁安2543户13654人,分别占移民总户数和总人口的31.92%和29.94%;东乡县迁安1426户7951人,分别占总户数和总人口的17.9%和17.43%;积石山县迁安111户688人,分别占总户数和总人口的1.43%和1.38%;"刘、盐、八"三座水库移民分布在临夏州永靖、东乡、临夏、积石山四县,26个乡镇1141村815社,其中纯移民11个村259社。[1] 这些搬迁安置的水库移民既有汉族也有回族等其他少数民族,这对原有的民族分布造成了小范围的影响。

二 人口迁移对甘肃省民族构成及居住格局的影响

支援甘肃省建设者及大规模农垦移民不仅增加了甘肃省人口规模,而且对甘肃省民族构成及民族居住格局产生了一定影响。主要表现为少数民族聚居区内民族构成多样化,汉族地区少数民族人口增多,多民族杂居居住模式更加明显。

随着大量支援甘肃的汉族、回族及其他少数民族人口的迁入,甘肃省一些民族聚居区民族成分日益多样化。在藏族聚居的舟曲县,"县内原有回族2户,解放后,人数逐渐增加,现有187人。另有蒙、撒拉、维吾尔、朝鲜、壮等民族成员38人,其来源主要是国家人事调动,家属随从;大专院校毕业生分配及从事商贸流通等渠道到舟曲来的。以上民族成员大多分布在县城和舟曲林业局机关、场(厂)部,他们与本县藏、汉民族亲密相处,共同为建设舟曲做出了贡献"。[2] 在藏族聚居的天祝藏族自治县,除了藏族、汉族、回族等民族外,"尚有东乡、保安、撒拉、裕固、苗、高山、壮等民族,其中部分从事农、牧业,部分是解放后来天祝的干部和工人。"[3] 解放后,在藏族聚居的夏河县,由于工作和婚嫁等原因,另有东乡族、保安族、撒拉族、满族、朝鲜族、

---

[1] 临夏回族自治州:《刘盐八库区移民遗留问题处理2002—2007年规划》。
[2] 甘肃省舟曲县地方史志编纂委员会:《舟曲县志》,生活·读书·新知三联书店1996年版,第602页。
[3] 天祝县志编纂委员会:《天祝藏族自治县志》,甘肃民族出版社1994年版,第138页。

侗族、白族、哈萨克族等陆续迁入。①

中华人民共和国成立后，随着大规模外省人口迁入及省内人口迁移，甘肃省很多以汉族为主体的地区，逐渐演变为多民族地区。

以汉族为主的白银市，"1953 年起，来自全国各地的铜城开拓者定居白银，形成多民族成员聚居的新型工业城市"。② 河西走廊的民勤县，"因工作调动及婚姻等因素，使本县从未有过的彝族、土族等定居于本县。1953 年人口普查时，全县 22.44 万人中，有回族 5 人。1982 年第三次人口普查时，少数民族 78 人，其中，回族 22 人，藏族 26 人，蒙古族 10 人，满族 11 人，彝族 8 人，土族 1 人。少数民族人口居住城市的 20 人，农村的 58 人。"③

岷县改革开放前的民族，包括汉族、回族、藏族、东乡族、撒拉族、裕固族、满族、壮族、土族共 9 种。其中汉族人数最多，占总人口的 97.03%，回族占 2.43%，藏族占 0.52%，其余满、东乡等 7 种民族仅是少数迁移户、干部和职工家属。④ 陇南市的成县"境内主要民族为汉族，其次为回族，另有因工作而调入之满族、壮族、藏族、彝族、朝鲜族、土家族、裕固族职工或家属。据 1982 年民族人口普查结果，汉族 200101 人，占全县总人口的 97.75%；回族 4391 人，占 21.5%；满族 181 人，占 0.09%；壮族 8 人，占 0.0039%；蒙古族 7 人，占 0.0034%；藏族 5 人，占 0.0024%；朝鲜族、土家族、裕固族、彝族各 1 人。各民族人口中，除汉族较 1964 年增长 38.64%、回族增长 59.04%外，余均为干部调入与外地迁入所形成。"⑤ 在清水县，"中华人民共和国成立后，1953 年张家川回族自治区成立，人口随地划出，全县回族人口数量骤减。据第一次全国人口普查资料统计，全县有汉族 15.82 万人，占普查总人口的 98.57%；回族 2297 人，占普查总人口的 1.43%。1964 年第二次人口普查，全县有汉族 16.56 万人，占普查总人口的 98.2%；少数民族人口 3034 人，占普查总人口的 1.8%，其中回族 3033 人，藏族 1 人……回族多分布在新城、永清、玉屏、黄门、

---

① 甘肃省夏河县志编纂委员会：《夏河县志》，甘肃文化出版社 1999 年版。
② 白银市白银区地方志编纂委员会：《白银区志》，中华书局 2002 年版，第 525 页。
③ 民勤县志编纂委员会：《民勤县志》，兰州大学出版社 1994 年版，第 751 页。
④ 岷县志编纂委员会：《岷县志》，甘肃人民出版社 1995 年版，第 132 页。
⑤ 成县志编纂委员会：《成县志》，西北大学出版社 1994 年版，第 327—328 页。

远门等16个乡（镇），其他少数民族多为机关、企事业单位职工，也有从外地流入境内的人口，分布于永清、土门、白沙3乡（镇）。"①

平凉市"1949年10月1日前，回族人口已达5万人，约占总人口的1/4。其中城区约2万，占城区总人口的1/3左右。中华人民共和国成立后，回族人口有了较大幅度的增长，1985年与1949年相比，人口总量由52270人增加到了96366人，增长84.36%，年平均增长率为17.14‰。并且先后迁入了满族、蒙古族、藏族、东乡族、维吾尔族、侗族、朝鲜族、布依族、土族等民族人口，使平凉人口之民族构成发生了较大变化。1953年第一次全国人口普查结果表明，全市202586人中，汉族人口144901人，回族57681人，满族4人。到1964年第二次人口普查时，全市219251人中，汉族165141人、回族54048人、蒙古族5人、侗族5人、藏族1人、朝鲜族11人、白族6人、土族4人、维吾尔族1人、满族20人、东乡族3人、壮族5人、民族不详1人"。②

永昌县"1950年全县境内有回、藏，满等少数民族98户507人，后来随着经济和社会的发展以及行政区域的变动，民族结构也发生了相应的变化。1980年，在成立金昌市前全县共有14个民族，总人口29.88万，其中少数民族13个，1362人，主要分布在城关镇、河西堡等6个人民公社和驻县内的11个省管、市管的厂矿企业、事业单位。这些少数民族是回族、满族、蒙古族、土族、藏族，属少数民族成员的侗族、布依族、彝族、白族、裕固族、朝鲜族、东乡族、壮族。这些少数民族成员是随省、市管的厂矿企业职工调入的。"③

可见，无论少数民族聚居区，还是汉族聚居区，民族成分多元化已经是一个发展趋势。既有西北地区的各少数民族，也有来自东北和西南的少数民族。在一些地区，还形成了规模大小不等的民族聚居区。

---

① 清水县志编纂委员会：《清水县志》，陕西人民出版社2001年版，第184页。
② 平凉市志编纂委员会：《平凉市志》，中华书局1996年版，第141页。
③ 永昌县志编纂委员会：《永昌县志》，甘肃人民出版社1993年版，第979页。

第二节 人口迁移对宁夏回族自治区人口构成及民族居住格局的影响

民国时期，宁夏屡遭兵祸与水旱灾害，天灾人祸不断，民众或饥饿而死或流落他乡。军阀统治下的政府重盘剥、轻建设，素有"塞上江南"美称的宁夏社会经济处于长期停滞中。至解放前夕，宁夏社会发展处于崩溃边缘，已成为当时全国生产力最落后、工业最薄弱、人民生活最贫困的省份之一。中华人民共和国成立后，党和国家十分重视边疆少数民族地区经济建设和政治文明建设。为加快宁夏经济文化发展，保障少数民族政治权利，实现民族团结与民族平等，于1958年设立了宁夏回族自治区。自治区成立之初，宁夏经济、文化、教育、医疗卫生等各方面都十分落后，人才缺乏、发展滞后、基础薄弱等问题严重制约着宁夏经济的发展。"国家为了开发建设宁夏，从河南、陕西、浙江、上海、北京、辽宁、山东等省市不断组织移民。"[1] 移民包括干部、工人、知识分子等。中华人民共和国成立至改革开放之前，先后有多批次、数十万外移民支援宁夏建设，他们充实到宁夏的农业、工业、科技、卫生、教育等各行各业，成为自治区国民经济建设的主力军，同时也对宁夏民族居住格局产生了一定影响。

一 新中国成立至改革开放前外省人口迁入宁夏的原因及规模

（一）参与宁夏建设的干部及其他各类技术人员

中华人民共和国成立初期，宁夏经济基础薄弱，人民群众思想觉悟落后，社会形势极为复杂。为了巩固人民政权，加强地方各项事业的建设，党和国家先后从十九兵团、三边支队、回民支队、回民骑兵团等转业了一批军队干部，从解放区各大学抽调了大批干部、教师、优秀学生至宁夏参加建设。1951—1954 年，从外省区又陆续向宁夏调配了多批干部。如1949 年11 月华北大学和华北人民革命大学1800 多名毕业学员组成西北干部大队，由中央西北局分配到宁夏工作的200 多人分赴各

---

[1] 宁夏省人口普查办公室：《世纪之交的中国人口》（宁夏卷），中国统计出版社2004年版，第5页。

市县参加工作。① 这些人员充实了地方干部队伍，有力地提高了宁夏干部队伍的整体素质。宁夏回族自治区成立之际，为尽快建立自治区各级党政机关和企事业单位领导班子，在中央的关怀和各兄弟省、市、区的大力支援下，先后从外地调入宁夏的各级各类干部6557名，占自治区干部总数的31.6%，其中，回族干部占13%，其余基本上为汉族。② 1958年10月25日，宁夏回族自治区成立，标志着宁夏的社会主义建设进入了一个新的历史时期。但宁夏基础设施薄弱，人口素质不高、农业生产落后、工业产业匮乏，亟须有知识、有文化的建设者。为此，国家决定从1958年起从各省、市抽调一批劳动力和各类技术人员来支援宁夏的建设。

（二）参与宁夏建设的科教文卫工作者

中华人民共和国成立初，宁夏回汉群众的文盲率很高。为提高回汉群众的文化水平，新政权在宁夏设立各级学校，鼓励学生入学、开展扫盲运动。为解决师资匮乏问题，国家先后从全国各地抽掉知识分子，充实到宁夏各级各类学校的教学一线。1956年3月，为解决小学教师短缺问题，甘肃省从上海、天津等地招收4000余名初高中毕业生和社会青年，分别安排这批青年在银川师范等11所师范学校培训，结业后分配在银川地区各县小学任教。③ 1958年4月2日，《银川日报》报道，北京330名男女知识青年到宁夏支教；4月2日前，他们已分批去固原、吴忠、银川3个专区所属的各个市县充任小学教师。④

（三）开办国营农场的复员转业官兵及移民

1949年12月，毛泽东发布《军委关于一九五〇年军队参加生产建设工作的指示》："人民革命军事委员会号召全军，除继续作战和服勤务者之外，应当负担一部分生产任务，使我人民解放军不仅是一支国防军，而且是一支生产军，借以协同全国人民克服长期战争所遗留下来的

---

① 冯炯华：《当代宁夏日史（1949.7—1958.12）》，宁夏人民出版社2006年版，第43页。

② 刘天明、王晓华、张哲：《移民大开发与宁夏历史文化》，宁夏人民出版社2008年版，第109页。

③ 同上书，第113页。

④ 冯炯华：《当代宁夏日史（1949.7—1958.12）》，宁夏人民出版社2006年版，第338页。

困难，加速新民主主义的经济建设。"① 鉴于宁夏所处的战略地位，一部分军队开始了艰苦的屯田垦荒事业。1950 年 12 月 1 日，由西北军政委员会农林部垦荒先遣队在宁夏灵武县开创了西北地区第一家国营农场——灵武农场，拉开了宁夏现代垦殖事业的序幕。至宁夏回族自治区成立前夕，已经建立军队所属国营农场 11 个。与此同时，国家组织解放军指战员、复员转业官兵及人口稠密地区的青壮年，到宁夏各农场参加生产劳动。当时有来自浙江、四川、甘肃、陕西等地的青年分别到宁夏各农场参加劳动，并定居当地。宁夏先后建立的国营农场有暖泉农场、平吉堡农场、南梁农场、贺兰山农牧场、玉泉营农场、黄羊滩农场、灵武农场、银川林场、简泉农场、前进农场、连湖农场、巴浪湖农场、长山头农场、渠口农场，等等。其中，巴浪湖农场是以回族为主，灵武农场和连湖农场的回族也占大量比例。根据《宁夏农垦志》载："农垦人口由复员转业军人，浙江支宁青年，北京、天津来宁知识青年，国家分配的大中专学生，当地干部、农民，工矿下放职工，银川上山下乡知识青年，来宁投亲靠友的人员及职工子女，劳改、劳教期满释放人员等组成。"② 从农垦集团职工的籍贯来看，"农垦人口来自 28 个省、市、自治区。按 1988 年人口籍贯统计，其中宁夏籍最多，为 47568 人，占总人口的 55.3%。其次为陕西、甘肃，分别为 6177 人和 4683 人，占总人口的 7.2% 和 5.4%，以下依次为河南、浙江、安徽、山东、河北、江苏、四川省，分别在 4198—2500 人。"③ 从民族成分来讲，农场中除回族和汉族之外，还有蒙古族、满族、东乡族、壮族、侗族、土家族、苗族等。

银川市下辖的永宁县就建有两个国营农场：国营黄羊滩农场和国营玉泉营农场。国营黄羊滩农场是 "1965 年 10 月，农建十三师四团 227 名干部、职工开进黄羊滩安营扎寨，开始建场创业。1970 年 3 月由兰州军区生产建设兵团接管。1974 年年末，撤销部队编制，归属宁夏农垦局管辖，更名为宁夏农垦局国营黄羊滩农场"。④ 国营玉泉营农场 "1969 年 3 月起，中国人民解放军兰州军区八四七〇七部队奉命开发。

---

① 《毛泽东文集》（第六卷），人民出版社 1999 年版，第 27 页。
② 宁夏农垦志编辑委员会：《宁夏农垦志》，宁夏人民出版社 1995 年版，第 72 页。
③ 同上书，第 74 页。
④ 永宁县志编审委员会：《永宁县志》，宁夏人民出版社 1995 年版，第 113 页。

1977年部队撤出，12月28日经宁夏回族自治区革命委员会批准，将原部队农场与连湖农场玉泉营分场合并成立国营玉泉营农场，隶属自治区农垦局领导。1985年，全场总人口3254人，其中职工为1510人，汉族占96%。有土地8万亩，其中耕地2.2万亩"。① 这两个农场的职工以部队转业干部为主，职工以汉族为主，增加了当地汉族的人口规模。

（四）石嘴山煤炭基地开发建设移民

民国时期，石嘴山人口稀少，大部分地区为荒漠。境内人口主要是汉族和回族，且回族数量不少。据《宁夏纪要》（编于1940年）记载："当时石嘴山人口'回民占三分之二'。1949年，市境回族人口占市境总人口的31.4%，市区回族人口占总人口的19.0%。"② 中华人民共和国成立后，为解决兰新铁路、包兰铁路通车后的铁路用煤以及包头钢铁厂、酒泉钢铁厂的用煤。国家决定对煤炭资源丰富的石嘴山进行开发，1956年，煤炭部、西北煤管局决定将石嘴山建设成西北煤炭工业基地，先后从辽宁、江苏、山西、甘肃等煤矿抽调大批干部、技术人员和工人援建。从20世纪50年代中期到60年代中期的10年间，共迁入5万余名职工，见表4-1。③

表4-1　　　　　石嘴山煤矿从各省迁入职工数　　　　单位：人

省区	迁入职工数	省份	迁入职工数
陕西	4440	甘肃	6000
山西	2000	江苏	3000
东北	330	河北	5600
山东、河南	50	外省招工	30000

在煤炭基地建设中，由于人力资源十分紧张，石嘴山矿务局又从河北、河南、陕西、浙江、山东等地招聘了许多工人。同时，国家还将内地一些省份的农村劳动力安置在石嘴山煤炭基地。据记载，"1956—

---

① 永宁县志编审委员会：《永宁县志》，宁夏人民出版社1995年版，第114页。
② 石嘴山市志编纂委员会：《石嘴山市志》，宁夏人民出版社2001年版，第1662页。
③ 沈益民、童乘珠：《中国人口迁移》，中国统计出版社1992年版，第169页。

1966年年初，这是石嘴山煤炭工业发展最快的时期。来自陕西、山西、甘肃、黑龙江、吉林、辽宁、江苏、河北等多个省市成建制调入的20000多名干部职工（不包括随迁家属），来到石嘴山参加建设。"①"1959年3月至1961年4月，为解决新建厂矿企业劳动力不足，采取了给自流人员解决工作和户口的特殊政策。据公安部门的资料显示，仅1959年石嘴山、石炭井等矿务局就招收自愿来宁夏人员7万余人。1960年10月，在石嘴山钢铁厂的4000名职工中，自流人员就有1800多人，占当时全厂职工的45%。"② 随着现代工业的迅速发展，外来人口激增，解放时市区仅1486人，1955年市区有5383人，比1949年增长了262%；1960年建市后，市区人口年底就达到70356人；1966年市区人口突破10万，1978年超过20万。③

煤炭建设基地的建设过程中其他相关产业如电厂、机修厂、职工医院、学校等也相继启动建设。"1949年惠农县有人口34530人，随着石嘴山煤田的开发和钢铁、电力、陶瓷等工业的蓬勃兴起，人力资源开始趋于紧张，于是国家从上海移民710人（其中职工230人，家属480人），从陕西省铜川、山西省大同、甘肃省的阿干镇和江苏省徐州等地抽调来煤炭战线的干部职工14000余人，从河北省保定、沧州及宁夏外县区农村招工4000人，从河南、陕西、浙江移民11886人，来支援建设宁夏石嘴山市惠农地区。"④ 在石嘴山发展建设中，迁入了大量外地企业，企业迁入意味着人口迁入，据方志记载："1956—1971年，市境接受成建制调入的外省职工22000余人（不包括随迁家属和分散前来的职工及亲属）。部分企业的老职工及家属来自外省同一地区甚至同一工厂的现象突出。如石炭井矿务局一矿老职工主要来自本溪；二、三矿主要来自鹤岗、双鸭山；白芨沟矿主要来自甘肃山丹；大峰矿主要来自抚顺；乌兰矿主要来自阜新。"⑤ 表4-2是石嘴山建立前后部分厂矿企业有组织调入职工情况。

---

① 石嘴山市志（国史）编纂委员会编：《当代石嘴山简史》，宁夏人民出版社2004年版，第57页。
② 石嘴山市志编纂委员会：《石嘴山市志》，宁夏人民出版社2001年版，第187—188页。
③ 石嘴山市志编纂委员会：《石嘴山市志》，宁夏人民出版社2001年版，第174页。
④ 惠农区志编纂委员会编：《惠农区志》，宁夏人民出版社2008年版，第126页。
⑤ 石嘴山市志编纂委员会：《石嘴山市志》，宁夏人民出版社2001年版，第186页。

表4-2　石嘴山市建市前后部分厂矿企业有组织调入职工情况[1]

年份	来自地区、厂矿	人数	分配（组建）单位
1956	陕西铜川131队、132队	580	石嘴山146煤田勘探队
1957	山西大同煤矿	2000	石嘴山矿务局
	陕西煤管局	1000	
	铜川矿务局	2000	
1958	黑龙江哈尔滨煤管局	30	
	东北第二基建局	300	
	甘肃阿干镇煤矿	1000	
	江苏徐州基建局	3000	
	河北沧州、保定专区	3600	
	上海杨浦区烈属加工厂、贫民自救社	250	惠农县缫丝厂
1959	天津红桥区回民玻璃厂	89	石嘴山玻璃厂
1964	河北冶金局、天津冶金局，鞍山、本溪、太原、湘潭钢铁公司	565	石嘴山金属制品厂（现宁夏钢铁厂）
1965	甘肃山丹矿务局	5600	石嘴山、石炭井矿务局
	双鸭山矿务局建设公司	不详	煤炭部第81工程处
	吉林第二十一工程处		煤炭部第21工程处
1965	北京有色金属冶金总院439室、包头钢铁公司、张家口企业	147	宁夏有色金属冶炼厂及研究所
1966—1970	张家口煤机厂（包建）	600多	西北煤机一厂
	淮南煤机厂（包建）	500多	西北煤机二厂
	抚顺煤机厂（包建）	200多	西北煤机三厂
1966—1971	辽宁瓦房店轴承厂（包建）	784	西北轴承厂
1967	黑龙江鸡西矿务局滴道洗煤厂	200多	大武口洗煤厂

（五）支宁建设活动引发的人口迁移

1958年，全国掀起了支援艰苦地区的热潮。1959年1月12日，根据中共中央动员内地青年参加边疆和少数民族地区社会主义建设的指示，宁夏和浙江两省区商定5年内由浙江省动员30万青年支援宁夏建设；5月4日，第一批浙江支宁建设者中党员占26.48%，复转军人

---

[1] 石嘴山市志编纂委员会：《石嘴山市志》，宁夏人民出版社2001年版，第187页。

3834 人，随迁国家干部 351 人。这批支宁建设者中有 3.1 万多人被安置到银川、贺兰、永宁、平罗、惠农、中卫、中宁、宁朔、吴忠、金积、灵武 11 个市县 328 个安置点，有 7000 多人安置到工矿、财贸、文教、卫生、青铜峡电站工地和国家机关。① 1960 年 5 月，第二批浙江支宁青年及家属共 4.2 万多人抵宁，被安置在中宁、贺兰、宁朔、银川、平罗、金积、灵武、吴忠、陶乐、中卫、石嘴山和青铜峡等地，大部分到国营农场从事农业生产。② 据统计，这一时期，仅浙江就有 8.1 万人参与支宁建设。③

表 4-3　　　　20 世纪 50 年代末支边青年的迁移状况④　　　　单位：人

迁出地	迁入地	迁移人数
山东	黑龙江	23.1 万
	吉林	8.4 万
	辽宁	7.3 万
江西、安徽、湖北	新疆	25.1 万
河南	甘肃	10.4 万
	青海	8.3 万
浙江	宁夏	8.1 万
湖南	云南	2.3 万

为了积极支援宁夏社会主义建设，帮助宁夏建立自己的工业体系，国家决定将一批厂矿整体或部分迁至宁夏。1959 年年底，由辽宁沈阳沈河区橡胶二厂迁建的银川橡胶厂投产。"三线"建设时期，国家在宁夏安排一批列入"三线"建设范围的重点建设项目。从 1965 年年初开始，由沿海和内地陆续向宁夏整体搬迁或合并创建了一批大中型工业企业。随着工业基地的建设，其他与之配套的工业、交通运输业等单位，

---

① 宁夏国史编审委员会、宁夏国史学会：《当代宁夏史通鉴》，当代中国出版社 2004 年版，第 229 页。
② 同上。
③ 辜胜阻、刘传江：《人口流动与农村城镇化战略管理》，华中理工大学出版社 2000 年版，第 172 页。
④ 同上。

以及与人民日常生活紧密联系相关的轻纺工业、商业网点及文教卫生事业等单位相继迁入，在短短的几年内吸引了大批人口迁入。20 世纪 60 年代后期开始，从华北、华东、东北等地通过全厂搬迁、部分迁厂、包建和技术援助等形式，共迁入宁夏大中型工矿企业 29 个，职工 19715 人。① 1965 年迁至宁夏并投资的企业有吴忠配件厂、青山试验机厂、长城机床厂等；1966 年年初迁入的有银河仪表厂、吴忠仪表厂等。宁夏作为"三线"建设中重点改建和扩建的工业基地，国家也抽调了大批的工程技术人员和管理干部，使之很快形成具有相当规模和生产能力的新工业基地。为了巩固边防，加强"三线"建设，又从内地陆续迁移以军工为主的大型企业，如位于宁夏固原的清河机械厂。

《世纪之交的中国人口》指出："新中国成立以来（除个别年份外），宁夏一直是迁入人口多于迁出人口。一是新中国成立初期，国家为了开发建设宁夏，有计划地在内陆省市组织移民，其中来自上海、浙江、陕西、河南等省市的移民最多，仅上海市就有 3.28 万人。二是 1958 年宁夏回族自治区成立时，国家从中央各部、委和兄弟省市抽调大批干部到宁夏工作。三是为了调整工业布局，从东部沿海工业城市进行移民。仅石嘴山矿务局迁入的职工家属就达 14 万余人。四是 20 世纪 60 年代中期，宁夏的国营农场、农建十三师、林建三师又接收了大批来自河南、北京、浙江等省市的复员转业军人、下放干部、知识青年等，其中，来自浙江省的有近 10 万人，河南省有 4.5 万人。"② 这批外来移民先后充实到宁夏农业、工业、科技、卫生、教育等各行各业，为宁夏开发与建设做出了贡献。这些迁入人口虽然在不同时期，尤其是改革开放后陆续返回原籍，但仍然有很大一部分人留居宁夏。他们是中华人民共和国成立后宁夏城市人口的一个主要来源，使宁夏银川市及大型企业周围形成了以汉族为主的民族杂居地区，对宁夏当前城市民族分布格局及工业基地周围的民族分布格局产生了重要影响。

二 人口迁移对宁夏民族居住格局的影响

新中国成立以后，大规模的人口迁入，虽然没有改变宁夏回汉民族

---

① 沈益民、童乘珠：《中国人口迁移》，中国统计出版社 1992 年版，第 162 页。
② 宁夏省人口普查办公室：《世纪之交的中国人口》（宁夏卷），中国统计出版社 2004 年版，第 217 页。

"大杂居，小聚居"居住格局的整体状况，但也影响了民族人口的分布和一些地区民族居住格局的变动。

（一）回族聚居区回族人口比例下降，回汉杂居趋势更加明显

以宁夏回族人口居住比较集中的灵武市为例，新中国成立初期，回族占总人口一半以上。随着灵武农场的设立，以农场职工为代表的外来人口增加，回族人口在全县人口中所占比重缓缓下降。1952年占60.32%，1962年占52.90%，1972年占48.63%，1982年占47.13%。① 近年来，由于对少数民族特殊的计划生育政策，回族人口比例有所上升，但仍然没有超过50%。

（二）工业基地建设及国营农场开办使宁夏出现了新的汉族聚居区

新中国成立之后，宁夏因为人口迁移逐渐形成了多个新的汉族聚居区，现在经济比较发达、人口居住比较稠密的石嘴山市最为典型。1949年解放时，石嘴山市市区仅1486人，1955年市区有5383人，比1949年增长了262%；1960年建市后，市区人口年底就达到了70356人；1966年市区人口突破10万，1978年超过20万，1994年超过30万；2000年年底，市区人口已达328515人，占全市总人口的47.49%；在宁夏5个建制市中，石嘴山市市区人口仅次于银川市，居第二位。② 这些人口中很大一部分是迁移人口。就石嘴山市来讲，1951—2000年的50年间，市内人口迁移增长211203人，占纯增人口的38.39%。③ 这些迁移人口绝大部分是汉族。这些汉族移民不仅使宁夏汉族人口比例增加，而且使石嘴山市汉族人口比例逐年上升，发展成为一个汉族人口比例非常高的地区。"新中国成立后，尤其是石嘴山建市以后，随着现代工业的迅速发展，外来人口激增，回族人口亦逐渐增加。"④ 但汉族人口数量远远大于回族，这些移民不仅使当地汉族人口比例增加，而且在一些地区以企业住宅区为核心形成一些或大或小的汉族聚居区。1949年石嘴山市汉族人口占总人口的68.6%，1960年增至79.4%。⑤ "1949年，市境回族占总人口的31.4%，市区回族人口比也达19.0%。之后该比例逐渐

---

① 灵武市志编纂委员会：《灵武市志》，宁夏人民出版社1999年版，第76页。
② 石嘴山市志编纂委员会：《石嘴山市志》，宁夏人民出版社2001年版，第174页。
③ 同上书，第184页。
④ 同上书，第1662页。
⑤ 同上书，第184页。

下降,至70年代中期,市境回族人口在总人口中的比重基本稳定在20%左右。"①

在回族人口较为集中的地方,因为国营农场的开办,也形成了一些新的汉族聚居区。如在回族人口较多的平罗县,由解放军开发建设的国营前进农场,是"1952年7月,中国人民解放军西北农建一师一、二、三团在市境内的西大滩南部开沟挖渠、创办农场。1954年开始农业生产。1955年11月,农建一师集体转业,三个团分别组建为国营前进一、二、三场。1959年3个场合并为国营前进农场,属自治区农垦局领导"。②该农场的建立,形成了一个以农场为中心的新的汉族小聚居区,增加了平罗县的汉族人口,也使当地回族杂居的民族分布格局更加明显。

综上所述,自新中国成立至改革开放前,受国家政策影响,有近百万人迁入宁夏,虽然大部分移民于不同时期返迁,但也有一部分人口定居宁夏。这些移民为宁夏经济和社会发展做出了贡献,不仅促进了宁夏的经济发展、丰富了当地回汉群众的生活,也对宁夏人口的民族构成及民族居住格局产生了一定的影响。从民族成分来讲,这些移民大多数是汉族,使宁夏汉族人口特别是城市汉族人口比例增加。从民族居住格局来讲,使回汉杂居的居住模式更加明显,并在一些地区形成了以汉族为主体的新的多民族杂居区域。

第三节 人口迁移对青海省人口分布及民族居住格局的影响

20世纪50年代,国家在青海设立了6个民族自治州(海西蒙古族藏族哈萨克族自治州、海北藏族自治州、海南藏族自治州、黄南藏族自治州、玉树藏族自治州和果洛藏族自治州)和7个少数民族自治县(门源回族自治县、化隆回族自治县、循化撒拉族自治县、互助土族自治县、河南蒙古族自治县等),20世纪70年代末,又成立了大通回族土族自治县、民和回族土族自治县。新中国成立后,在党和国家实

---

① 石嘴山市志编纂委员会:《石嘴山市志》,宁夏人民出版社2001年版,第11页。
② 同上书,第636页。

行民族区域政策和民族优惠政策的影响下，青海少数民族人口增长显著。同时，为了支援青海建设和资源开发，先后有近百万人口迁入青海，对青海省社会经济发展做出了巨大贡献，也塑造了青海现有的人口构成及民族分布格局。

一 中华人民共和国成立至改革开放前青海省人口迁入的原因及规模

（一）资源开发移民的迁入

中华人民共和国成立初期，国家大规模开发青海省资源丰富的柴达木盆地，因此迁来了大批内地汉族。"1954 年 3 月，燃料工业部石油管理总局在西安召开全国第五次石油勘探会议，决定派遣石油地质队伍深入柴达木盆地，进行地质普查。会后，石油管理总局地质局从所属陕北、酒泉等地质大队，抽人组建了一支平均年龄只有 22.5 岁的年轻精干的柴达木地质大队。到 1954 年年底，柴达木地质大队发展到 6 个地质队、4 个测量队、2 个重磁力队、1 个手摇钻井队，包括大队部、供应站及其附属人员共 484 人。"[1] 随着地质勘探队伍陆续进入柴达木盆地，一批以矿产开发为主体的企业相继建立。这期间成立的规模较大的矿山企业主要有青海石油勘探局、锡铁山铅锌矿、茫崖石棉厂、茶卡盐场和大柴旦化工厂等。统计资料表明，"20 世纪 50 年代从内地整体迁移或部分迁移的资源开发者为 227578 人，约占同期人口总数的 85.6%。"[2] 因资源开发，在青海形成了"一些新兴工业城镇如格尔木市、大柴旦、冷湖、茫崖、龙羊等市镇（工矿区）由省外迁入人口（含职工及随迁家属）12 万人；省内农村牧区迁入人口 80 余万人。"[3]

（二）迁建企业及其家属的迁入

为了支援青海工业建设，建立民族地区的工业体系，完善全国工业布局，"从 1965 年开始，国家有计划、有步骤地将沿海和东北工业布局密集的企业向西北、西南转移。青海先后从内地陆续迁入职工近 5 万

---

[1] 青海省石油局办公室：《柴达木石油工业的初创和发展》，载青海省政协文史资料研究委员会《青海文史资料集萃》（西部开发卷），2001 年，第 63 页。
[2] 张占元、苏志强：《人口迁移与柴达木开发》，《柴达木开发研究》2002 年第 4 期。
[3] 青海省地方志编纂委员会：《青海省志·人口志》，西安出版社 2000 年版，第 56 页。

人,包括家属在内约 12 万人,为青海国民经济发展起了重大作用。"①1964—1979 年,"国家有计划有组织地从内地迁来一些厂矿和'三线'军工企业,加上大专院校毕业生和中央机关的下放人员,在 16 年时间内从省外净迁入人口 29.6 万人,每年平均迁入 1.85 万人,这一时期引进的多为懂技术、有文化的人才,大部分成为以后青海经济建设骨干力量。"②

以工业企业的迁建为例,"三五"期间,国家先后从上海、山东、黑龙江、河南、辽宁、天津、江苏、北京等地向青海迁建了一些企业,组建了青海第一机床厂、青海重型机床厂、青海微电机厂等十九个工厂企业,当时搬迁来职工 10800 人,包括家属在内 25000 余人;从 1956 年开始,国家还从上海、北京、天津、沈阳、济南等地迁建了西宁服装厂、青海铝制品厂、塑料厂等 20 多个企业,搬迁职工 1400 多人,包括家属 3000 余人。③ 这些人大多数是汉族。国家还在青海建设了一批军工企业以及与军工密切相关的民用产品生产企业。据《当代青海简史》载:"国家先后在青海建立了水中兵器、常规兵器、军用电子产品等 6 个军工企业。除军品外,先后试制了有线通信器材、高空测量仪、扬声器、家用电器、半导体制冷系列产品、太阳能系列产品、民用爆破器材等几十种民用产品。"④

这一时期青海省民用和军工企业的建设规模十分庞大,"到 20 世纪 70 年代初,作为三线建设范畴……一批新的企业在青海先后成立起来,它们是:青海第一机床厂、青海第二机床厂、青海重型机床厂、青海山川机床铸造厂、青海量具刃具厂、青海工程机械厂、青海齿轮厂、青海柴油机厂、青海工具厂、青海铸造厂、青海锻造厂、青海矿山机械厂、青海微电机厂、青海电动工具厂、青海海山轴承厂、青海汽车改装厂、青海机床锻造厂、青沪机床厂、西宁标准件厂、西宁钢厂、光明化工厂、黎明化工厂、青海制药厂、青海铝制品厂以及新建的民和镁厂等 20 多个民用工业企业和 6 个军工企业。青海通用机械厂、青海农牧机

---

① 跨世纪的中国人口(青海卷)编委会:《跨世纪的中国人口》(青海卷),中国统计出版社 1994 年版,第 197 页。
② 同上书,第 196 页。
③ 冯浩华:《青海人口省际迁移的规模与类型》,《西北人口》1989 年第 3 期。
④ 陈云峰:《当代青海简史》,当代中国出版社 1996 年版,第 215 页。

械厂等企业同期得到扩建。这时，内迁的一批全民或集体的手工业企业，也分别组建成西宁服装一厂、西宁第二木器厂、西宁日用五金厂、西宁低压开关厂以及海西砖瓦厂、石灰厂、五金修配厂等。"① 在工业企业迁建和扩建过程中，迁入了大量外来人口。

表4-4　　青海全省机械工业"三五"时期内迁企业职工情况②　　单位：人

迁入企业名称	内迁年份	迁出企业名称	内迁时职工人数
青海第一机床厂	1965年3月	齐齐哈尔第二机床厂	600
青海第二机床厂	1965年	济南第一机床厂	900
青海重型机床厂	1967年2月	齐齐哈尔第一机床厂	838
青海山川机床铸造厂	1967年	齐齐哈尔一、二机床厂，济南一机床厂	592
青海量具刃具厂	1966年	哈尔滨量具刃具厂	142
青海工程机械厂	1966年	鞍山、洛阳拖拉机厂	930
青海齿轮厂	1965年	上海第二齿轮厂	
青海齿轮厂	1965年	天津拖拉机厂	290
青海齿轮厂	1966年	哈尔滨拖拉机配件厂	78
青海柴油机厂	1966—1970年	天津动力机厂	850
青海工具厂	1966年	洛阳拖拉机厂	317
青海锻造厂	1966—1973年	洛阳拖拉机厂	1000
青海锻造厂	1966—1970年	洛阳拖拉机厂	1200
青海矿山机械厂	1956年	旅大市城建局机修厂	165
青海矿山机械厂	1965年	上海力生机械厂	190
青海矿山机械厂	1971年	上海采矿机械厂	71
青海微电机厂	1966年	北京、天津微电机厂	287
青海电动工具厂	1966年	洛阳电动工具厂	259
青海海山轴承厂	1966—1970年	洛阳轴承厂	900
青海汽车改装厂	1966年	洛阳、天津拖拉机厂	
青海汽车改装厂	1966年	开封机械厂	185
青沪机床厂	1965年	上海流动机床厂	674
西宁标准件厂	1968年	无锡、镇江标准件厂	62
青海机床锻造厂	1966年	齐齐哈尔一、二机床厂，济南一机床厂	270

---

① 陈云峰：《当代青海简史》，当代中国出版社1996年版，第214页。
② 跨世纪的中国人口（青海卷）编委会：《跨世纪的中国人口》（青海卷），中国统计出版社1994年版，第198页。

(三) 劳改农场安置的刑满释放人员

中华人民共和国成立后，在青海持续进行垦荒移民，建立了移民农场和劳改农场。"青海的劳改农场始建于1952年。到1955年年底，建成劳改农场3个，即甘都、德令哈与格尔木农场。1956年新建赛什克、戈壁、怀头他拉、郭尔毛、希里沟、马海、香日德、诺木洪、沙珠玉、浩门、塘格木、哇玉香卡、吴堡湾13个农场。1957年，移交和撤销了郭尔毛、希里沟、沙珠玉三个农场。1958年后，劳改农场发展很快，当年新建场26个。1959年为安置青年移民划出7个农场，劳改农场减到32个。到1961年，农垦、劳改分家时，实有劳改农场39个。1963年，劳改农场撤并到17个，即格尔木、甘都、康扬、曲沟、吴堡湾、巴仓、塘格木、新哲、哇玉香卡、德令哈、香日德、诺木洪、查查香卡、青海湖、浩门、八宝农场与新生园艺场。1965年格尔木劳改农场移交给农建十二师。1966年八宝劳改农场移交给青海省军区独立师。1968年移交出康扬、甘都二场办'五七'干校，吴宝湾农场并入巴仓农场。年底实有12个农场。1969年甘都农场又移交给青海省劳改局，新生园艺场移交给青海省军区。1972年把德令哈农场赛什克分场改为赛什克农场。1973年恢复吴堡湾农场，年底有14个农场。1982年撤销曲沟农场。1983年撤销吴堡湾农场。1984年撤销新哲农场。到1985年劳改局有所属农场11个，即甘都、巴仓、塘格木、哇五香卡、德令哈、香日德、诺木洪、查查香卡、青海湖、浩门与赛什克农场"。①

劳改农场建设中，仅靠犯人服刑期间的劳动难以维持，因此，青海省对一些刑满释放人员采取留场工作政策。规定"除表现好，有家可归，有业可就，家居本省农村，回去后确无重新危害社会可能的个别释放外，一律要留在劳改单位就业（通称留场就业）。并逐步协助他们把家属接来，就地安家立业。1958年留场3344名，占刑满人数的88.4%；1959年留场3018名，占96.3%；1960年留场10674名，占98.5%。到1963年年底，留场就业人员在册人数已达23180名。"② 由于"大多数刑满人员原籍系外省市，其中相当多的属于沿海和大城市

---

① 青海省地方志编纂委员会：《青海省志·劳动改造志》，青海人民出版社2000年版，第213—214页。

② 同上书，第99页。

等地区；而且，在刑满释放回乡之前，必须征得接收地区的同意，因此执行结果，仍然是留场的多，放回的很少。"① 最后"甚至形成刑满先留场，而后再逐步清理，增加了工作中的特有难度。1965—1969 年，5 年先后留场就业的有 26163 名，到 1969 年年底，农场就业人员在册人数多达 43617 名，超过在押罪犯总数的 44.7%。"② 这种政策执行的结果是，留场就业的刑满释放人员越来越多，"劳改农场就业人员每年的年末人数均在 45000 人以上，其中 1977 年达 49046 人，1978 年有 48877 人，为同年在押犯人数的 3.9 倍。历年中累计安置刑满留场就业人员 131436 名，其中刑满释放后直接留场就业的 124636 名，接收外省调入的刑满留场就业人员 6800 名。"③ 为了安定和巩固这些刑满释放人员，从"20 世纪 50 年代后期开始，成批接迁就业人员家属。至 1964 年陆续接迁安置 2727 户 6362 人。至 1978 年达到高峰，安家落户的就业人员家属共 10429 户 30504 人。为使他们安家立业，各劳改单位均以不同方式组织集体劳动生产，和干部、工人家属一样记工付酬。劳改农场一般以中队为单位划拨一部分土地由家属队种植，允许家庭养鸡、养兔等。劳改工厂多采用雇用临时工的办法，分派厂内一部分辅助生产劳务，也有办家属工厂的。"④

劳改农场大多数建在青海海西州和海南州，这些地区在中华人民共和国成立之前主要是蒙古族、藏族、回族等民族聚居区，汉族人口较少。劳改农场建立后，其职工和刑满释放人员以汉族为主，另有其他少数民族。改变了当地人口稀少的局面，并使当地民族成分多元化，民族杂居渐渐成为趋势。

（四）移民垦荒

中华人民共和国成立后，在青海进行了三次大规模的移民垦荒运动，加之 1955 年之前零星迁入青海的务农者，人数达 21.35 万人，虽然绝大部分最终迁离青海，但仍有近 5 万人留居青海。⑤ 第一次移民垦

---

① 青海省地方志编纂委员会：《青海省志·劳动改造志》，青海人民出版社 2000 年版，第 99 页。
② 同上。
③ 同上书，第 100 页。
④ 同上书，第 107 页。
⑤ 青海省地方志编纂委员会：《青海省志·人口志》，西安出版社 2000 年版，第 49 页。

荒于1955年年末开始准备，1956年开始"先后从山东省、河南省、安徽省、北京市、天津市等地移民7.5万人。主要采用插社方式，安排在农业区各县耕地比较多的生产队（当时称农业合作社）。"① 移民具体安置情况详见表4-5。

表4-5　　　　　　1955—1966年全省安置移民情况②

移出区 \ 安置地区人数	总计	河南	河北	山东	安徽	北京	天津
总计	74592	35268	11285	11357	2909	1359	10414
西宁	6966	929		4716		1133	198
湟中	11283	4186			6641		
湟源	6630	4909					1721
大通	10401	9054	745			602	
互助	6885	2840	168				3877
民和	9379	2519	6860				
乐都	7051	2596				624	3831
化隆	10794	7027	858	465	2909		
贵德	2055	1208					797
门源	2198						
海南州	500	500					
海西州	500	500					

资料来源：根据青海省1956年《移民安置及移民开荒情况统计年报》和《移民移出情况统计年报》（《中国人口》青海分册）。

第二次移民垦荒"改变了移民对象、移民地点和输送移民的办法，实行移入青年劳动力，并且有意识按比例移入男女青年，主观希望他们能够在青海扎下根来。在劳动组合方面，创建国营农场，这一次移民始发于第二个五年计划期间，共移入青年12.1万人。实际建立了32个青年农场，但为时不久，即有48.4%的人又陆续自动返回原籍或流落其

---

① 跨世纪的中国人口（青海卷）编委会：《跨世纪的中国人口》（青海卷），中国统计出版社1994年版，第199页。
② 同上。

他地方。"①

第三次移民垦荒是"1965年，青海仿效新疆建设兵团的做法，以隶属省劳改局的格尔木农场为基础，建立农建四师（后改称农建十二师），从山东省的8个城市招收知识青年7204人，实行军垦。其中来自青岛市5100人、济南市800人、烟台市304人、淄博市400人、潍坊市200人、枣庄市100人、海州市100人，男女基本各半。这批知识青年62%为高中毕业生，年龄在15—17岁的4000余人，18—20岁的1000余人，其余在20岁以上，这批知识青年由于文化素质较好，实行军事建制后采取供给制办法，每月发补助24元，零用津贴6元，生产积极性比较高。"② 这些移民垦荒政策，特别是组建的青年农场于1961年以后陆续解散，大部分人返回原籍，仍有上万人留居青海，参与青海各项建设。

（五）支援青海建设者的持续迁入

中华人民共和国成立后，国家不断加大对民族地区社会主义现代化建设的支援力度，这些支援既有政策的优惠，也有财力物力的支持，更有人力资源的调配。先后派遣多批次干部、教育工作者、医疗卫生工作者、技术工人、军队转业干部等支援青海建设。以军队干部转业为例，"1949年新中国成立，遵照党中央关于'军队既是战斗队，又是工作队'的指示，从军队抽调干部841人，以后解放军驻河南第二机要学校分派学员121人及其他地区驻军连同家属转业来青合计20000余人。这部分军队干部，不仅为青海的社会主义革命和经济建设做出了重大贡献，而且有些人已成为青海建设的骨干领导力量。"③ 以大专院校学生分配为例，"从20世纪50年代开始，中央即有意识地将一些大专院校毕业生，分配来青海工作。第一批分配来青海工作的华北大学、华北人民革命大学及西北人民革命大学的学生达1200多人，其后外省大专院校毕业生分配尽量照顾青海，分配来青海工作，仅从1949—1985年粗

---

① 跨世纪的中国人口（青海卷）编委会：《跨世纪的中国人口》（青海卷），中国统计出版社1994年版，第199—200页。

② 青海省地方志编纂委员会：《青海省志·人口志》，西安出版社2000年版，第48—49页。

③ 跨世纪的中国人口（青海卷）编委会：《跨世纪的中国人口》（青海卷），中国统计出版社1994年版，第200页。

略统计累计1万人左右，对青海各项事业建设及提高青海人口文化素质建设均起到了十分重要的作用。为了加快青海建设需要人才的培养，青海省财经学校、青海省农林学校、湟源畜牧兽医学校、青海省水利学校、青海卫生学校陆续建立。并从上海、南京、无锡、常州、镇江等地招收学生2100多人，毕业后，均分在青海工作"。[1]

二 人口迁入对青海省民族居住格局的影响

中华人民共和国成立后迁入青海的人口以汉族为主，其次为回族，并有一些西南、东北、中南等地的其他少数民族。这些外来人口的迁入，使人口相对稀少的青海省在短时期内人口密度增加，使青海一些地区变成了多民族地区。不仅民族成分多元化，民族杂居范围进一步扩大，而且在一些地区形成了以企业为中心的汉族聚居区。

（一）汉族人口迁入扩大了青海省人口规模，提高了汉族人口比例

中华人民共和国成立后大量外省人口迁入扩大了青海省的人口规模。由于这些外迁人口主要是中东部地区的汉族人口，在一定程度上使青海省汉族人口比重上升。"青海自古以来就是一个多民族聚居地区，直到20世纪50年代初，总人口中汉族和各少数民族人口还保持着各占一半的格局。20世纪50年代中后期，由于内地大量汉族人口的迁入，使世居青海的少数民族人口占总人口的比重逐渐下降。"[2] 从人口迁移历程看，中华人民共和国成立后，青海"民族结构变动较大的时期主要发生在50年代末的'大跃进'年代和70年代初的'三线'建设时期。1959年，汉族人口骤升到64.97%，比1957年上升10.68个百分点，比1952年上升14.82个百分点，这主要是省外人口的迁入对省内人口的民族结构产生的影响：藏族人口占总人口的比重比50年代初下降近10个百分点，回族人口占总人口的比重下降3个多百分比，土族、撒拉族、蒙古族人口由于基数比较小，影响虽然不算很大，但比重也呈下降趋势。60年代初，因三年自然灾害致使汉族人口大量迁出，省内汉族人口渐呈下降趋势。70年代初的'三线'建设中，内地一批工矿企业搬迁来青海，随迁职工以汉族为主，引起省内汉族人口的比重上

---

[1] 跨世纪的中国人口（青海卷）编委会：《跨世纪的中国人口》（青海卷），中国统计出版社1994年版，第200—201页。

[2] 青海省地方志编纂委员会：《青海省志·人口志》，西安出版社2000年版，第86—87页。

升，少数民族人口比重下降。至 70 年代中期以后，青海省人口民族结构渐趋稳定，形成了汉族人口与少数民族人口大体保持在 3∶2 的格局。"① 另外，青海省汉族人口迁入主要是迁建企业及支援青海建设的各类人员，他们扩大了城市汉族人口规模，奠定了青海省城市民族居住格局的基础。

（二）来自全国各地的援青建设者使青海省民族成分更加多元化

中华人民共和国成立后，为支援青海省少数民族地区经济、政治、文化、卫生等社会事业的发展，迁入了许多其他民族的援建者使很多民族聚居区的民族成分逐渐多元化，民族杂居范围进一步扩大。

藏族人口占主体的海南州，1953 年，全州共有 7 个民族，藏人口占总人口的 68.53%，汉族占 25.07%，回族占 5.18%，蒙古族、撒拉族、土族、哈萨克族占 1.22%。② 此后，随着社会主义建设事业的发展，进入人口大量增加，民族构成发生变化。1964 年全州共有 19 个民族，其中藏族人口占总人口的 49.25%，汉族占总人口的 43.48%，回族占总人口的 5.84%，蒙古族占总人口的 0.61%，撒拉族占总人口的 0.29%，土族占总人口的 0.43%，其他 13 个民族占总人口的 0.10%。③

藏族聚居的天峻县，1953 年以前，天峻为藏族聚居区，另有汉族 2 户、回族 2 户共 10 余人。1954 年建县后，随着各项事业的发展，民族构成逐渐起了变化。1964 年普查人口时，藏族 6069 人，占 84.1%；汉族 1090 人，占 14.85%；回族 51 人，占 0.7%；满族 11 人，占 0.15%；土族 8 人，占 0.11%；蒙古族 5 人，占 0.07%；撒拉族 1 人，占 0.01%。1982 年普查人口时，藏族 10793 人，占 77.5%；汉族 2735 人，占 19.64%；回族 198 人，占 1.42%；土族 161 人，占 1.16%；蒙古族 23 人，占 0.17%；满族 7 人，占 0.05%；撒拉族 6 人，占 0.04%；另有保安族 3 人、壮族 1 人。④

---

① 青海省地方志编纂委员会：《青海省志·人口志》，西安出版社 2000 年版，第 88—89 页。
② 海南藏族自治州地方志编纂委员会：《海南州志》，民族出版社 1997 年版，第 156 页。
③ 同上。
④ 天峻县县志编纂委员会：《天峻县县志》，甘肃文化出版社 1995 年版，第 116 页。

藏族聚居地刚察地区，1949年以前其他民族到此定居者较少。1953年，刚察建县后，汉族人口开始增加；全县总人口中，藏族8661人，汉族138人，回族6人，土族2人，蒙古族10人。1964年，全县总人口28986人，藏族10672人，占36.82%；汉族17135人，占59.18%；回族496人，占1.71%；蒙古族542人，占1.87%；其他少数民族137人，占0.47%。1982年，全县有11个民族，40990人，其中，汉族19889人，占48.52%；藏族18442人，占44.99%；蒙古族1156人，占2.82%；回族1146人，占2.8%；土族227人，占0.55%；其他少数民族130人，占0.32%。①

土族聚居的互助县，中华人民共和国成立后，民族成分多元化也很明显。"现居住在互助县境的朝鲜、东乡、壮、撒拉、白等少数民族，都是新中国成立后从全国各地被分配前来本县参加社会主义建设的职工及其后裔。"②藏族为主的尖扎县，境内的撒拉族、土族、蒙古族、保安族等"大多数都是国家机关、企事业单位或集体企业单位的干部职工及随从家属。所以大部分居住在马克堂镇"。③

河湟地区的同仁县历史上是一个藏族聚居区。据建县后调查，藏族人口在全县总人口中高达90%以上，其余汉族、回族、土族、撒拉族、保安族等人口不到10%。20世纪50年代以来，随着政权建设和经济、文化、教育、卫生医疗、科技等事业的发展，外地迁入同仁地区的民族、人口日渐增多，民族构成上，非藏族人口比例逐渐加大。1964年全国第二次人口普查中，全县已有10个民族，全县31530人中，藏族人口21216人，占67.29%；汉族5414人，占17.17%；土族3161人，占10.02%；回族1449人，占4.59%；其余各族290人，占0.09%；1982年人口普查中，同仁县共有12个民族，总人口57217人，其中，藏族38241人，占66.84%；汉族9260人，占16.18%；土族6317人，占11.40%；回族2445人，占4.27%；蒙古族、维吾尔族、满族、东乡族、朝鲜族、保安族、壮族7个民族共954人，占1.67%。④

---

① 刚察县志编纂委员会：《刚察县志》，陕西人民出版社1998年版，第145页。
② 互助土族自治县志编纂委员会：《互助土族自治县志》，青海人民出版社1993年版，第94页。
③ 尖扎县地方志编纂委员会：《尖扎县志》，甘肃人民出版社2003年版，第605页。
④ 同仁县志编纂委员会：《同仁县志》，三秦出版社2001年版，第206页。

由此可以看出，中华人民共和国成立后以汉族为主的其他各个民族人口陆续迁入青海，不仅使青海经济社会及文化等各个方面得到迅猛发展，也使青海很多民族聚居区民族成分多元化，民族杂居范围进一步扩大。

（三）以企业为中心形成了一些汉族为主体的多民族区域

青海省地广人稀，矿产资源丰富，现已探明的有百余种矿藏，其中有32种矿产储量在全国前十位。其中，钾盐、钠盐、镁盐、锂、溴、石棉、硅石、化工石灰岩八种矿产储量居全国首位。中华人民共和国成立之初，国家决定对位于青海资源丰富的柴达木盆地进行大规模开发。在资源开发过程中，大批来自内地的汉族迁入青海，在青海形成了"一些新兴工业城镇如格尔木市、大柴旦、冷湖、茫崖、龙羊等市镇（工矿区），由省外迁入人口（含职工及随迁家属）12万人，省内农村牧区迁入人口80余万人。"[①] 这些省内外人口的迁入，增加了海西等地的人口数量，使这些新兴的工业城市成为以汉族为主的多民族区域。

如德令哈市，中华人民共和国成立初期，德令哈地区以游牧蒙古族群众为主体，有少数从事农业生产的汉族、藏族、回族、土族等。1949年，德令哈地区总人口1498人，其中汉族149人，占9.95%；少数民族1349人，占90.05%；少数民族中蒙古族1343人，占89.65%；回族4人，土族2人，回族、土族共占总人口的0.40%；1952年，德令哈地区总人口1805人，其中蒙古族1579人，汉族204人，回族12人，其他民族10人；少数民族人口占总人口的88.70%；随着经济、社会的发展和柴达木盆地开发建设，1954年开始，汉族群众逐步迁入，在民族结构上，汉族群众所占比例逐年提高。[②] 截至2014年，德令哈市常住人口为68440人，其中少数民族人口为17659人，占总人口的25.67%，汉族人口50781人，占总人口的74.19%。[③] 该市汉族人口的比例远超各少数民族。

三　各类省内人口迁移活动对青海民族居住格局的影响

中华人民共和国成立后，为了支援青海的发展建设，从全国各地迁

[①] 青海省地方志编纂委员会：《青海省志·人口志》，西安出版社2000年版，第56页。
[②] 德令哈市地方志编纂委员会：《德令哈市志》，方志出版社2004年版，第71页。
[③] 德令哈市政府电子政务中心：《德令哈市民族宗教情况简介》，德令哈市政府网，2015年1月12日（http://www.delingha.gov.cn/index.html）。

入了各类人口到青海各地。同时，青海省内的人口也因国家政策调整在各地有所迁徙，这些人口的迁徙活动，对青海省的民族分布格局同样产生了影响。

藏族为主的共和县，"1954年从甘肃永靖、临夏等地迁入移民101户、352人，定居于共和县曲沟、沙珠玉一带"。[1] 增加了共和县的汉族和回族人口，使当地藏族之外的其他民族人口逐渐增加，局部地区出现了多民族杂居。

蒙古族为主的海西州乌兰县，"1952年，早年听信国民党谣言而逃离希里沟地区的回族、撒拉族群众又陆续返回。此后在人民政府的统一组织下，青海省东部农业区的部分回族、撒拉族群众先后移居今乌兰地区。"[2] "中华人民共和国成立后，在人民政府的帮助和支持下，又有一些土族群众从互助、大通等地迁居乌兰地区，从事农业生产。中华人民共和国成立后，还有其他一些少数民族群众从不同地区迁居乌兰，从事农业生产或商业活动。另外，省内外大中专院校培养的一些少数民族知识分子服从分配，来到乌兰地区参加当地经济、文化建设。"[3] 这使乌兰县回族、撒拉族人口进一步增加，撒拉族聚居区得以巩固，同时，其他民族的迁徙也使乌兰县民族杂居的发展趋势更加明显。

海晏县和刚察县人口也因国家政策出现了调整。"海晏县的土族多在1949年后从互助、大通等县迁入。1953年有6户28人。1985年有39户133人，占全县总人口的0.72%。"[4] "1958年，海晏县北山蒙古区部分牧民，因国防建设的需要，由青海省人民政府直接安排，迁居安置到刚察县，分布于哈尔盖乡察拉村、沙柳河乡新海村、泉吉乡切吉村等自然村落。1953年时，县境有蒙古族3户4人。1958年迁入57户，人口233人。1990年，有蒙古族牧民229户，人口916人，占刚察县总人口的2.31%。"[5] 刚察县境内的回族，多于1949年后从门源县、湟中县上五庄迁入；刚察县境内的土族，多于1955年以后从互助县、大

---

[1] 海南藏族自治州地方志编纂委员会：《海南州州志》，民族出版社1997年版，第171页。
[2] 乌兰县志编纂委员会：《乌兰县志》，三秦出版社2003年版，第561页。
[3] 同上书，第564页。
[4] 海晏县志编纂委员会：《海晏县志》，甘肃文化出版社1994年版，第494页。
[5] 刚察县志编纂委员会：《刚察县志》，陕西人民出版社1998年版，第668页。

通县迁入。①

综上所述,中华人民共和国成立之后大规模的人口迁入,使青海省汉族人口比例增加,民族聚居区民族成分日益多元化,民族杂居范围进一步扩大。

---

① 刚察县志编纂委员会:《刚察县志》,陕西人民出版社1998年版,第668页。

第五章 改革开放以来各类移民工程对甘宁青地区民族居住格局的影响

甘宁青地区地处我国西北，生态环境非常脆弱，大部分地区为无垠的草原和广袤的荒漠，数量有限可耕地多为山、坡、旱地。加之气候干燥、无霜期短、植被覆盖率低，是我国自然灾害频发的区域之一，或水土流失，或旱而无收，或雨雪雹侵袭，常常是粮食产量不高、牛羊繁育受限。因此，甘宁青地区经济发展整体落后，区域发展极不平衡，是国家扶贫开发的重点区域。为改善这一区域的生态环境和帮助各民族群众脱贫致富，20世纪80年代国家开始在甘宁青地区实行大规模扶贫开发移民工程和生态移民工程。这些移民工程既推动了我国各民族共同繁荣与进步，也对甘宁青地区民族居住格局产生了一定影响。

第一节 各类移民工程对甘肃省民族居住格局的影响

对甘肃民族居住格局影响比较大的移民搬迁工程主要有扶贫开发引起的移民搬迁、水库修建引起的移民搬迁以及生态环境保护引起的移民搬迁等。

一 扶贫开发引起的移民搬迁对河西地区民族居住格局的影响

甘肃省既是全国最贫困的省份之一，也是生态环境十分脆弱、地质灾害多发的省份。脆弱生态环境有以定西为代表的黄土高原气候干旱、水土流失严重区域，以陇南为代表的山体滑坡、地质灾害多发区域，以甘南为代表的草场退化、湿地面积锐减区域，以河西民勤为代表的土地沙化、荒漠化严重区域。脆弱的生态环境导致甘肃省大面积贫困人口，因此，甘肃省也是最早开展移民工作的省份之一。从1983年开始，按照"兴河西之利，济中部之贫"的扶贫开发战略和"有水走水路，无水走旱路，水旱路不通另找出路"的建设方针，对"一方水土难养一方人"的特困地区实行了有计划、有组织地扶贫移民搬迁、异地开发。从2001年开始，又实施了易地扶贫搬迁工作，近几年又组织了生态移民。

甘肃省扶贫开发移民迁出地涉及中南部高寒阴湿地区、石山区、高海拔区及干旱区的53个贫困县（区）。迁移方式主要是向河西地区、沿黄大中型水利工程灌区迁移和省外劳务移民输出。河西地区是甘肃省主要产粮区和资源区，所以这里是甘肃省生态移民首选安置地。在河西地区先后开发建设了安西县腰站子、金塔县羊井湾、玉门市小金湾3个移民乡，张掖市高台县骆驼城、敦煌市转渠口乡定西村等61个移民村；通过多年来的各种移民安置，先后向河西地区远距离迁移14万人，向沿黄灌区、引大灌区及有条件的县内就近安置36.43万人，向省外劳务输出移民24.47万人，其中，兴建移民基地64个、利用农场及村社撂荒地建立移民点725个，共集中安置45万人，占移民总数的62.18%；投亲靠友、分散安置5万人，占移民总数的6.9%；省外劳务移民占移民总数的32.62%。① 自2001年试点移民易地扶贫搬迁工作开始，甘肃省在"十五"期间，国家和省级共投入易地扶贫搬迁工程专项资金6.2亿元。按照"政府引导、群众自愿、政策协调、讲求实效"的指导方针，以整村、整社整体搬迁，建点、建基地集中安置为主，在群众自愿的基础上，对12个市（州）68个县（区）256个乡镇的14万群众实施易地扶贫搬迁。其中，贫困搬迁7.5万人，生态移民5.7万人，地质灾害避险搬迁0.8万人。② 到2005年年底，甘肃省贫困地区共有94.03万人实现了异地安置和易地扶贫搬迁（扶贫移民75万人，易地扶贫搬迁14万人，疏勒河项目移民5.03万人），取得了很好的效果。③

以甘肃省目前农业项目投资规模较大、利用世界银行贷款进行建设

---

① 刘勇翔：《关于甘肃省生态移民问题的思考》，甘肃省人口和计划生育委员会网，2006年8月1日（http://www.Gsjsw.gov.cn/html/lyyj/15_12_53_91.html）。

② 史翔燕：《甘肃移民工作面临的困难问题及对策》，甘肃扶贫信息网，2007年1月25日（http://www.fupin.gansu.gov.cn/zwzx/1174879406d2031.html）。

③ 同上。

的国家重点项目——甘肃省河西走廊（疏勒河）农业灌溉暨移民安置综合开发项目为例。该项目启动于1996年5月，2006年12月竣工。"经过近10年的建设，项目区共计完成土地开垦29.9万亩，安置定西、临夏、陇南、甘南4个市州11个国扶重点县区贫困移民6.2万人，其中安置临夏州积石山、东乡、永靖、和政、临夏5县移民6434户30900人；安置陇南市礼县、宕昌、武都3县移民2868户14414人；安置定西市岷县移民1836户8407人；安置甘南州临潭、舟曲2县移民1548户8279人。上述移民中，回族、东乡族、藏族等少数民族占24.5%。共涉及9个乡、35个村。其中，玉门市安置3833户17709人，新组建2个移民乡11个村；瓜州县安置7547户37755人，新组建4个移民乡20个村。另外，农垦公司安置1199户6528人。"①

河西地区除肃北蒙古族自治县、阿克塞哈萨克族自治县、肃南裕固族自治县、天祝藏族自治县是少数民族聚居区外，其他各县市都是汉族人口占大多数。河西地区移民安置工程主要采取集中安置模式，不仅使河西地区的民族成分多元化，而且形成了一些新的少数民族聚居区和多民族杂居区。

（一）东乡族民族聚居区的形成

甘肃省东乡族自治县是国家级贫困县。为解决东乡族的贫困问题，在国家支持下，东乡族自治县先后在玉门市、古浪县和秦王川等地建成移民基地，累计向外移民6万多人。尤其在玉门市成立了小金湾东乡族乡、独山子东乡族乡，瓜州县成立了腰站子东乡族乡、七墩回族东乡族乡，这四个民族乡都是东乡族移民集中安置地。

从1989年起，东乡族的扶贫移民工作进一步开展，"共向河西的安西、玉门、金塔、嘉峪关、酒泉、张掖、临泽、古浪、永登等县市，累计完成移民8000余户4万余人。"②建成安西县扎花，临泽县新华牛场、独山子等17个移民点。典型的东乡族移民点主要有以下几个：

（1）瓜州县七墩回族东乡族乡。七墩回族东乡族乡位于瓜州县城以东100千米处，东与农垦饮马农场为邻，南与三道沟镇东湖村隔河相

---

① 赵罡、王星、赵芙苏：《从人类学角度看生态移民实践中的环境保护与社区发展——以甘肃省疏勒河灌区移民安置工程为例》，《中国集体经济》2009年第16期。
② 卢丁一主编：《当代中国民族宗教问题研究》（第1集），甘肃人民出版社2006年版，第236页。

望，西与河东乡五泉村、桥湾旅游景区接壤，北连312国道，总面积为42平方千米。该东乡族乡是疏勒河农业灌溉移民安置综合开发项目的新建乡，2001年5月开始建设，2005年12月正式移交瓜州县管理。2006年3月成立乡党政机构，是瓜州县少数民族乡之一，当时全乡辖三墩、锦华、汇源三个行政村，16个村民小组，847户4067人，移民群众主要来自甘肃省东部的和政、宕昌两个贫困县，有汉族、回族、东乡族、藏族四个民族。① 截至2013年，总人口为4967人，少数民族人口为2896人。② 这些移民既有国家疏勒河移民项目移民，其他政策扶贫移民，也有后期零星迁入的自愿移民。

（2）玉门市小金湾东乡族乡。该乡是1990年国务院批准从临夏州东乡族自治县整乡搬迁的移民基地，由甘肃省"两西"建设指挥部负责实施。1990年开始移民，1996年移交玉门市管理，1998年8月8日正式成立了乡党委、政府。是玉门市唯一的移民乡和少数民族聚居区。该乡位于玉门市以北62千米，祁连山北麓，总面积为22.4平方千米。③ 截至2006年，先后安置东乡移民1113户6005人，设置5个行政村30个村民小组。④ 截至2013年，总人口为5449人，人口全部为东乡族。⑤

（3）古浪县东乡族移民区。1986年在古浪县境内开始实施景泰川第二期电力提灌工程，彻底解决了河西地区景泰、古浪等县的农业缺水问题，瀚海变成米粮川，30万亩处女地发挥了巨大的经济、社会、生态效益。古浪县政府根据甘肃省《景电二期古浪灌区土地调整问题座谈会会议纪要》精神，先后给临夏州东乡县、广河县移民划批土地5600亩，在大靖镇、海子滩镇、直滩乡等地建五个移民聚居村，安置移民（95%是东乡族）1056人。⑥ 在东乡族移民迁入前，这里的居民均为汉族。东乡族移民迁入形成了"大杂居，小聚居"的民族居住格

---

① 《七墩回族东乡族乡移民生产生活情况调研报告》。
② 石玉钢主编：《中国民族年鉴》（2014），中国民族年鉴出版社2014年版，第539页。
③ 《酒泉市玉门市小金湾东乡族乡》，中央民族干部学院网，2010年4月13日（http：//www.mzgbxy.org.cn/mzss/html/? 3077.html）。
④ 杨棋焜、韩虎：《玉门市小金湾东乡族乡建设纪实》，新华网甘肃频道，2007年8月22日（http：//www.gs.xinhuanet.com/dfpd/2007-08/22/content_10932615.htm）。
⑤ 石玉钢主编：《中国民族年鉴》（2014），中国民族年鉴出版社2014年版，第539页。
⑥ 李军：《古浪县东乡族移民区民族关系调查与研究》，《伊犁师范学院学报》2011年第2期。

局。五个移民村分别聚居于三个乡镇的五个独立村落,其中二嘴子村、龙泉村、土沟村与当地汉族居民相连,红柳湾村与最近的汉族村落有2千米之隔,西分支村与最近的汉族村落相隔5千米。①

(二) 各族人口的迁入使一些汉族聚居区演变为多民族杂居区

除了东乡族向河西移民基地迁徙外,甘肃省其他地区也有扶贫开发移民、生态移民、地质灾害移民。这些移民既有汉族,也有回族、藏族等少数民族。如临潭县"1995年开始,先后向酒泉、张掖、饮马农村、疏勒河七道沟等基地安置移民达1425户7832人,其中,1995年向酒泉市丰乐乡插花安置57户221人;1996年向张掖市和平、大满、党寨三乡插花安置54户222人;1997年向张掖市东五滩乡插花安置54户229人;1998年向张掖市插花安置15户62人;1999年向饮马农场插花安置49户271人;2000—2005年向疏勒河七道沟移民基地集中安置996户5677人;2006年向饮马农场集中安置200户1150人……2006年5月全面完成九甸峡库区古柱、古那一期移民36户168人,分别在疏勒河七道沟安置25户,羊沙沟秋裕村安置9户,八角乡安置2户。"② 2006—2011年,累计"向酒泉市丰乐乡、张掖市、饮马农场、疏勒河七道沟等基地输送移民1425户7835人。疏勒河七道沟共安置自愿移民996户5677人"。③

1983—2008年,瓜州县"共接收安置永靖、东乡、庄浪等14个贫困县的'两西'计划内移民5446户22925人,其中,在腰站子移民基地集中安置2138户8970人,占'两西'移民总数的39.1%;在其他8个乡(镇)的10个移民点集中安置1823户8136人,占'两西'移民总数的35.5%;分散安置1485户5819人,占'两西'移民总数的25.4%"。④ 在瓜州县境内的疏勒河流域移民安置项目区,自1996年实施以来,在"双塔、七墩、向阳、扎花营及小宛农场梁湖分场、七道

---

① 李军:《古浪县东乡族移民区民族关系调查与研究》,《伊犁师范学院学报》2011年第2期。

② 临潭县志编纂委员会:《临潭县志(1991—2006)》,甘肃人民出版社2008年版,第181页。

③ 唐亚琼:《趁势而上谋发展古城洮州换新颜——临潭县社会经济发展工作纪实》,临潭宣传网,2011年10月11日 (http://lintan.gscn.com.cn/Html/wncj/113756921.html)。

④ 闫富海:《瓜州县移民工作情况调研报告》,瓜州县政府公众信息网,2008年5月16日 (http://www.guazhou.gov.cn/ReadNews.asp? NewsID=5718)。

沟农场6个项目区集中安置积石山、礼县、和政等9个县市移民7547户37755人，其中，双塔、七墩、向阳、扎花营4个项目区集中安置4404户21231人；小宛农场梁湖分场项目区集中安置1575户7769人；七道沟农场项目区集中安置1568户8755人。2005年12月，双塔、七墩、向阳、扎花营项目区正式移交我县管理。七道沟、小宛农场梁湖分场项目区也将于今年移交我县管理"。① 同时，还有一些计划外移民。截至2008年前半年，这些计划外移民有"2671户10774人，分别来自甘肃、宁夏、青海3省26个县（市、区），包括汉族、回族、东乡族、撒拉族等6个民族，其中，汉族2249户9152人，回族362户1373人，其他少数民族60户249人，分布在我县除双塔、七墩、柳园以外的9个乡镇和小宛农场、金州公司、绿舟公司、农牧厅四工开发区等9个企事业单位"。② 这些移民的迁入，在瓜州县形成了一些规模较小的少数民族移民区，也使瓜州县日渐演变为一个多民族地区。"随着移民的大量迁入，我县少数民族人口也急剧增加，已达到25079人，占全县总人口的21.42%，以回族、东乡族为主的少数民族群众普遍信仰伊斯兰教，移民信徒宗教管理意识淡薄，私设宗教活动场所、乱传教、乱聚会的问题禁而不绝，教派之间、教内派别门宦之间纷争明显增多，使瓜州县宗教事务管理工作面临日趋严重的挑战。"③

在移民安置地安西县，"随着疏勒河移民项目区的整体移交，安西县少数民族人口大量增加，民族结构发生重大变化。全县境内少数民族数达到了20个，少数民族人口达到了12767人，占全县总人口11.27万人的11.3%。其中，回族人口有6553人，占全县少数民族人口总数的51.3%；东乡族人口有4543人，占全县少数民族人口总数的35.6%；藏族人口有957人，占全县少数民族总数的7.5%；撒拉族人口有320人，占全县少数民族人口总数的2.5%；土族人口有125人，占全县少数民族人口总数的1%；其他15个民族（包括蒙古族、满族、土家族、裕固族、维吾尔族、侗族、彝族、锡伯族、佤族、阿昌族、苗族、俄罗斯族、朝鲜族、黎族、壮族）人口数较少，均不足百人。少

---

① 闫富海：《瓜州县移民工作情况调研报告》，瓜州县政府公众信息网，2008年5月16日（http://www.guazhou.gov.cn/ReadNews.asp?NewsID=5718）。
② 同上。
③ 同上。

数民族群众来源主要为近年来'两西'及疏勒河移民项目从甘肃省中东部地区的和政、东乡、永靖、秦安、张家川县，青海省的化隆、民和、乐都县，新疆的昌吉、阿尔泰县3个省29个贫困县市迁入的移民。"①

可以说，少数民族群众向河西汉族聚居区的迁移安置，使河西地区民族居住格局发生了一定变化。既出现了小范围以村或乡为单位的少数民族聚居区，也使该地区逐渐演变为多民族杂居地区。

二 水利工程移民对民族居住格局的影响

甘肃省水资源丰富，修建了一系列大中型水库和水电站，水库淹没区及毗邻区域的群众或后靠安置，或被迁移到其他地区安置。库区居民的搬迁安置，对迁出区和安置区的民族居住格局产生了一定影响。

（一）昌马水库移民对疏勒河流域民族居住格局的影响

甘肃省在疏勒河流域进行移民开发基地建设时兴修了一系列水利工程，其中昌马水库是疏勒河项目的龙头工程。该水库以调蓄灌溉为主，兼有工业供水、防洪、发电等综合效益。水库枢纽工程于1996年6月开工建设。在昌马水库修建中，涉及159户580人的非自愿移民搬迁工作。据相关研究显示，"昌马乡水峡村三个村民小组搬迁建房安置人口为159户580人。其中，在玉门市花海镇下回庄非移民区基地安置139户547人；尊重户主意愿在本乡或其他乡镇安置20户33人。2000年5月搬迁工作正式启动，分别于2000年5月和11月分两次顺利完成。"② 这些移民与从东乡族自治县搬迁来的东乡族移民，以及其他地区搬迁来的汉族、回族等移民安置在一起，形成了小范围的民族杂居区。

（二）九甸峡库区移民对瓜州县民族居住格局的影响

九甸峡位于甘肃省卓尼县藏巴哇乡境内，此峡蕴藏着丰富的水力资源。高耸险峻的高山峡谷为修建水电工程提供了得天独厚的条件。2002年12月，甘南州有史以来规模最大、群众企盼了半个世纪的九甸峡水

---

① 鲁辉：《安西县民族结构发生重大变化》，瓜州县政府公众信息网，2006年4月25日（http://www.guazhou.gov.cn/ReadNews.asp? NewsID = 1265）。

② 姬玉萍：《疏勒河项目——昌马水库非自愿移民安置与管理浅析》，《水利建设与管理》2009年第10期。

利枢纽和引洮供水工程建设拉开了序幕。九甸峡水利枢纽工程位于临潭县、卓尼县交界处的洮河中游九甸峡峡谷进口处，是以城乡供水、工业供水、生态环境用水为主，兼有农业灌溉、发电、防洪、养殖等综合功能的大型水利枢纽工程。此工程东至葫芦河、南至渭河、北至黄河，水库淹没区涉及甘南藏族自治州和定西市的10余个国家扶贫开发的重点县。"工程水库淹没区主要涉及卓尼县洮砚乡的杜家川、纳儿、结拉、古路坪村，藏巴哇乡的新堡、包舍口村；临潭县王旗乡的陈旗、韩旗、唐旗、中寨、磨沟、王旗村，石门乡的石门口、原尼村，羊沙乡的秋峪、舍科村；岷县堡子乡的堡子、下中寨、武旗村，维新乡的柳林、坪上、元山、马莲滩村，总涉及3个县7个乡23个行政村，共2967户13275人。"①甘肃省对水库淹没区及受水库影响的居民在安置中采取了后靠安置和外迁安置两种措施。外迁安置的移民在瓜州县了成立一个整建制农业综合开发乡镇——广至藏族乡。"瓜州县广至藏族乡是2007年经省民政厅批复成立，2008年接收安置引洮工程移民的新建农业综合开发乡，距瓜州县城25千米……共接收安置九甸峡库区3县（卓尼、临潭、岷县）7乡23个行政村移民1936户9193人，耕地面积2.76万亩。其中，藏族3218人，蒙古族2人，回族、苗族各1人，少数民族占全乡总人口的35.04%。"②九甸峡库区移民的外迁安置，是一次涉及藏族的大规模人口迁徙活动，在瓜州县成立了藏族乡，使瓜州县藏族人口在短时间迅速增加，并形成了一个小区域的藏族聚居区，对瓜州县民族居住格局、民族关系及民族宗教带了新变化。

三 牧民定居工程对民族居住格局的影响

新世纪以来，为了保护日益退化的草原生态，改善游牧区少数民族生产生活水平，国家实施了退牧还草和牧民定居工程。通过制度安排，将游牧少数民族集中搬迁安置，通过产业支撑政策让牧民实现生计转型和脱贫致富。

以甘肃省最主要的藏族聚居地——甘南藏族自治州为例，区域内绝

---

① 柴永兴：《摄影报道：九甸峡大移民》，中国甘肃网，2008年4月24日（http://www.gscn.com.cn/Get/gsnews/0842408334793150_23_5.htm）。

② 《瓜州县人民政府关于呈报〈瓜州县广至藏族乡基本情况汇报〉的报告》，瓜州县政府信息公开网，2010年8月10日（http://www.guazhou.gov.cn/gkml/ReadNews.asp?NewsID=4914）。

大多数藏族生活在牧区，游牧是主要的生计模式。由于人口增加，草场退化，草原载畜能力日益下降，牧民生产生活水平难以实现长远发展。"自2004年开始，国家为了加强对甘南藏族自治州生态环境保护与治理，开始实施较大规模的牧民异地搬迁定居工程，在政府统一规划下，一部分牧民从牧区迁出，到城镇附近的牧民定居点定居。在此期间，合作市6个牧业乡的大量牧民也陆续迁入到了合作市城区，实现了定居。这一进程加速了合作市城镇化进程，随着牧民的不断定居，来自州内外的务工经商等人员也相继增加，致使城区人口增加，民族成分日益增加，城区逐渐形成了多民族共同生产生活的格局，各民族间的接触及往来增多。"[①]

甘南藏族自治州合作市城区原本是一个藏族、汉族、回族等民族混杂居住的地区。随着定居藏族牧民的迁入，城区藏族数量增加，对原有的民族居住格局产生了一定的影响。夏河县县城也是如此。民国以来，随着赴夏河经商、务农、支援建设的外来人口增多，夏河县城逐渐演变成一个以藏族为主，回族和汉族占有很大比例的小城镇。在实施牧民定居工程后，夏河县城藏族人口进一步增加，汉族和回族比例下降。

第二节 各类移民工程对宁夏回族自治区民族居住格局的影响

宁夏是中国最大的省级回族自治区域，回族是境内最主要的少数民族。2010年第六次全国人口普查资料显示，宁夏回族自治区总人口为630.14万人，汉族人口为406.94万人，占自治区总人口的64.58%；回族人口为219.1万人，占自治区总人口的34.77%，回族和汉族加起来占全区人口的99.35%。宁夏地处我国西北，境内有许多贫困人口，他们大多生活在宁夏南部的六盘山阴湿地区、水土流失严重的黄土沟壑区和中部干旱风沙区，具体包括西吉县、隆德县、泾源县、彭阳县、原州区、海原县、盐池县、同心县8个国家级贫困县，总面积为3.04万

---

① 刘巍文、邓艾：《对牧民定居背景下影响城镇多民族间交往因素的分析——以甘南藏族自治州合作市为例》，《西北民族大学学报》2011年第5期。

平方千米，占自治区总面积的58.8%。这里生存条件严酷，生产力水平低下，农民收入的一半以上来源于农业，本身就不具备优势的种植业，一直处于主导地位。长期人口增长过快和经济发展迟缓，形成了落后的生产方式和对资源的掠夺式开发，滥垦、滥牧、滥伐导致生态环境进一步恶化，自然灾害频繁，农业生产效益低下，致使农民长期处于贫困状态。

为了改善这部分群众的贫困面貌，从20世纪80年代开始，国家在宁夏先后组织实施了吊庄移民、扶贫扬黄灌溉工程移民、易地扶贫搬迁移民，累计搬迁移民50余万人。"十二五"期间，宁夏启动了一项庞大的人口迁移计划，由中南部干旱带向沿黄经济带共搬迁安置移民7.65万户32.9万人，这些搬迁对象中回族人口超过60%。[①]

宁夏回族分布呈现由北往南依次递增的特点，迁出地西吉县、泾源县、海原县、同心县都属于宁夏中南部回族聚居区，迁出移民中回族群众约占1/3强。安置地中宁县、贺兰县、永宁县、平罗县、大武口区、惠农区等在移民迁入之前是典型的汉族聚居区。根据西吉县移民办和泾源县移民办提供的资料显示，截至2014年年底，西吉县共向宁夏北部的平罗县、惠农区和贺兰县搬迁移民25882人，其中汉族仅有8216人，占32%；泾源县向宁夏北部的灵武市狼鼻子梁和中部红寺堡区共搬迁移民7300人，其中回族853户，共3879人；汉族833户，共3421人。从民族居住格局来看，移民搬迁安置必然对迁出地和迁入地的民族居住格局产生一定影响，主要表现在宁夏北部一些地区的回族数量将进一步增加，回族、汉族杂居区域扩大，同时在部分县市区将形成新的小型回族聚居区。

一 移民对中卫市民族居住格局的影响

2004年，国务院批准在原吴忠市管辖的中卫县、中宁县和原固原市管辖的海原县基础上成立了地级市中卫市，并将原中卫县改为沙坡头区。新成立的中卫市现下辖沙坡头区、中宁县和海原县，移民对民族居住格局影响最大的当属中宁县。

---

① 《宁夏"十三五"易地扶贫搬迁规划》。

(一) 移民与中宁县民族居住格局的变动

中宁县在移民搬迁之前，境内回族数量较少。自从1983年宁夏开始实施吊庄移民扶贫开发战略，先后在中宁县建立了大战场吊庄、马家梁吊庄等；由宁夏农垦集团建立了长山头吊庄、渠口太阳梁移民安置点。"十一五"期间，宁夏为解决同心、海原两县喊叫水乡、徐套乡两地回汉群众的贫困问题，分别于2004年和2007年将两乡划入中宁县。根据宁夏的移民规划，中宁县将在大战场镇建宽口井村安置海原县回族移民，宁夏农垦集团将在渠口太阳梁移民安置点安置海原县和原州区的回、汉移民。这些生态移民的迁入使中宁县形成了一些新的回族聚居区或者回汉杂居区。

以大战场镇为例，这是典型的由不同时期迁入的移民构成的回汉杂居区。1983年依托当地扬黄灌溉工程，宁夏将同心县、彭阳县、固原县等地的数万回族、汉族贫困群众迁徙于此，分别成立了长山头、大战场、马家梁3个乡，2003年将三乡合并组建了大战场乡。2012年4月18日，大战场撤乡设镇。"十二五"期间，宁夏又在中宁县大战场镇设立一个新的移民安置点——宽口井移民区。该移民区集中搬迁安置海原县曹洼、九彩、树台三乡群众1665户7250人，2012年9月下旬一次性搬迁移民1599户7556人；2013年4月上旬将下剩66户287人全部搬迁到位，共计搬迁1665户7843人。① 所搬迁移民全部为回族。在长山头小洪沟，宁夏农垦集团还计划安置1140户5000人的生态移民。当移民全部搬迁安置之后，大战场镇总人口将达到6.6万人，其中回族比例将超过52%。这使中宁县大战场镇成为一个回族占大多数的回汉杂居区域。从大战场镇的各自然村和行政村的民族构成来看，有纯回族自然村或行政村，也有回汉杂居的行政村，是典型的"大杂居，小聚居"的民族居住格局。

再以太阳梁移民新村为例。太阳梁移民新村是宁夏农垦集团2002年开始开发建设的生态移民安置点。"十一五"期间共安置生态移民1895户12042人，分别安置在渠口太阳梁5个自然村，其中汉族1419

---

① 《中宁县宽口井生态移民项目建设》，中宁县发展和改革局网站，2013年12月26日 (http://www.znfgj.gov.cn/contents/26/2615.html)。

户 8571 人，回族 478 户 3471 人。① 另有"230 户 1000 人分散安置在农场各生产队，参照农场职工统一管理……截至 2009 年年底，共有自发移民 674 户 3195 人散居于渠口农场各生产队，基本上都没有当地户口。"② 根据计算，宁夏农垦集团在太阳梁建立的移民点，共吸引了来自宁夏南部的 2799 户 12338 人，这部分移民中，回族至少占 1/3。"十二五"期间，渠口太阳梁移民安置区共接收原州区和海原县 14 个乡镇的生态移民 2812 户 12344 人，其中，汉族 1002 户 4231 人，回族 1810 户 8113 人。其中，原州区实际搬迁 765 户 3204 人，汉族 219 户 799 人，回族 546 户 2405 人；移民安置区分为 A、B、C、D、4 个区，安置区综合考虑移民户籍来源地和民族成分，将回汉分开安置。③ 渠口太阳梁移民区现已成为中宁县一个新的回汉共居区，区域内回汉既杂居又相对聚居。

随着移民搬迁的继续，中宁县回族人口比例不断上升。从表 5-1 就可以看出，从 1949—1999 年，回族所占的比例一直未超过 3%，即使最初的吊庄移民搬迁，对回族所占比例的影响也不到 1 个百分点。2000 年以后，随着大规模移民搬迁，中宁回族人口比例大幅增加，到 2009 年已经达到 21.21%。"十二五"移民安置工作结束后，中宁县回族人口数进一步增加。同时，移民搬迁在中宁县形成了几个回族人口占多数的回汉杂居乡镇，如大战场镇、喊叫水乡、徐套乡以及渠口太阳梁移民点。这对原本境内回族人口相对较少的中宁县来说，在民族宗教方面将面临新的挑战。

表 5-1　　　　　中宁县主要年份回族人口及所占比例　　　　单位：人、%

年份	回族人口及比例	资料来源
1949	1836, 2.34	《宁夏统计年鉴》（2000），中国统计出版社 2000 年版，第 284 页
1978	4022, 2.43	《宁夏统计年鉴》（2010），宁夏人民出版社 2011 年版，第 102 页

---

① 宁夏农垦集团渠口太阳梁移民区安置办公室。
② 张骞:《固原市自发移民专题调研报告》，宁夏新闻网，2010 年 8 月 24 日（http://www.nxnews.cn/zhuanti/tjzt/xbdkf/dxxdjt/201008/t20100824_885428_2.htm）。
③ 宁夏农垦集团渠口太阳梁移民区安置办公室。

续表

年份	回族人口及比例	资料来源
1982	4408，2.5	中宁县志编纂委员会：《中宁县志》，宁夏人民出版社1994年版，第80页
1985	4510，2.4	
1990	4946，2.41	《宁夏统计年鉴》（2003），中国统计出版社2003年版，第71页
1994	5159，2.37	《宁夏统计年鉴》（1995），中国统计出版社1995年版，第288页
1995	5202，2.37	《宁夏统计年鉴》（2005），中国统计出版社2005年版，第73页
1996	5311，2.39	《宁夏统计年鉴》（1997），中国统计出版社1997年版，第278页
1999	6048，2.64	《宁夏统计年鉴》（2000），中国统计出版社2000年版，第271—272页
2000	51588，16.33	《宁夏统计年鉴》（2001），中国统计出版社2001年版，第283页
2001	65149，18.89	《宁夏统计年鉴》（2002），中国统计出版社2002年版，第303页
2002	94952，24.11	《宁夏统计年鉴》（2003），中国统计出版社2003年版，第70页
2003	108672，26.58	《宁夏统计年鉴》（2004），中国统计出版社2004年版，第70页
2004	49037，16.69[①]	《宁夏统计年鉴》（2005），中国统计出版社2005年版，第72页
2005	50606，17.03	《宁夏统计年鉴》（2006），中国统计出版社2006年版，第79页
2006	53061，17.64	《宁夏统计年鉴》（2007），中国统计出版社2007年版，第83页
2007	53589，17.58	《宁夏统计年鉴》（2008），中国统计出版社2008年版，第87页

① 2002年和2003年，同心县喊叫水乡和海原徐套乡划归中宁县管辖，境内回族人口大增，后来回族向红寺堡迁移，比例又下降。

续表

年份	回族人口及比例	资料来源
2008	67902，21.2	《宁夏统计年鉴》（2009），中国统计出版社2008年版，第101页
2009	68682，21.21	《宁夏统计年鉴》（2010），中国统计出版社2009年版，第101页
2010	77361，24.67	《宁夏统计年鉴》（2011），中国统计出版社2011年版，第106页
2011	80742*，25.56	《宁夏统计年鉴》（2012），中国统计出版社2012年版，第106页
2012	77937，24.38	《宁夏统计年鉴》（2013），中国统计出版社2013年版，第107页
2013	84447，25.32	《宁夏统计年鉴》（2014），中国统计出版社2014年版，第109页

注：原文如此。

（二）移民对沙坡头区民族居住格局的影响

早在20世纪80年代，宁夏就在当时的中卫县实施了吊庄移民。"1984年8月24日，宁夏回族自治区人民政府转发西海固地区农业建设指挥部《关于迁移安置山区人口，加快中卫南山台子开发建设的请示报告》。确定从中卫县山区搬迁8000人、西吉县搬迁2000人到南山台子定居，总投资为250万元。"[1] 南山台子吊庄移民中有一部分是从西吉县迁入的回族。"十二五"期间，自治区下达给中卫市生态移民计划14271户62000人，其中，沙坡头区安置海原县移民1965户8550人，这些移民大部分是回族。吊庄移民工程虽然对民族居住格局没有产生较大影响，但也形成了几个小范围的回汉杂居区。

（三）移民对海原县民族居住格局的影响

海原县回族人口一直占绝大多数。20世纪80年代实施吊庄移民以来，海原县回族陆续向外迁移。"十二五"期间，海原县要迁出12815户56000人，其中沙坡头区安置8550人，中宁县安置8550人，海原县

---

[1] 李宁：《宁夏吊庄移民》，中国电影出版社2003年版，第450页。

内移民17808人，自治区农垦系统安置21820人。在县内，海原县计划建设老城区、贾塘、七营镇、七营南部、关庄、海城、三河等16个移民安置项目区。向县外进行大规模的生态移民搬迁，尤其是整村搬迁，使海原县回族人口数量整体下降，局部区域内回族或汉族村庄消失，民族居住格局在一定区域内进行了重组。

二　移民对宁夏吴忠市民族居住格局的影响

宁夏吴忠市现辖利通区、红寺堡区、青铜峡市、同心县、盐池县。其中，红寺堡区是宁夏最大的移民开发安置点，盐池县和同心县是宁夏最主要的移民迁出地。

（一）移民对红寺堡民族居住格局的影响

红寺堡区地处宁夏中部干旱地带中心，北临吴忠市利通区和青铜峡市、灵武市，南至同心县，东至盐池县，西北与中宁县接壤，北距宁夏首府银川市127千米，南距固原市220千米。该区是宁夏贯彻落实国家"八七"和自治区"双百"扶贫攻坚计划，解决宁南山区贫困群众脱贫问题建设的大型水利枢纽工程——宁夏扶贫扬黄灌溉工程的主战场。1995年12月，国务院批准立项宁夏扶贫扬黄灌溉工程，工程原计划搬迁安置宁南山区贫困群众100万人、配套开发水浇地200万亩、投资30亿元、利用6年时间建设，简称"1236"工程，但由于生态承载有限等原因，该计划最后做出了大幅调整。1999年1月，宁夏从同心、中宁、青铜峡等县区划出总面积近2000平方千米的土地建设了红寺堡开发区，意味着红寺堡移民开发正式开始。其境内移民主要来自西吉、海原、原州、泾源、彭阳、隆德、中宁、同心八县（区）的难以在当地脱贫的回汉农民。经国务院批准，2009年9月30日，以红寺堡镇、太阳山镇、大河乡、南川乡的行政区域为基础成立了红寺堡区人民政府，区政府驻地红寺堡镇。截至"十一五"期末，红寺堡已累计搬迁安置8县贫困群众16.5万人，现已形成2乡2镇55个行政村2个居委会的规模。

2010年第六次全国人口普查数据显示，红寺堡区常住人口为165016人，同第五次全国人口普查2000年11月1日零时的80472人相比，十年共增加84544人，增长105.06%，年平均增长率为7.44%。红寺堡区的人口中，汉族人口为64547人，占总人口的39.12%；各少数民族人口为100469人，占总人口的60.88%，其中，回族人口为

100269 人，占总人口的 60.76%。同 2000 年第五次全国人口普查相比，汉族人口增加 33241 人，增长 106.18%；各少数民族人口增加 51483 人，增长 104.71%，其中回族人口增加 51128 人，增长 104.04%。这些人口的增长主要是由政府组织搬迁的海原、西吉、原州、隆德、彭阳、泾源、同心、中宁 8 县（区）贫困人口和来自全国各地的自愿移民。各地移民的迁入使红寺堡成为一个多民族杂居地区。第六次人口普查分民族统计显示，其境内主要有汉族、回族、蒙古族、藏族、苗族、彝族、维吾尔族、满族、侗族、土族、白族、傣族、哈萨克族、黎族、东乡族、怒族、保安族、赫哲族、土家族 19 个民族。由于民族众多，红寺堡又是一个多宗教信仰的地区，主要宗教有伊斯兰教、佛教、基督教。其中，伊斯兰教各教派、门宦较为齐全，信教群众数量最多。

"十二五"期间，红寺堡区将计划接收来自同心县的生态移民 2216 户 11159 人、原州区的生态移民 4992 户 20431 人。主要安置在马渠项目区和司法厅所属鲁家窑片区，其中马渠项目区计划安置 4754 户 21500 人、司法厅所属鲁家窑片区计划安置 2454 户 10000 人。截至 2015 年 4 月，鲁家窑片区安置移民建立的弘德一村接收移民 6514 人、弘德二村接收移民 3129 人，马渠接收移民 5267 人。由于同心县和原州区是宁夏中南部的回族聚居区，新一轮移民安置将使红寺堡区的"大杂居，小聚居"的民族分布特征更加明显。

（二）移民对利通区民族居住格局的影响

利通区位于宁夏平原，有黄河灌溉之便，是宁夏商业最发达的地区之一。因此，它是 20 世纪 80 年代以来宁夏历次移民安置的必选之地。20 世纪 90 年代，宁夏在利通区境内建立了"扁担沟吊庄"，"自 1991 年 10 月立项建设，1992 年开始从固原县黑城、大湾、三营等乡镇搬迁移民。按照吊庄灌溉渠系，分划为 7 个自然村，设立 1 个村民委员会，由利通区农建办直接管理。户籍、治安暂由扁担沟乡派出所代管。截至 1999 年年底，共搬迁移民 214 户 1217 人，其中回族 730 人，占 60%。"[①] 1996 年，前后共搬迁固原移民 2000 人，安置在赵家沟吊庄。2007—2008 年，吴忠市又将同心、原州区两地移民 3000 人搬迁至利通区，建立了利同新村和利原新村。利通区还有一个由县内外移民组成的

---

① 李宁：《宁夏吊庄移民》，中国电影出版社 2003 年版，第 259 页。

孙家滩开发区，它是一个集移民开发与生态建设于一体的农业综合开发区，也是一个回汉杂居社区。"十二五"期间，利通区安置生态移民1087户5500人，劳务移民700户3500人。利通区原本就是一个回族占多数的地区，总体来看，移民搬迁对民族构成和民族居住格局影响较小，但是，在小区域内也形成了几个新的回汉杂居移民区。

（三）移民对青铜峡市民族居住格局的影响

20世纪80年代开始，位于宁夏川区的青铜峡也是重要的移民安置区，其境内的邵刚镇甘城子就是一个移民吊庄区，由大沟、玉西、甘城子三村组成，是一个典型的回汉杂居移民区。"十二五"期间，青铜峡市搬迁安置同心县3277户16500名生态移民。该市规划3年建成广武、甘城子、三趟墩3个生态移民安置区，分别取名为同兴、同富、同进移民新村。

三 移民对宁夏银川市民族居住格局的影响

银川市现下辖3区2县1市，即兴庆区、西夏区、金凤区，永宁县、贺兰县，灵武市。20世纪80年代吊庄移民开始，银川市各县、市、区均是宁夏移民安置的主要地区。从1983年开始，宁夏相继将西吉、海原、泾源、隆德、彭阳和原州等县（区）的部分贫困人口迁移到银川市，分别建立了芦草洼、南梁台子、狼皮子梁、月牙湖移民吊庄；1992年又开建了闽宁村与玉海扶贫经济开发区；1995年又在镇北堡开建了华西村。此外，还有西吉移民自发建立的"西吉马银移民开发区"，以及受移民链式迁移效应影响自发迁移至各安置区的回汉移民。在银川市形成了一批以移民安置区为核心的小型回汉杂居区或回族聚居区，使银川市回族人口数量大幅增加[1]，使银川市的民族分布状况发生了变化。

（一）移民对银川市3区民族居住格局的影响

1. 移民对西夏区民族居住格局的影响

迁移到西夏区的移民增加了西夏区农村回族人口规模，形成了新的回族聚居区和回汉杂居区，如回族聚居的兴泾镇，回汉杂居的镇北堡镇、"西马银开发区"和宁夏农垦集团开发的南梁农场安置区。同时，随着移民区的城镇化建设，回族人口向城市转移也对城市民族居住格局

---

[1] 当然，回族人口增加还有其他因素，但移民搬迁安置是最主要的影响因素。

产生了一定影响。

（1）兴泾镇。兴泾镇位于银川市文昌南路，总面积28.8平方千米，辖6个行政村（38个自然村）、1个社区居委会，即西干村、泾河村、兴盛村、泾华村、黄花村、十里铺村和民生社区。截至2012年年底，总人口4443户21729人，回族占总人口数的98.8%。[1]

兴泾镇是距离银川市最近且最大的回族移民吊庄，前身是芦草洼移民吊庄。芦草洼移民吊庄是宁夏回族自治区20世纪80年代迁移泾源县的回族贫困人口建立的移民社区。1983年3月，泾源县芦草洼农业建设指挥部成立，吊庄开发准备工作开始。1984年12月在芦草洼移民吊庄成立泾源县芦草洼区公所，设铁东、铁西两乡；1994年4月变更为芦草洼扶贫经济开发区指挥部；1995年8月，更名为芦草洼经济开发指挥部；1998年8月，更名为芦草洼经济开发区管委会；2000年12月交属地银川市郊区人民政府管理，设兴源乡和兴泾镇两乡（镇）。2003年1月银川市"三区"划分时将兴源乡划归金凤区管辖，后合并为银川市金凤区良田镇；兴泾镇则划归西夏区管辖。兴泾镇除了吊庄移民迁来的泾源县移民外，还有一些自愿移民，他们"绝大多数是来自固原、同心、海原、西吉、甘肃平凉等地的回族穆斯林，以打零工或做小生意为主，还有一部分以租种土地为生。部分人通过购买移民房屋而长期居住下来，但没有取得户籍，还有一部分是来自南方部分地区的汉族。该镇的流动人口大部分居住在十里铺村的涝池组，以同心回族穆斯林居多。"[2]

（2）镇北堡镇。镇北堡镇现下辖华西社区、团结村、新华村、德林村、昊苑村、顾家桥村、芦花村、三闸村、同庄村、良渠稍村、镇北堡村。其前身由两部分组成：一是江苏华西村在宁夏银川建立的"宁夏华西村"；二是镇北堡林草试验场，其人口都是宁夏中南部的回汉贫困人口。2001年12月7日，宁夏回族自治区人民政府第80次常委会决定将宁夏华西村与原镇北堡林草场合并建为银川市郊区镇北堡镇，镇北堡镇共"搬迁山区贫困带、片农民2202户9836人"。[3]

---

[1] 银川市地方志编纂委员会办公室、银川移民史研究课题组：《银川移民史研究》，宁夏人民出版社2015年版，第268页。

[2] 祁丽霞：《宁夏银川市兴泾镇移民社区的地域身份认同研究》，硕士学位论文，陕西师范大学，2010年，第14页。

[3] 李宁：《宁夏吊庄移民》，中国电影出版社2003年版，第238页。

第五章　改革开放以来各类移民工程对甘宁青地区民族居住格局的影响 | 167

政府移民搬迁和自愿移民迁移过程中，镇北堡已成为一个新的回汉杂居区。如其下辖的镇北堡村，"全村按照村民居住情况及街区规划分为六个村民小组。全村常住人口1270户5125人，其中，回族38户155人。"① 其下辖的华西社区是自治区政府借助江苏华西村的扶持，"于1996年在地处贺兰山东麓生态保护中心的镇北堡林草试验场兴建的移民综合开发试验区，当年安置吊庄移民200多户。"② 由于华西社区"位于沙湖、影视城、苏峪口森林公园、西夏王陵旅游长廊的中心地带优势，大力发展第三产业，吸引了大量的自愿移民来此定居，形成了规模较大的自愿移民聚居区。2009年年底，华西村常住人口1320户4721人，除吊庄移民200多户外，其余1000余户是自愿移民，90%来自宁南八县（区）。常住人口中，只有420户有当地户口，80%没有当地户口，有的人甚至已经在华西村定居10年以上，户口仍在原籍。华西村自愿移民50%以上从事商贸、运输、旅游服务业，经济收入普遍较高。"③

（3）西吉马银移民开发区。位于宁夏银川市贺兰山农牧场的"西吉马银移民开发区"是一个由西吉县移民自愿迁移形成的回汉杂居移民区，距离兴庆区40多公里；1994年，西吉县将台乡饴糖厂（乡办集体企业）法人代表马兴国（汉族，系将台乡财税所干部）在自治区农垦局贺兰山农牧场租赁土地600亩作为糖厂玉米生产基地，并带动亲朋好友进行开发耕种；其并先后6次将申请承包的3000亩土地分别给西吉籍农民安排生产及宅基地搬迁定居；经过十余年发展，到2009年，已开发土地8000多亩，共设立了17个行政村，吸引以西吉籍农民为主的自愿移民1177户5120人在农场定居，实际居住800多户4000余人，除95%的西吉县移民外，其余为其他省、县外来人口；形成了以汉族为主间有部分回族的"西马银自发移民开发区"。④

---

① 杨荣斌：《银川生态移民和扶贫开发移民制度建设研究——以镇北堡镇镇北堡村为例》，载《2012年中国社会学年会西部民族地区社会建设理论创新与政策设计论文集》，2012年7月13日，中国重要会议论文全文数据库（http://epub.cnki.net/kns/brief/result.aspx?db-Prefix=CIPD）。
② 张骞：《固原市自发移民专题调研报告》，宁夏新闻网，2010年8月24日（http://www.nxnews.cn/zhuanti/tjzt/xbdkf/dxxdjt/201008/t20100824_885428_2.htm）。
③ 同上。
④ 同上。

2. 移民对金凤区民族居住格局的影响

移民安置对金凤区的最大影响是形成了以回族为主的移民乡镇——良田镇。良田镇地处金凤区南部，东临永宁县望远镇，西靠西夏区兴泾镇，北与魏家桥村毗邻，南与永宁县金沙乡接壤。

良田镇前身是泾源县芦草洼移民吊庄的一部分。1999年，泾源县芦草洼移民吊庄移交银川市郊区属地管理。2002年银川市区域调整，芦草洼吊庄划归金凤区管辖，2003年8月，在移民吊庄的兴源乡所在地，由兴源乡和银川老郊区良田乡正式组建成立金凤区良田镇。良田镇现下辖"园子村、金星村、光明村、兴源村、泾龙村、园林村和植物园村7个移民村和银川林场1个居委会，总面积93.3平方千米，耕地4.3万亩，有46个村民小组，5952户22055人，劳动力14145人，回族人口20291人，占总人口的92%。"[①] 第六次全国人口普查数据显示：截至2010年10月31日，良田镇所辖7个村子和1个居委会共登记户数为5952户，户籍人口为22901人，常住人口为22055人（其中男性11486人，女性10569人）。

"十二五"期间，根据宁夏回族自治区生态移民安置计划，良田镇需安置彭阳移民750户3150人，金凤区将建设园林村和泾龙村安置来自彭阳县的移民。彭阳县移民办提供的数据显示，截至2014年年底，已搬迁安置721户3103人，所搬迁人口全部为汉族。"十二五"移民安置结束后，良田镇回族所占比例将有所下降，但回族人口将仍占80%以上。

3. 移民对兴庆区民族居住格局的影响

移民对兴庆区民族居住格局的影响主要是形成了回汉杂居的月牙湖乡。"十二五"之前，月牙湖乡是一个回族聚居区。"十二五"期间的移民搬迁安置将使月牙湖成为一个回汉杂居区。

月牙湖乡的前身是原宁夏陶乐县月牙湖村，地处毛乌素沙漠与黄河交接处，因此处有一湖如月牙状而得名。它位于银川市东北部68千米，总面积333平方千米，南北长58.8千米，东西宽不足10千米，是一个典型的沿黄小城镇。1989年，宁夏决定对海原县郑旗乡、罗川乡实施整体移民搬迁至月牙湖，并投资建设了月牙湖吊庄扬水工程（一、二

---

① 良田镇党政办公室：《良田信息》（第82期）2011年7月8日。

泵站）项目和学校、医院等基础设施。移民之初，由海原县成立吊庄公所进行管理，1998年移交陶乐县人民政府管理。"月牙湖吊庄于1986年正式投资建设，行政建制名称为月牙湖区公所，2000年移交陶乐县管理后改为月牙湖乡，辖5个行政村，35个自然村，是一个纯回民居住区，由海原县部分山区移民迁来。截至1999年年底，共搬迁移民1250户8062人。开发配套耕地2.2万亩，人均占有耕地2亩。"[1] 2001年正式成立月牙湖乡党委、政府。2004年2月，区划调整时整体划归银川市兴庆区政府管辖。全乡现辖7个行政村：[2] 月牙湖村、海陶北村、海陶南村、塘南村、大塘北村、大塘南村、小塘村；一个林场。截至2010年年底，总人口2028户10245人，其中，回族人口占83%。[3]

根据宁夏"十二五"生态移民规划，月牙湖乡是接收彭阳县移民的安置点。为此，兴庆区专门在月牙湖乡小塘口村以北约12平方千米的地方建设了生态移民安置区，命名为滨河家园。彭阳县移民办的数据显示，"十二五"期间，共搬迁安置3979户16480人，其中，回族7642人。由于新搬迁的回汉移民分别设村安置，这就在以回族为主的月牙湖乡形成了几个汉族小聚落。另外，随着月牙湖乡政府迁建于滨河家园以及月牙湖乡小城镇建设的发展，会出现老移民村居民向新移民点聚集效应，在滨河家园及其周围将形成回汉杂居的居住模式。

（二）移民对永宁县民族居住格局的影响

移民对永宁县民族居住格局的影响主要是形成了以西吉县吊庄移民和海原县吊庄移民为核心的回族聚居区——闽宁镇。闽宁镇位于首府银川市西南部，永宁县城的西部。东邻西干渠，西接"201"省道，南与青铜峡市邵岗镇甘城子（13斗）为界，北至许黄公路，距银川市区50千米、永宁县城40千米。辖区南北长22.5千米，东西宽3.5千米，区域面积56平方千米。闽宁镇由西吉县的西吉玉泉营吊庄和玉海扶贫开发区（原称海原玉泉营吊庄）组成。

西吉玉泉营吊庄于1992年开始兴建，从1997年起，闽、宁两省区

---

[1] 李宁：《宁夏吊庄移民》，中国电影出版社2003年版，第248页。
[2] 不含"十二五"移民搬迁新设置的滨河家园移民区。
[3] 银川市地方志编纂委员会办公室、银川移民史研究课题组：《银川移民史研究》，宁夏人民出版社2015年版，第260页。

合作共建，改名闽宁村扶贫经济开发区。自治区人民政府分别于1991年和1997年两次从国营农场划拨土地6.6万亩，由西吉县开发建设移民基地。1992年西吉县开始向闽宁村移民搬迁，"截至1999年年底，共搬迁移民3300户1.85万人，回族占72%。"① 2000年9月15日移交永宁县属地管理。2001年12月7日经自治区人民政府批准成立闽宁镇。

"玉海扶贫开发区（原称海原玉泉营吊庄）……1992年开始建设，1994年年底开发建设初具规模。该吊庄原成立区公所，现改为管委会，辖3个行政村、14个自然村，是一个纯回民居住区，移民从海原县的部分贫困地带迁来。截至1999年年底，共搬迁移民621户3112人，开发配套耕地7956亩，人均占有耕地2亩。"② 2003年7月23日，永宁县行政区划调整时将原玉海经济开发区并入闽宁镇，2005年11月合村工作完成后，行政村合并为5个。

2000年开始，宁夏又向闽宁镇移民。"2000—2010年，闽宁镇在荒漠区开发耕地4.3万亩，先后安置宁夏南部山区西吉县、海原县贫困移民6004户，3.4万人，其中回族移民占83%。"③ 截至2010年，闽宁镇"辖5个行政村，70个村民小组，常住人口5514户25073人，其中回族人口占总人口的83%，流动人口490户2192人（参考人口普查数据）。人户分离（以新登户籍为据）1731户7008人，到处无户111户170人（参考三清理工作数据）"。④

"十二五"期间，永宁县共安置来自原州区和隆德县的回汉移民2288户9838人，生态移民主要安置在闽宁镇原隆村，劳务移民被安置在宁夏德龙酒业有限公司葡萄基地。随着移民在闽宁镇和胜利乡的安置，永宁县回族人口的数量进一步增加，但民族居住格局不会发生大的变化。

---

① 李宁：《宁夏吊庄移民》，中国电影出版社2003年版，第251页。
② 同上书，第258页。
③ 李峰龙：《闽宁镇生态移民幸福工程15年我们安家立业走上致富路》，《银川晚报》2011年9月14日第5版。
④ 政协永宁县委员会：《关于对闽宁镇生态移民示范工程建设情况的调研报告》，永宁政府公众网，2011年4月27日（http：//www.chinayn.gov.cn/SiteAcl.srv？id=193946&aid=2010680872）。

（三）移民对灵武市民族居住格局的影响

灵武市是一个回汉杂居地区，位于宁夏平原引黄灌区，是宁夏历次移民安置地区之一。移民搬迁对灵武市民族分布影响较大的是形成了以狼皮子梁为核心的回汉共居移民区。

20世纪80年代吊庄移民时，宁夏就在灵武建立了狼皮子梁吊庄，用于安置盐池县回汉贫困人口。"狼皮子梁吊庄自1985年始开发建设。该吊庄设一吊庄指挥部，管辖2个行政村、8个自然村，是一个回汉民杂居区，移民是从盐池县贫困地带迁来。截至1999年年底，共搬迁移民406户2071人。"[1] 2001年12月7日，宁夏回族自治区人民政府第80次常委会议研究批准，狼皮子梁吊庄改为灵武市狼皮子梁乡。后经乡镇合并，狼皮子梁并归郝家桥镇。截至2011年，狼皮子梁吊庄移民区有6个村1425户6041人。[2]

"十二五"期间，灵武市安置来自泾源县的生态移民2279户9998人，[3] 劳务移民1506户5777人。[4] 其中，生态移民安置在郝家桥镇狼皮子梁片区和白土岗子乡长流水片区，安置在狼皮子梁的回汉生态移民建立了泾灵新村，下设分为北村和南村两个村民小组，安置在白土岗乡长流水的回汉生态移民建立了泾兴村；劳务移民安置在灵武羊绒工业园区、全民创业园、再生资源区。这1万多人的移民安置，虽然从全县整体而言，对民族居住格局的影响不大，但是对狼皮子梁和白土岗来说，将使该地回族人口增多，回汉比例发生变化。

（四）移民对贺兰县民族居住格局的影响

贺兰县与银川市相连，也是宁夏主要移民安置地。移民安置对贺兰县影响最大的是形成了南梁台子区回族聚居区。

20世纪90年代建成的"南梁台子吊庄位于贺兰县西北部，距贺兰县城19公里，东、北部与贺兰县农牧场相连，西、南部与国有南梁农场接壤，包兰铁路南北向横穿而过，将吊庄分为铁东、铁西两个扬水灌

---

[1] 李宁：《宁夏吊庄移民》，中国电影出版社2003年版，第255页。
[2] 洪琦：《灵武狼皮子梁移民腰包鼓了》，《宁夏日报》2011年7月11日第2版。
[3] 陈玉华：《我市圆满完成生态移民搬迁任务》，宁夏灵武信息网，2015年12月10日（http：//www.nxlw.gov.cn/lzzx/lwyw/201512/t20151210_105114.htm）。
[4] 祝晓宁：《民革宁夏区委会调研我市劳务移民后续发展情况》，宁夏灵武信息网，2016年4月22日（http：//www.nxlw.gov.cn/lzzx/lwyw/201604/t20160425_117923.htm）。

区，总面积 4.67 平方千米（约合 0.7 万亩）。南梁台子吊庄 1990 年开发建设，1994 年年底基本建成。1995 年成立南梁台子区公所（乡级机构），该区辖 4 个行政村、19 个自然村，是一个纯回族居住区，移民迁自海原县 21 个乡（镇）。截至 2001 年年底，共搬迁移民 1200 户 5321 人。"① 截至 2010 年年底，有人口 1513 户 7318 人。②

"十二五"期间，贺兰县实际搬迁安置原州区、西吉县的回汉生态移民 3083 户 13452 人。③ 这些生态移民被安置在洪广镇的欣荣村和广荣村。"十二五"移民安置结束后，洪广镇高荣村将成为一个新的回汉移民杂居区。

四 移民对宁夏石嘴山市民族居住格局的影响

石嘴山市下辖 2 区 1 县，即大武口区、惠农区和平罗县。作为宁夏最主要的工业区，石嘴山市发展水平高于除银川市之外的其他各市，因此，也是宁夏移民安置的主要地区之一。自 1983 年承接首批宁夏扶贫开发移民以来，已经走过 30 年历程。据研究，从 1983—1992 年，石嘴山市先后建立了潮湖吊庄和平罗县红崖乡五堆子村、三棵柳村移民安置区，1993—2002 年，隆湖扶贫经济开发区成立后，宁夏南部掀起一股"自发移民潮"，共向石嘴山市自发移民 6000 多人。④ 其中的隆湖扶贫经济开发区是"1983 年由自治区人民政府将潮湖这块土地划拨给隆德县兴建县外吊庄移民基地，1992 年 5 月 21 日自治区人民政府主席现场办公会议正式批准改为隆湖扶贫经济开发区。在近十年潮湖吊庄取得成就的基础上，转变发展战略，即依托区位优势，建立经济开发区，招商引资，兴工富区，加快移民基地建设。现该区辖 30 个行政村，是一个回汉族杂居区。截至 2001 年年底，共搬迁移民 5893 户 25546 人。"⑤ 据统计，至 2000 年有回族"1552 人，占总人口的 6.2%。"⑥

---

① 李宁：《宁夏吊庄移民》，中国电影出版社 2003 年版，第 256 页。
② 银川市地方志编纂委员会办公室、银川移民史研究课题组：《银川移民史研究》，宁夏人民出版社 2015 年版，第 270 页。
③ 贺兰县人民政府：《贺兰县扎实开展生态移民精准扶贫开发工作》，贺兰县人民政府网，2015 年 12 月 2 日（http://www.nxhl.gov.cn/SiteAcl.srv?id=184853&aid=2010094597）。
④ 高瑞莉：《石嘴山市移民开发党建工作的实践与思考》，《共产党人》2012 年第 16 期。
⑤ 李宁：《宁夏吊庄移民》，中国电影出版社 2003 年版，第 217 页。
⑥ 隆德县地方史志编纂委员会：《隆德县志 1991—2000》，方志出版社 2005 年版，第 72 页。

根据宁夏"十二五"中南部地区生态移民规划,"十二五"期间,石嘴山市建成了17个移民安置区,安置移民10126户46300人。其中生态移民全部安置在平罗县,总计3596户17500人,规划建立5个安置点:红崖乡五堆子村第一、第二安置点,陶乐镇庙庙湖第一、第二、第三安置点。劳务移民安置任务是6530户28800人,在大武口区安置2514户10400人,建立4个安置点:隆湖开发区6站、长胜办事处长胜村、长胜办事处龙泉村、长胜办事处潮湖村;在惠农区安置3399户15400人,建立4个安置区:银河苑、惠镁家园、红宝家园、水城民生;在平罗县安置617户3000人,建立3个安置点:平罗工业园区、宁夏精细化工基地、平罗崇岗煤炭市场。截至2015年10月,全市累计搬迁安置移民9009户39574人。[①] 这些移民从民族成分上讲,既有回族也有汉族;从安置区域来讲,既有农村也有城市;从安置方式上讲,既有集中安置也有插花安置。这些移民搬迁安置,对石嘴山市民族居住格局产生的影响主要表现在:一方面,增加了城市人口数量,尤其是回族人口数量,形成了一些小的回族聚居区或回汉杂居区;另一方面,在乡村地区,使原有移民安置区的人口规模进一步扩大,民族杂居程度更加明显。

五 移民对宁夏固原市民族居住格局的影响

位于宁夏南部的固原市现辖1区4县,即原州区、彭阳县、隆德县、西吉县、泾源县。这里既是宁夏最贫困的回族聚居地区,也是宁夏移民最主要的迁出地区。移民搬迁后,对这里影响最大的当属人口不断减少,回族比例相对下降。同时由于"十一五"县内移民搬迁和"十二五"期间的县内生态移民和劳务移民安置,小范围内的民族居住格局也发生了微调。如"十二五"期间,固原市将建立165个生态移民安置区,用于搬迁安置各县区的19240户83154人的生态移民和劳务移民。同时,将有近20万移民迁出固原市。加上历次搬迁到固原市之外的移民,固原市被搬走的村庄千余个,对各区县乡镇人口和民族分布有一定影响。

综上所述,从20世纪80年代开始,为了改变宁夏南部落后的经济

---

① 吴刚:《石嘴山市累计搬迁安置移民39574人》,石嘴山网,2015年11月3日(http://www.nxszs.gov.cn/dzsstcmzd/cmdt/246861.htm)。

面貌，宁夏实施了各类大规模的移民工程，人口迁移规模较大，范围较广，对人口分布和民族居住格局产生了重要影响。

第三节 各类移民工程对青海省人口分布及民族居住格局的影响

改革开放以来，青海省为帮助省内贫困人口脱贫致富和保护生态环境，在省内实施了一系列规模较大的人口迁移。主要包括：为解决青海东部地区贫困而实行的调庄移民、扶贫开发移民，香日德巴隆农业扶贫开发项目移民，因大中型水库修建产生的异地移民，三江源异地生态移民，安置从新疆返迁的哈萨克移民等。这些移民搬迁活动对青海省原有民族居住格局产生了较大影响。

一 海东地区贫困人口向海西地区迁移

（一）调庄移民

1986年，青海省政府制定"兴海西之利，济海东之贫"的"跨区域开发扶贫移民"策略，把"调庄移民"当作解决东部干旱山区贫困人口脱贫的一项战略举措，开始实施大规模移民工程。截至1997年年底，海西州属各县（市）和国有农场通过投靠亲友、调庄、农垦引劳等不同形式，总共接纳安置了海东贫困山区贫困户6600多户3万多人。[1] 在实行整村搬迁的"调庄移民"过程中，都兰县和乌兰县等地先后安置民和、乐都、互助等县贫困农户4852户5902人，其中回族和撒拉族的移民人数约有1/5[2]，其他人口主要有汉族、藏族、土族等民族。

（二）扶贫开发移民

1987年，经格尔木市政府和门源县政府协商，门源县农民在格尔木承包开发土地，陆续迁入移民在格尔木郭勒木德乡富源村定居，主体民族为回族。[3] 1988年，原青海省属德令哈（含尕海、怀头他拉、巴音

---

[1] 严瑗、谢长礼：《海西农牧区贫困现状及扶贫对策》，《柴达木开发研究》2001年第1期。

[2] 马学贤：《青藏线沿途穆斯林移民社会现状调查》，《青海社会科学》2007年第3期。

[3] 韩官却加：《青海海西移民地区民族宗教问题的调查与研究》，《青海民族学院学报》2007年第2期。

第五章　改革开放以来各类移民工程对甘宁青地区民族居住格局的影响 | 175

河）农场、香卡农场移交海西管理后，出现了较为严重的劳动力短缺问题，为解决农场劳力不足，由青海省扶贫办牵头联系，1989年从湟源、湟中、民和、乐都、化隆、大通、互助等县引进贫困农民。① 既解决了农场劳动力短缺问题，又解决了海东地区人口贫困问题。如在乌兰县赛什克农场安置农户移民2000多人。赛什克农场自2001年2月移交乌兰县管理，将所有土地（除2000亩土地划分给开发商搞"龙头"企业示范基地建设外）全部划分给海东四县的426户1961人移民，并批准成立了赛纳村（安置互助县移民172户747人）、兴乐村（安置乐都县移民148户694人）、兴化村（安置循化县移民40户115人）、兴隆村（安置化隆县移民66户405人）四个行政村，其中回族和撒拉族人口有1/3，兴化、兴隆两村中回族和撒拉族人口为多。② 这些迁移人口中还包括汉族、藏族和土族。1997年从乐都县自行迁入形成的与郭勒木德乡东村毗邻的两个上、下移民村，主体民族为汉族。③

（三）自发移民

20世纪80年代以来，一些无法纳入政府实施的扶贫开发总体项目的移民，或在政府政策安排下，或自行迁移到了海西地区。如东部农业区各县1万多农民（其中近一半人为穆斯林），以投亲靠友等方式移民到海西各地，被政府主要安置在德令哈市和乌兰、都兰两县。④ 这些自发移民"主要来自湟源、湟中、乐都、互助等县，共有2450户11752人，分布在德令哈市尕海镇、宗务隆乡，格尔木市郭勒木德乡及乌兰县、都兰县部分乡镇"。⑤

海东地区人口向海西蒙古族藏族自治州的迁移，从微观上讲，在迁入区形成了一些小的民族杂居区；从宏观上讲，使海西蒙古族藏族自治州的少数民族数量进一步增加，少数民族成分中的回族、撒拉族比例有所上升。

---

① 韩官却加：《青海海西移民地区民族宗教问题的调查与研究》，《青海民族学院学报》2007年第2期。
② 马学贤：《青藏线沿途穆斯林移民社会现状调查》，《青海社会科学》2007年第3期。
③ 同上。
④ 同上。
⑤ 韩官却加：《青海海西移民地区民族宗教问题的调查与研究》，《青海民族学院学报》2007年第2期。

二 香日德巴隆农业扶贫开发项目移民

青海省香日德巴隆农业扶贫开发项目是青海省在20世纪末实施的"三大扶贫工程"之一。"香巴项目"从1996年开始进行调查论证，1997年2月，该项目被列入第三期世界银行扶贫项目予以重点支持。1998年年初确立"香巴农业开发项目"，规划利用世界银行贷款和国内的国债配套资金。但由于西方反华势力及达赖集团干扰破坏，世界银行贷款被取消。2001年，国家利用国债投资，并于当年年底正式开始实施，2003年12月10日顺利通过验收。"香巴项目"建设区位于柴达木盆地东南部、海西州都兰县境内，总投资4.3亿元，综合开发土地32万亩，其中中低产田15.43万亩，造林1.47万亩，人工种草10.79万亩，封滩育林15万亩。实施区域主要有香日德镇、巴隆乡、香加乡、沟里乡、原香日德绿洲农业开发有限责任公司及托索湖环湖生态保护区。至2003年年底，"香巴项目"安置了来自循化、化隆、互助、平安、湟中、乐都、湟源、大通、民和、都兰等县贫困地区的各民族贫困人口3520户16131人，移民中有汉族、藏族、回族、土族、蒙古族、撒拉族等民族，少数民族占移民总人口的35%。[①] 具体迁移人数及来源见表5-2。

表5-2　　　　　青海香巴项目人口迁移数量及来源统计[②]

人口迁出县	总户数（户）	总人口（人）	百分比（%）
循化县	87	380	2.4
化隆县	398	2012	12.5
互助县	155	620	3.7
平安县	180	785	4.9
湟中县	556	2356	14.6
乐都县	1131	5251	32.6
湟源县	111	502	3.1
大通县	188	799	5.0

---

① 韩官却加：《青海海西移民地区民族宗教问题的调查与研究》，《青海民族学院学报》2007年第2期。

② 关丙胜：《青海省香巴农业扶贫开发项目及其人口迁移》，《西北人口》2005年第4期。

第五章　改革开放以来各类移民工程对甘宁青地区民族居住格局的影响 | 177

续表

人口迁出县	总户数（户）	总人口（人）	百分比（%）
民和县	301	1469	9.1
都兰县	413	1957	12.1
总计	3520	16131	

注：百分比指该县迁移人口数在全部迁移人口总数中的比例。

香日德地区是项目主要实施地之一，其位于都兰县中部，东距县城察汗乌苏镇60千米，西距格尔木市294千米，国道109线从中穿过。全区总面积291.20平方千米，总人口0.89万，其中，汉族占56%，回族占25%，其余为蒙古族和藏族。项目另一主要实施地巴隆乡，位于都兰县中部偏南。东接香日德，国道109线从中穿过。全乡总面积5687.22平方千米，总人口0.33万人，其中蒙古族占64%，其余为汉族、藏族、回族，是以牧业为主、农牧结合的乡，境内有原香日德农场管辖的大片耕地。① 项目迁移人口的民族成分复杂，涉及汉族、藏族、回族、土族、蒙古族5个民族，各民族具体数量见表5-3。

表5-3　　　　　　　　香巴项目迁移人口民族构成②

民族\项目	汉族	藏族	回族	土族	蒙古族	少数民族人口总数
总人口数	11031	2850	1770	450	30	5100
百分比（%）	68.38	17.67	10.97	2.79	0.19	31.62

香日德巴隆农业扶贫开发项目移民区的建设使项目所在区域民族成分更加多元化，在青海西部形成了一个多民族杂居区域，使当地民族杂居程度更高了。

三　大中型水库修建产生的异地移民及对民族居住格局的影响

青海省水电资源十分丰富，中华人民共和国成立以来建成了众多用

---

① 韩官却加：《青海海西移民地区民族宗教问题的调查与研究》，《青海民族学院学报》2007年第2期。

② 同上。

于灌溉和发电的各类水库。据维基百科统计，至 2007 年，青海省共有大型水库 20 座，库容量最大的三座依次为龙羊峡水库、拉西瓦水库、李家峡水库。根据中华人民共和国水利部发布的《中国水库名称代码》（中华人民共和国行业标准 SL259—2000）青海省所有大型水库及中型水库主要是分为黄河水系的水库和柴达木内流区的水库，黄河水系水库主要有龙羊峡水库、拉西瓦水库、李家峡水库、东大滩水库、南门峡水库，柴达木内流区水库主要有格尔木水库、温泉水库、黑石山水库、娘堂水库。这些水库建设引发的移民数量众多，有些移民在县境内另择区域安置，有些移民则跨县市安置。由于青海省是一个多民族省份，跨县市安置移民必然对安置地民族成分、不同民族比例、安置区民族居住格局产生一定影响。

以格尔木为例，跨区域水库移民有龙羊峡水库和黑泉水库淹没区移民。这些移民被整村安置在格尔木市大格勒乡、郭勒木德乡，有 706 户 3401 人。如郭勒木德乡建立三个移民村，安置移民 2200 多人，其中民康村和富源村两村移民分别是从民和回族土族自治县大庄乡（310 户 1270 人）和门源回族自治县（109 户 512 人）陆续迁入而来，主体民族为回族。[①] 为了妥善做好移民安置工作，"自 2006 年 8 月开始，格尔木市对新中国成立以来迁入市区安置的大中型水库农村原迁移民进行了政策宣传、摸底和登记，到 2007 年 3 月完成水库征地移民扶持人口的分解落实登记工作。目前，全市符合享受大中型水库后期扶持政策的移民共有 480 多户 2100 多人，其中龙羊峡库区征地移民共 300 多户 1300 多人，黑泉水库库区征地移民 170 多户 800 多人。"[②]

后靠安置同样会对民族居住格局产生一定影响。如为修建龙羊峡水库，1980—1987 年，将水库淹没区的共和、贵南两县"5 乡 32 个行政村，31 个行政、企事业单位，2 个劳改农场，5175 户 29700 名藏族、汉族、回族、土族、蒙古族、满族、撒拉族等各民族农牧民群众"[③] 安置在共和县龙羊峡镇、恰卜恰镇、铁盖乡、沙珠玉乡、英德尔乡和贵南

---

① 马学贤：《青藏线沿途穆斯林移民社会现状调查》，《青海社会科学》2007 年第 3 期。
② 马玉芳：《格尔木市向水库征地移民发放扶持资金 190 多万元》，青海新闻网，2008 年 4 月 29 日（http://www.qhnews.com/newscenter/system/2008/04/29/002496028.shtml）。
③ 海南州经济贸易委员会办公室：《海南州经济贸易委员会关于争取特殊电力供应政策的建议》（南经贸〔2010〕103 号）。

县的茫拉乡、茫曲镇、沙沟八个乡镇的42个行政村。这在一定程度上使贵南县和共和县的民族成分更加多样化了。

在化隆县，修建了李家峡、公伯峡、直岗拉卡、康扬、苏只等水电站，淹没区人口集中外迁安置。"李家峡库区和公伯峡库区的4388人在化隆县境内和贵德县集中外迁安置，占移民总数的54%。化隆县境内李家峡移民牙什尕镇乱疙瘩和盘龙曲玛集中安置点、公伯峡和李家峡移民集中安置点甘都农场均在川水地区，自然条件、交通条件均比移民原居住环境优越，移民搬迁安置后生产恢复和发展较快，而且是集中安置，移民群众生活的群体没有发生太大变化，能够较快融入当地，搬迁后能够很快安定下来投入生产。"①

四　异地生态移民对青海省民族居住格局的影响

青海省是长江、黄河、澜沧江的发源地，地处青藏高原，既是一个生态多样化的地区，也是一个生态环境十分脆弱的地区。为保护青海自然环境，根据国家发展战略，先后在青海实施了退耕还林、退牧还草、牧民定居、生态移民等措施，尤其是生态移民中的异地安置，对局部地区民族居住格局产生了一定影响。如"为了搞好黑河源头生态治理，从2000年开始，青海采取国家支持，地方集资，农牧民出劳力的办法，投资1.045亿元专项治理祁连山区的黑河源头……将集中在黑河源头地区的（祁连县）的50多户牧民，1000多头牛羊迁移调庄到草原广阔的海晏等县进行定居安置"②，使海晏等地藏族人口有所增加。

青海生态移民最为典型的当属三江源保护区生态移民工程。为了保护三江源地区的生态环境，2005年1月，国务院批准实施《青海三江源自然保护区生态保护和建设总体规划》。建设内容主要包括生态保护与建设、农牧民生产生活基础设施建设和生态保护支撑三大类，涉及22个子项目，总投资75.07亿元。③ 三江源自然保护区生态保护和建设工程于2005年9月正式启动，项目区总面积15.23万平方千米，共涉及三江源保护区内果洛、玉树、黄南、海南4州16县（即玉树州的治

---

① 马军：《对化隆县水库移民安置工作的思考》，《青海国土经略》2011年第5期。
② 马应珊：《开展种草灭鼠造林——保护两河两江源头青海大力推进生态移民工程》，人民网，2003年7月8日（http://www.people.com.cn/GB/huanbao/1072/1957668.html）。
③ 刘鹏：《青海三江源自然保护区建设进展顺利》，《光明日报》2012年3月25日第3版。

多县、杂多县、称多县、曲麻莱县、玉树县、囊谦县,果洛州的玛沁县、玛多县、达日县、久治县、班玛县、甘德县,海南州的兴海县、同德县,黄南州的河南县、泽库县)及海西州格尔木市代管的唐古拉山镇等70个乡镇。在以区域内各县县城为中心的城镇或建制镇周围,共建成规模不等的搬迁牧民社区32个。① 截至2012年,完成生态移民14477户。② 2011年11月,国务院又决定建立青海三江源国家生态保护综合试验区,试验区包括玉树、果洛、黄南、海南4个藏族自治州21个县和格尔木市唐古拉山镇,这无疑为三江源地区走向可持续发展之路注入了强大动力。三江源生态移民异地安置对局部地区民族居住格局产生了一定影响,特别是迁入到格尔木市的藏族,形成了小聚居区,增加了格尔木地区的藏族人口。例如,"位于青海格尔木西郊的长江源生态移民村兴建于2006年,为保护长江源头日益退化的生态环境,128户藏族牧民5年前从唐古拉山镇搬迁到了这里"。③ "曲麻莱县三江源生态移民格尔木昆仑民族文化村,是在响应国家三江源生态保护工程的号召,从曲麻莱县曲麻河乡和叶格乡两个乡的七个村分两期搬迁到格尔木市南郊郊外,第一期工程共搬迁160户,第二期工程共搬迁80户,两期工程共完成搬迁240户,共1760人。"④

综上所述,自20世纪80年代以来,国家在甘宁青地区实施的各类移民工程不仅促进了当地经济社会的发展,也对民族居住格局产生了一定影响,在一些地区形成新的少数民族聚居区,改变了一些地区纯汉族聚居的状况,民族居住格局杂居化趋势更加明显。

---

① 《青海三江源自然保护区生态保护和建设综述》,青海新闻网,2006年12月10日(http://www.qhnews.com/index/system/2006/12/10/000032170.shtml)。

② 刘鹏:《青海三江源自然保护区建设进展顺利》,《光明日报》2012年3月25日第3版。

③ 青海格尔木:《生态移民村里的新生活》,新华网青海频道,2011年4月5日(http://www.qh.xinhuanet.com/2011-04/05/content_22449387.htm)。

④ 《格尔木昆仑民族文化村基本情况》,曲麻莱驻格尔木昆仑民族文化村委员会网,2008年8月8日(http://www.stym.org/plus/view.php?aid=91)。

第六章　城市化进程对甘宁青地区民族居住格局的影响

改革开放以来，随着城市化进程的进一步加快，甘宁青三省区各级各类城市人口聚集功能得到了最大限度释放，吸纳了来自不同地区的不同民族人口。具体表现为以下几个特点：一是城市人口不断增加，城市规模不断扩大；二是小城镇兴起，地市县城市建设发生了翻天覆地的变化；三是城市少数民族人口不断增加，民族成分多元化更加明显；四是城市原有少数民族聚居区逐渐消失的同时新的少数民族聚居区逐渐形成。

第一节　城市化进程对甘肃省兰州市民族居住格局的影响[①]

甘肃省地处我国西北地区，境内生活着汉族、藏族、回族、土族、裕固族、撒拉族、保安族、东乡族、哈萨克族、蒙古族等多个聚居民族，也散居着满族、俄罗斯族、维吾尔族、苗族等多个少数民族。受制于区位因素，经济社会发展与中东部地区相比较为迟缓。改革开放以来，随着我国商品经济的发展和市场经济体制的建立，甘肃省经济社会取得了长足的发展。虽然城市化水平与全国相比仍有较大差距，但纵向比较，甘肃省城市化的速度与规模前所未有。1978年甘肃省的城市化

---

① 部分资料参考刘凡《西北城市回族居民居住格局的经验研究》，硕士学位论文，兰州大学，2008年；马晶金《兰州市华坪穆斯林社区变迁研究》，硕士学位论文，兰州大学，2013年；白晓荣《城市少数民族流动人口聚落的形成与功能》，《中国穆斯林》2006年第2期；汤夺先《论城市少数民族的居住格局与民族关系——以兰州城市回族为例》，《新疆大学学报》2004年第3期；虎有泽《兰州城关区回族居住格局研究》，《青海民族研究》2005年第2期。

水平仅为14.41%，至2000年达到了24.01%，20多年间上升了9.60个百分点；之后，甘肃省的城市化率持续增加，2003年为27.38%，2008年为32.15%，2012年为38.75%，2013年为40.13%，2014年为41.68%，2015年为43.19%。在城市化的进程中，社会流动明显加快，少数民族人口向城市流动的规模不断扩大，在一些城市形成了新的少数民族聚居区。随着城市功能的不断拓展，城市扩容改造持续进行，一些传统的少数民族聚居区也发生了变迁。同时，随着小城镇的兴起，城镇中少数民族人口逐渐增加，民族成分不断多元化。

甘肃省省会兰州市作为丝绸之路的重要节点，自古就是一个多民族城市，也是南来北往、东出西进的不同民族交往互动的核心之地。改革开放以来，随着进入兰州市的省内和周边省区少数民族人口增多及城市拆迁改造，兰州市的民族居住格局发生了一定变化。具体表现在以下方面：一是城市少数民族人口数量不断增加、民族成分不断多样化；二是部分传统的回族聚居区因城市拆迁改造而逐渐消散；三是因外来少数民族大量迁入，在城市边缘地带形成了新的民族聚居区，如七里河区的"东乡村"；四是民族杂居趋势进一步明显。

一 改革开放之前兰州市的民族居住格局

中华人民共和国成立初期，援甘人员的迁入使兰州市民族成分更加多样化，但对民族居住格局产生重要影响的是省内外回族迁入及其家属的大量落居。据1950年6月统计，兰州市所辖九区共有回族13470余人；随着行政区划的调整，兰州市管辖区域不断扩大，到1958年，回族人口达到25000余人（不含永登、榆中等县区）；1964年，兰州辖城关、七里河、西固、安宁、红古、白银六区，回族人口达到41000人，占全市人口的2.6%；"文化大革命"中，兰州市辖区扩大到三县六区，回族人口有所增加；1976年年底，全市回族人口接近5万。[1]

在兰州市城区，回族集中居住在南稍门（互助巷即甘南路西段以南）、东关（今庆阳路颜家沟一带）、新关（今广武门一带）、西关、桥门街（现中山桥附近）、黄河北、骚泥泉（今西园一带）、小西湖

---

[1] 兰州市地方志编纂委员会、兰州市民族宗教志编纂委员会：《兰州市志·民族宗教志》，兰州大学出版社2007年版，第64页。

带。① 兰州市除了回族外，还有满族、藏族、土族、蒙古族、俄罗斯族、裕固族、东乡族等民族，这些民族由于人口数量较少，与汉族和回族杂居相处，并未形成聚居区。1978 年后，随着援甘建设的回族返乡以及人才流失，兰州市回族人口数量有所下降，但兰州市民族分布格局并未发生大的变化。

二 改革开放之后兰州市民族居住格局的变化

（一）20 世纪 80 年代兰州市民族居住格局

自 20 世纪 80 年代，除少数区域因城市改造而发生原有聚居区向杂居区演变外，大多数地区回族基本沿袭了原有的居住格局。以城关区为例，20 世纪 80 年代兰州城关区共辖 20 个街道和 5 个乡，在这 25 个街道/乡一级的单位中，回族人口最多的是靖远路街道办事处，有居委会 18 个，共有回族人口 6538 人，占该街道总人口的 34.75%。回族主要聚居区在庆阳路、南关一带，金城关、徐家湾一带，庙滩子、靖远路一带，伏龙坪、皋兰山一带。除了这些聚居区外，一些回族还零星分布在各个街道与汉族或其他民族杂居。

（二）20 世纪 90 年代兰州市民族居住格局的变化

20 世纪 90 年代以来，随着社会主义市场经济的发展和社会流动加快，回族因职业结构、文化教育、经济形态、风俗习惯及宗教信仰等因素，其居住状况也在发生变化。第四次人口普查资料显示，兰州市城关区总人口增加到 669972 人，其中回族人口有 35272 人，较 1982 年回族人口的 27655 人增长了 27.54%，净增长 7617 人，年平均增长 3.09%。兰州市城关区下辖的 25 个街道/乡中，每个街道都有回族分布，在这些街道/乡中，回族人口超过 1000 人的有 12 个，回族人口超过 500 人的有 20 个。城关区回族人口最多的是靖远路街道，回族人口占该街道总人口的 31.81%；然后是草场街街道，回族人口占该街道总人口的 7.30%；居于第三的是广武门街道，回族人口占该街道总人口的 8.45%。②

这一时期回族的居住格局随着回族人口变化也在不断变化，特别是

---

① 兰州市地方志编纂委员会、兰州市民族宗教志编纂委员会：《兰州市志·民族宗教志》，兰州大学出版社 2007 年版，第 65 页。

② 同上。

城市化进程中的拆迁改造，加速了兰州市回族分布格局的分化重组。具体变化表现在以下几个方面：第一，回族聚居区的格局被城市现代化进程打乱，在城区逐渐形成混居、杂居状况；第二，在城市拆迁改造中，原聚居区因搬迁过程中走向分散，一些传统的回族聚居区逐渐演变为民族杂居区，如南关、新关、绣河沿一带；第三，城区的边缘地带形成新的回族小聚居区，他们的居住条件主要是平房，如伏龙坪、庙滩子、桃树坪等。但是，这种分化重组仅是小范围的调整，并未出现大的变迁。

（三）新世纪以来兰州市民族居住格局的变化

2000年以后，兰州市城关区人口继续增长。第五次人口普查资料显示，兰州市城关区总人口由20世纪90年代的669972人增长到936888人，回族人口由36272人增长到42541人。回族居住格局也较20世纪90年代发生了很大变化。

2000年召开的兰州市第十二届人民代表大会第五次会议通过了《关于黄河兰州市区段百里风情旅游规划建设和管理整治的决定》，开始对黄河南北两岸进行改造。黄河北岸大部分回族聚居区经历了拆迁重建。在几年的改造工程中黄河北岸原回族聚居区的平房尽数拆除，建成了商品住宅小区。此处的回族居民一部分回迁到了新建楼房，另一部分迁移至市内他处。这些新建的滨河小区环境幽静，也吸引了大批汉族购房者，使各小区成为回汉杂居区。因情况差异，各小区回汉的比例也不尽相同。除了黄河北岸较20世纪90年代有很大变化之外，庙滩子一带也经历了拆迁改造，除了少部分地方还有回族聚居的平房外，大部分地方已经成为回汉混居的楼房区。伏龙坪、皋兰山一带离市区较远，没有太大变化。总之，进入2000年以后，兰州市城关区回族聚居区的居住格局受到城市化冲击，民族聚居区逐渐演变为民族杂居区，多民族杂居趋势更加明显。

三　城市化对兰州市民族居住格局的重要影响

（一）城市周边穆斯林社区的形成与发展

1. 东乡村

改革开放以来，随着城市化进程的加快，城市少数民族流动人口逐渐增加。在兰州市城区或城市边缘地带形成了以回族和东乡族为主的少数民族流动人口聚居区。最为典型的就是被研究者称为"东乡村"的东乡族流动人口聚居区，主要集中在兰州市七里河区宴家坪、工林路、五星坪、格子市，以及以小西湖公交站周边的林家庄、骆驼巷、柏树巷、上下西园等小区。自20世纪80年代初以来，进入兰州市的东乡族逐渐汇聚在兰州市七里河回族聚居区，他们以从事体力劳动为主，如蹬三轮车、砸墙、收家具等，部分东乡族从事个体经营。经过30年发展，形成了较大规模的东乡族聚居群落。

2. 华坪穆斯林社区

华坪穆斯林社区位于兰州市七里河区西园街道。七里河区在兰州市的中南部，是兰州市穆斯林人口分布较多、较集中的地区之一。具有"大分布、相对大集中、连片聚居"的特点。[1] 西园街道是七里河区穆斯林分布最为集中的地区，外地来兰的穆斯林也大多聚居于此。华坪穆斯林社区位于兰州市七里河区西园街道的华林山一带。区内辖两乡四镇九个街道，居住着汉族、藏族、蒙古族、维吾尔族、回族等32个民族，总人口56.1万。华坪穆斯林社区所在的华林山地区由华林山社区和华林坪社区两个基层行政社区组成。这两个基层社区的共同特点是，穆斯林人口多、外来流动人口多、纯居民多、下岗失业人员多、贫困弱势群体多、平房院落危房多、大单位少的"六多一少"特殊社区。

20世纪90年代以来，华坪社区人口增长较快，原因有人口自然繁衍和临夏回族自治州各县市人口的迁入者。人口剧增也引起了社区的一系列变化。现在华坪穆斯林社区由少部分老住户、20世纪90年代以来陆续来兰州做生意的新住户和流动人口组成。老住户之所以没搬走要么是对宗教环境和熟人交往氛围的眷恋，要么是经济条件较差者。新住户多是来自临夏各县市的打工者或做生意者，他们有了一定积蓄后在此买房定居，以东乡族和回族为主。流动人口中穆斯林与汉族均有，多是经济情况较差无力买房者或来兰州不久的打工者。老住户中个体经营者较多，集中于餐饮业、运输行业或者零售业，还有部分打工族。新住户和流动人口多从事拆迁行业、屠宰业和小型餐饮业等。总之，华坪穆斯林社区民族众多、来源复杂、收入水平悬殊很大。

（二）城市少数民族人口增加、民族成分多元化

兰州市虽然地处西北的多民族地区，但在改革开放之前，当地民

---

[1] 杨文炯：《互动调适与重构——西北城市回族社区及其文化变迁研究》，民族出版社2007年版，第429页。

族主要是西北世居民族。改革开放以来，随着城市化水平的提高和经济社会的发展，兰州市吸引了全国各地各族人民来此谋求发展，人口跨区域流动和城乡流动不断增多，进入兰州市的非西北地区的少数民族在兰州市也逐渐增多。据1990年第四次人口普查资料显示，兰州市共有38个民族，这些民族除了人口较多的汉族、回族、蒙古族、土族、裕固族、东乡族、保安族、维吾尔族、朝鲜族、壮族、俄罗斯族外，还散居着土家族、锡伯族、撒拉族、哈萨克族、苗族、白族、侗族、达斡尔族、彝族、瑶族、布依族、纳西族、柯尔克孜族、仡佬族、水族、羌族、乌孜别克族、哈尼族、黎族、高山族、傣族、塔吉克族、佤族、鄂温克族、塔塔尔族。

2000年第五次全国人口普查数据显示，经过10年的发展，兰州市的少数民族无论从人口数量上还是民族成分上都有所增加。2000年，兰州市登记的人口中，汉族人口为3017217人，占96.01%；各少数民族人口为125247人，占3.99%。与1990年第四次全国人口普查数据相比，汉族人口增加了486337人，增长19.22%；各少数民族人口增加了31780人，增长34.00%。全市登记的人口中共有可识别的民族52个，比1990年"四普"增加了14个民族，其中100人以上的民族有：汉族、藏族、彝族、朝鲜族、瑶族、哈萨克族、土族、保安族、蒙古族、维吾尔族、壮族、满族、白族、畲族、撒拉族、回族、苗族、布依族、侗族、土家族、东乡族、锡伯族。

2010年第六次全国人口普查资料显示，兰州市常住人口中，汉族人口为3456787人，占总人口数的95.59%，各少数民族人口为159376人，占总人口数的4.41%；同2000年第五次全国人口普查数据相比，汉族人口增加439570人，增长14.57%；各少数民族人口增加34129人，增长27.25%。兰州市民族构成中，我国法定的56个民族均有分布；此外，还有196人属于未识别民族身份的人口，49人属于外国人加入中国籍者。与第五次全国人口普查数据相比，除少数民族人口的民族成分增加之处，少数民族人口的增长速度明显大于汉族人口的增长速度，少数民族人口在总人口中的比例有所上升。

总之，随着城市化进程的加速和社会流动的不断加快，兰州市原有少数民族聚居区在不断走向分散，新的少数民族聚居区在不断生成，散杂居将是不可逆转的历史潮流。

第二节　城市化进程对宁夏回族自治区民族居住格局的影响

改革开放之后，宁夏回族自治区失去了昔日国家政策性移民的优势，在"孔雀东南飞"浪潮下，境内各种人才不断外流。但改革的春风也给宁夏的发展带来了无限生机。在国家各种政策支持和宁夏本地措施的双重作用下，来自全国各地的商人、手工业者来此创业，一些高层次知识分子来此定居，对宁夏民族居住格局和人口构成产生了一定影响。

一　外来汉族人口迁入促进了城市进一步的繁荣与发展

20 世纪 80 年代以来，尽管宁夏人口迁移状况总体呈现"迁出型"，但是人口迁入和迁出的渠道更加自由和通畅。改革开放之后，宁夏商机不断涌现，无论是国有企业还是快速发展的民营经济，都吸引了来自各地的投资者和其他各类人才，并创造了无数的就业岗位，来自各地的农民工、高校毕业生纷纷落户宁夏。另外，20 世纪 80 年代中期开始启动的科技、教育、文化等各个领域的改革，为宁夏招徕智力资源提供了大好机遇，通过毕业分配、招聘等方式，全国各地英才汇集塞上，他们既有进入国家机关的公务员，也有进入各级各类学校任职的教育工作者，还有许多其他行业的高层次人才。在宁夏各行各业，我们都可以见到来自全国各地的各族人口，如经营餐饮的川湘人，经营服装和小商品的江浙人，贩卖蔬菜水果的豫皖人等。他们均为宁夏各项事业的发展做出了贡献。如银川市温州商城的建设和发展，正是浙江温州人在宁夏发展商业的一个重要体现。总体来讲，改革开放之后，迁入宁夏的外地人口数量可观、类别多元，这些外来人口逐渐定居到宁夏各大中小城市，促进了城市的繁荣与发展。

二　城市化进程消解了部分回族聚居区

中华人民共和国成立以来形成了城乡分割的二元经济结构和户籍管理制度，割断了劳动力的城乡流动。改革开放以来，农村劳动力先是"离土不离乡"，到城镇的一些中小企业打工或者去城市中从事一些个体商业和服务业；而后"离土又离乡"，长期定居到一些大中小城市，由农民演变为市民。这必然导致城市人口增加和城市规模扩大，回族"围寺"聚居的传统居住格局在城市拆迁改造中被逐渐打破。从银川市和石嘴山市的案例就能看出城市化对宁夏城市民族居住格局的影响。

(一) 银川市民族分布格局的发展演变

银川下辖金凤区、兴庆区、西夏区和永宁、贺兰 3 区 2 县。第六次人口普查数据显示，银川市有汉族：964915 人；少数民族人口最多的分别是回族 186470 人，满族 15985 人，蒙古族 4335 人；其他少数民族人数均未达到千人。满族人口虽然达到万人以上，但是没有典型的聚居区，其他民族更呈现出散居状态，所以，银川市民族居住格局的变迁主要是回族与汉族分布的变迁。

从人口分布看，兴庆区是银川市区回族的传统居住地。中华人民共和国成立初期，兴庆区共有 8 个规模较大的回族社区，大多围寺而居，大致分布在今胜利街、解放西街、富宁街和解放街一带。20 世纪 80 年代以来，随着银川市的拆迁改造，传统回族聚居的居住模式被打破，居民分散居住到各个街道和小区，原聚居区内回族人口比例明显下降。现在兴庆区内 8 条街道办事处中，回族人口所占比重最多的是胜利街，占 19.92%，最低的是文化街，占 2.53%。20 世纪 50 年代以前胜利街曾是一个很大的回族聚居区，从 60 年代开始，相继建起了学校、医院、工厂、商厦、新式住宅区及其他用途的建筑物，使传统的回族社区格局解体，原来的回族住户或就近搬入住宅楼，或分向迁入其他街区居住，同时，汉族人口移入，改变了该区域内的民族人口构成，目前胜利街办事处范围内的回族人口比例已降至 19.92%，并且是散居的。[1] 新华街曾是银川市区一个较大的回族区域，古老的新华清真寺就坐落在这里，此后经城市多次改造，特别是 20 世纪 90 年代以来，这里陆续建成银川商城、新华购物中心、商业大世界等一批商厦和商业网点，新华街一跃成为银川市最繁华的商业区，住宅区对商业区的让位使许多回族搬离了传统聚居区，大多数迁往北环、德胜、唐徕、光华等住宅小区，新华清真寺也东移重建。[2]

---

[1] 马宗保：《多元一体格局中的回汉民族关系》，宁夏人民出版社 2002 年版，第 136 页。

[2] 马红艳：《银川市回汉民族关系调查研究》，硕士学位论文，中央民族大学，2012 年，第 15 页。

(二) 石嘴山市惠农区民族居住格局的发展演变

石嘴山市惠农区城市人口主要由新中国成立后由于煤矿基地建设和"三线建设"而迁入的外地人口构成，其民族成分主要是汉族。由此形成了惠农区独特的人口构成状况，即由世居汉族、世居回族及汉族移民三大部分构成。回族人口主要集中在与惠农区城区相毗邻的园艺镇和礼和乡，汉族移民主要分布在惠农区城区，世居汉族人口分布在其他乡镇。今惠农区城区与园艺公社（今园艺镇的前身）形成了周传斌和马勇所说"城区—近郊区"的回汉居住格局[1]，呈现出了"工—农"相对、"城—乡"相邻、"回—汉"相隔的特点。改革开放以来，随着工业经济发展与城市规模的扩张，惠农区城区逐步向周边拓展，城区及其周边的民族分布格局随着城市化进程的加快而逐渐呈现民族混杂居住的特点。伴随着原石嘴山区内第一、第二、第三排水沟的相继填埋，与惠农区（含原石嘴山区）城区相邻的园艺乡（镇）逐渐成为城市的一部分。

1987年，回族聚居的原惠农县园艺乡第一、第二、第三生产队移交原石嘴山区，成立了沿环村，开始纳入城区；1995年，沿环村建制撤销，村民就近编入各居委会，2003年6月，园艺镇被整体划入原石嘴山区[2]，园艺镇全部纳入城区范围，园艺镇回族全部由村民变为市民。

进入21世纪，随着2004年原石嘴山区和原惠农县的合并，城市规模进一步扩张，以及采煤塌陷区人口向城区迁入、滨河新区建设、城市拆迁改造等，回汉民族混杂居住的区域逐渐增多。园艺镇在融入城市的过程中，失地回族相继被集中安置在惠园新村、惠民新村、园艺农民新村等地，加之最早划拨的园艺镇三个生产队，在惠农区城区形成了南街办事处、中街办事处等回族聚居区。原属园艺镇回族聚居的安乐桥已是回汉杂居的区域，安置园艺镇失地回族的惠园新村和惠民新村、安置失地回族和采煤塌陷区居民的锦绣园等都已成为回汉杂居的区域。惠农区城区和园艺镇的民族聚居区逐渐减少，发展成为回汉民族混杂居住的居

---

[1] 周传斌、马勇：《宁夏回汉民族关系调查报告——以宁夏石嘴山市惠农区为例》，载丁宏《回族·东乡族·撒拉族·保安族民族关系研究》，中央民族大学出版社2006年版，第45页。

[2] 惠农区地方志编委会：《石嘴山区志》，宁夏人民出版社2005年版，第94—95页。

住格局。以河滨街办事处为例，2013 年 7 月底，其下辖电厂、钢花、红旗、滨园、兴旺、荷花 6 个社区共有 23768 人，其中回族 2110 人，占 8.88%，但回族人口基本杂散居于河滨工业园区各工厂汉族职工中。①

表 6-1　　　　2013 年 7 月底滨河街道办事处辖区人口　　单位：人、%

居委会	人口总数	回族人口	回族人口比例
电厂	4632	423	9.13
钢花	2065	176	8.52
红旗	7365	766	10.40
滨园	2655	231	8.70
兴旺	4186	325	7.76
荷花	2865	189	6.60
合计	23768	2110	8.88

资料来源：张艳：《宁夏民族关系和谐发展研究》，博士学位论文，南开大学，2014 年，第 92 页。

近年来，惠农区成为宁夏"十二五"劳务移民转移安置的主要选择地之一。惠农区在城区建立了银河苑小区、红宝家园、水城民生三个安置区，在红果子镇建立了长城社区移民安置点。这几个安置区主要安置了来自宁夏南部原州区和西吉县的回汉移民，不仅形成了四个新的民族杂居区，也使惠农区城区和红果子镇的民族杂居状况更加明显。

三　城市化使宁夏各地民族成分多元化趋势更加明显

1953 年第一次全国人口普查时，宁夏有汉族、回族、藏族、蒙古族、满族、土族、俄罗斯族、苗族、瑶族、侗族、彝族 11 个民族。当时的统计不包含今原州区、西吉县、海原县、隆德县、彭阳县、泾源县，这几个县区的民族以回族和汉族为主，间有少量东乡族及数量很少的其他民族。1958 年 10 月 25 日，宁夏回族自治区正式成立，自治区辖银川市、吴忠市、中卫县、中宁县、同心县、灵武县、盐池县、金积县、固原县、西吉县、海原县、隆德县、泾源县。原属于宁夏省的阿拉

---

① 张艳：《宁夏民族关系和谐发展研究》，博士学位论文，南开大学，2014 年，第 91 页。

善划归内蒙古自治区，将原属于甘肃省的西海固地区划归新成立的宁夏回族自治区。民族人口方面的变化主要体现在蒙古族人口下降和回族人口增加。其后，随着支援宁夏建设的全国各地不同民族干部、工人、知识分子不断迁入，1964年全国第二次人口普查时宁夏民族成分增加到了23个。

改革开放以来，宁夏经济社会快速发展，开始社会发展的缓慢转型，城市化开始起步，尤其是首府银川市、北部工业区石嘴山、中部黄灌区的吴忠市等城市不同民族人口开始增多，民族成分更加多样化，少数民族所占比重逐步上升。1982年第三次人口普查时宁夏的民族成分增加到31个。据第四次人口普查资料显示，1990年宁夏少数民族为35个，在民族比例中，汉族占66.74%，回族占32.74%，其他少数民族占0.51%。其他少数民族中，人口上万的有满族：16427人；人口上千的有东乡族：2599人，蒙古族：2340人；民族成分待定者1人。除此之外，还有藏族、维吾尔族、苗族、彝族、布依族、朝鲜族、瑶族、壮族、白族、侗族、哈萨克族、土家族、哈尼族、傣族、黎族、畲族、高山族、纳西族、柯尔克孜族、土族、达斡尔族、羌族、撒拉族、毛南族、锡伯族、俄罗斯族、保安族、裕固族、鄂伦春族、赫哲族30个民族。

2000年宁夏第五次全国人口普查数据显示，汉族占宁夏总人口的65.47%；少数民族占34.53%，回族占33.88%。与1990年第四次全国人口普查相比，汉族人口增加了56.91万人，增长了18.31%，占总人口比重下降了1.28个百分点；各少数民族人口增加了39.10万人，增长了25.25%，占总人口比重上升了1.28个百分点。其中，回族人口增加了37.79万人，增长了24.79%，占总人口比重上升了1.13个百分点。回族人口增加既与计划生育政策向少数民族倾斜有关，也与区外回族迁入有关。进入21世纪以后，宁夏少数民族人口增长速度仍然大于汉族，据2005年宁夏区1%人口抽样调查主要数据公报显示，汉族占全区总人口的64.02%；回族占总人口的35.31%；其他少数民族占总人口的0.67%。与第五次人口普查相比，汉族人口增加了22万人，增长了6.11%；回族人口增加了24万人，增长了12.83%；其他少数民族人口增加了1万人，增长了19.54%。2010年宁夏回族自治区第六次人口普查主要数据显示，汉族占全区人口的64.58%；各少数民族占 35.42%，回族占 34.77%。与第五次全国人口普查相比，汉族人口增加 478849 人，增长 13.34%；各少数民族人口增加 336108 人，增长 17.73%，其中回族人口增加 328505 人，增长 17.64%。

从表 6-2 可以看出，1980 年之后，宁夏回族自治区人口中汉族所占比例有所下降，2000 年之后，一直在 63%—65%，而其他少数民族的人口则由 1980 年的 0.12% 逐年递增，至 1990 年增至 0.42%，1997 年突破了 0.5%，2003 年之后突破了 0.6%，之后一直保持在 0.65% 以上，这与 2000 年之后宁夏快速城市化建设及少数民族在全国范围内的流动区域不断扩大等因素密切相关。

表 6-2　　　　　　主要年份宁夏民族人口和民族比例

年份	汉族 人口数（人）	比重（%）	回族 人口数（人）	比重（%）	其他少数民族 人口数（人）	比重（%）
1958	1303335	67.35	629797	32.54	2031	0.11
1960	1515958	71.16	612379	28.75	1979	0.09
1964	1486939	69.19	658629	30.65	3413	0.16
1965	1569719	69.22	695061	30.65	3071	0.13
1970	1931177	69.63	839353	30.26	2950	0.11
1975	2280396	69.54	995202	30.35	3630	0.11
1978	2457551	69.11	1094660	30.78	3617	0.11
1980	2565593	68.65	1167257	31.23	4319	0.12
1985	2797427	67.47	1337561	32.26	11227	0.27
1990	3098093	66.53	1538925	33.05	19756	0.42
1991	3145793	66.38	1572370	33.18	20628	0.44
1992	3194363	66.24	1606934	33.32	21400	0.44
1993	3247349	66.16	1639100	33.39	22133	0.45
1994	3323330	65.96	1691572	33.57	23780	0.47
1995	3374813	65.86	1724148	33.65	24884	0.49
1996	3424762	65.71	1761876	33.80	25461	0.49
1997	3465287	65.51	1797247	33.98	26867	0.51
1998	3507446	65.37	1829700	34.10	28520	0.53
1999	3537134	65.11	1865903	34.34	29854	0.55

续表

年份	汉族		回族		其他少数民族	
	人口数（人）	比重（%）	人口数（人）	比重（%）	人口数（人）	比重（%）
2000	3602104	64.98	1910101	34.46	31009	0.56
2001	3649994	64.81	1950424	34.63	31793	0.56
2002	3694928	64.65	1987129	34.77	33319	0.58
2003	3741161	64.48	2024723	34.90	36028	0.62
2004	3774150	64.22	2064854	35.13	38138	0.65
2005	3816891	64.02	2105192	35.31	39946	0.67
2006	3856020	63.87	2140903	35.46	40382	0.67
2007	3874218	63.49	2182260	35.76	46040	0.75
2008	3909502	63.29	2220417	35.95	47020	0.76
2009	3952260	63.22	2251503	36.01	48260	0.77
2010	4096692	64.72	2191810	34.63	41048	0.65
2011	4062457	63.53	2286692	35.76	45400	0.71
2012	4121574	63.68	2301225	35.56	49109	0.76
2013	4163420	63.64	2328975	35.60	49543	0.76
2014	4197864	63.45	2361434	35.70	56078	0.85

资料来源：贾红邦：《宁夏统计年鉴》（2015），中国统计出版社2015年版，第115页。

总之，改革开放以来，宁夏社会经济的发展促使传统的民族社区从封闭走向开放，居住格局由聚居走向杂居。各少数民族尤其是回族形成了与汉族混杂居住的格局，为民族间的交往和互动提供了更宽广的时空场域，有利于民族关系的和谐发展。

第三节 城市化进程对青海省城市民族居住格局的影响

青海省下辖6州、2市、51个县级行政单位，与甘肃、四川、西藏、新疆等省区接壤。由于地处内陆，青海省经济社会发展滞后。中华人民共和国成立初期，"城镇少，规模小，城镇人口在总人口的比重也很低。1949年，全省城镇人口不足10万人，约占全省总人口的6.7%，其中城市人口7万人，占全省总人口的47%。新中国成立后，随着经济建设事业的发展和城镇建设规模的逐渐扩大，一批高原新兴城镇崛起，聚集了大批城镇人口，第四次全国人口普查统计，1990年全省3个城市和35个建制镇共有人口1632841人，占全省总人口的36.6%。其中，市人口833572人，占18.7%；镇人口799269人，占17.9%。另外，还有19个非建制镇的县城及龙羊峡水电厂、锡铁山铅锌矿、海曼县青海矿区、李家峡电站等工矿区内也聚集了相当数量的城镇人口。到1990年，青海城镇人口超过170万人，相当1949年全省城镇人口的17倍。"① 第六次全国人口普查数据显示，青海省常住人口5626722人，同第五次全国人口普查相比，10年间增加了445162人；在人口的区域分布中西宁市人口最多，占全省常住人口的39.25%，果洛藏族自治州人口最少；在人口的城乡（牧）分布中，城镇人口2516258人，占44.72%，乡村（牧区）人口3110464人，占55.28%；同第五次全国人口普查相比，城镇人口增加了715323人，乡村（牧区）人口减少了270161人，城镇人口比重上升了9.96个百分点。

城市人口增多的原因，一方面是"国家机关和企事业单位招工、招干、招生、招兵较多，向西宁及其他城镇和牧区迁移流动人口较多"。② 如西宁市第六次全国人口普查主要数据公报显示，西宁市四个城区的城镇化率均在90%以上，城西区城镇化率最高，达到99.79%，然后为城东区98.66%、城中区95.50%、城北区91.24%。另一方面是青海省作为一个资源大省，资源开发带动了工业发展，"工业发展加快了城镇建设，扩大了城镇规模，使人口城镇化日趋明显"。③ 最为明显的例子就是资源丰富的柴达木盆地，其资源开发带动了城市发展，"1990年与1980年相比，工业总产值增长7.78倍，财政收入增长1.26倍。随着经济增长城镇人口迅速增长、海西州的城镇人口由1980年的12.54万人增加到1990年的24.48万人，增长近1倍。"④ 海西州2010年第六次人口普查公报数据显示，柴达木盆地格尔木市城市人口为186341人，

---

① 《跨世纪的中国人口》（青海卷）编委会：《跨世纪的中国人口》（青海卷），中国统计出版社1994年版，第18页。
② 同上书，第176页。
③ 同上书，第186页。
④ 同上书，第186页。

第六章　城市化进程对甘宁青地区民族居住格局的影响 ▎195

城镇化率达到86.58%；德令哈市城市人口为54844人，城镇化率达到70.15%。作为一个多民族的省份，农牧区人口向城镇转移，增加了城市少数民族人口的数量，影响了城市民族分布格局。

一　城市化对西宁市民族居住格局的影响

西宁市作为青海省省会，是青海省第一大城市，也是青海省经济、政治、文化中心。西宁市下辖城东、城中、城西、城北四个区，大通、湟中、湟源三个县，以及正在建设的西宁（国家级）经济技术开发区和城南新区（属城中区）、高新技术开发区（生物科技产业园区）、海湖新区。西宁市作为青藏高原的交通枢纽，是一个典型的多元文化交汇之地和多民族聚集城市，有汉族、壮族、回族、满族、瑶族、侗族、撒拉族、黎族、白族、羌族、藏族、土家族、俄罗斯族、独龙族、维吾尔族、鄂伦春族、锡伯族、哈尼族、蒙古族等34个民族。

（一）省内外人口迁入对西宁市民族居住格局的影响

为改变改革开放以来人才流失对青海发展带来的不利影响，"1984年，省政府做出了从内地招聘人才可以解决全家落户和解决'农转非'指标的优惠政策措施，初步缓解了'孔雀东南飞'人口迁出大于迁入的状况。这个时期，省外迁入人口共299445人"。[①] 同时，由于省内其他地区自然环境恶劣，经济社会发展滞后，这些地区的各族退休职工也不断迁入西宁市。如海西地区的农场改制后，大部分职工（以汉族为主）迁入西宁市。据第六次全国人口普查数据显示，在西宁市常住人口中，汉族人口1635217人，占74.04%，各少数民族人口573491人，占25.96%；少数民族中，回族359138人，占16.26%；藏族121667人，占5.51%；土族57521人，占2.6%；蒙古族13701人，占0.62%；撒拉族8505人，占0.38%；其他少数民族12959人，占0.59%。

青海省统计局对第六次人口普查数据分析表明，随着近年来西宁市"大力实施城乡一体化发展的战略思路，采取撤乡建镇、加快小城镇建设、大力发展第三产业及逐步深化城乡分割户籍制度、就业制度和社会保障制度的改革，人口迁移政策放宽，由农村人口转为城镇人口的数量逐年增加，使我市城镇化进程加快，城乡一体化格局稳步推进，城镇化

---

① 青海省地方志编纂委员会：《青海省志·人口志》，西安出版社2000年版，第46页。

水平快步提高……同 2000 年第五次全国人口普查相比，市区城镇人口增加了 212043 人，乡村人口减少了 57646 人，城镇人口比重上升了 7.12 个百分点。市区人口比重由第五次全国人口普查的 47.56% 上升到第六次全国人口普查的 54.25%。三县人口比重由 52.44% 下降到 45.75%。"[1] 西宁市下辖的大通、湟中、湟源三县居住着大量回族和藏族，三县人口向四区的转移中，大量藏族和回族人口转移到了城市。这从第六次全国人口普查数据中得到了印证，同第五次全国人口普查相比，第六次全国人口普查中汉族人口增加 162494 人，增长 11.03%；少数民族人口增加 67014 人，增长 13.23%；少数民族人口比重提高到了 25.96%。

（二）城市拆迁改造对西宁市民族居住格局的影响

西宁市城市拆迁改造对原有民族居住格局产生了重要影响。据马晓东研究，西宁市少数民族最集中的城东区，各个民族居住情况主要以混杂居住为主，间有小聚居区，聚居的民族主要以回族、撒拉族、东乡族、保安族为主，在大众街、东关大街、清真巷、林家崖、周家泉分别聚居着全区 82.1% 的回族人口、73.5% 的撒拉族人口、76% 的东乡族人口、83% 的保安族人口。[2] 由于"各个少数民族还存在一定的居住偏好，即在宗教信仰、经济生活、教育及职业背景相同或相似的前提下，不同民族容易形成居住格局上的小聚集模式"。[3]

在 20 世纪 80 年代以来的城市拆迁改造中，部分回族迁出了回族聚居的城东区，但是，由于城东区回族人口基数大，加之进城回族大多选择居住在这里，城东区依然是主要的回族聚居区。城东区的民族居住格局虽未发生根本变化，但随着汉族、藏族、撒拉族、土族等民族的迁入，城东区多民族混合居住社区有所增加。正如有研究者指出的："西宁市东关地区历来是穆斯林群众聚居地，如今被各民族杂居所取代，但依然有相对集中的'小聚居'地带，其中杨家巷成为撒拉族群众聚居

---

[1]《城镇化水平不断提高　乡村人口转移加快——西宁市第六次人口普查数据解读之五》，西宁市统计局网，2011 年 5 月 25 日（http://xntjj.xining.gov.cn/html/872/211289.html）。

[2] 马晓东：《居住格局对民族关系的影响及对策研究——以西宁市城东区为例》，《西北第二民族学院学报》2007 年第 1 期。

[3] 同上。

地，建国路为民巷则成为藏族群众聚居地。"①

（三）城市规模扩大对西宁市民族居住格局的影响

西宁市城市规模向外围扩展过程中，一些周边民族杂居乡村或少数民族村落被纳入城市，这对西宁市的民族居住格局也产生了影响。在国家实施西部大开发战略的宏观背景下，青海省为把西宁市建设成为青藏高原的现代化中心城市，制定了"扩市提位"的发展战略，2001年开始开发建设了现属于城中区管辖的城南新区。"西宁市城南新区原本是西宁市郊区，主要以汉族和回族为主，在西部大开发中西宁市扩市，才有了城南新区。"② "目前新区总共居住5万人口，截至2011年年底迁入藏族人口约3000人。"③ 城南新区的建设与发展是西宁市城市化和多民族人口社会流动的结果，这里已经成为汉族、藏族、回族的民族杂居区。

另外，在西宁市城市扩张中，还形成了一大批城中村，如曹家寨、付家寨、朝阳村、寺台子村、杨家寨、沈家寨等，它们是市区内集中连片、规模较大的城中村。这些城中村的居民以出租住宅为主。很多来西宁市经商、打工的省内外各民族人口也因此居住在此，使这些城中村发展成为多民族杂居区域。

二 城市化对格尔木市民族居住格局的影响

青海省格尔木市位于青藏高原腹地，是一个典型资源型地区，境内有钾镁盐储量丰富的察尔汗盐湖，还蕴藏着丰富的油气资源。其战略位置也极其重要，既是进出西藏物资的重要集散地，也是连接青海、西藏、新疆、甘肃四省区的交通要塞。1956年成立格尔木工作委员会，为县级机构。1980年经国务院批准设立州辖县级市。为加快格尔木发展，2000年青海省委、省政府明确格尔木为州辖地级市。全市现设3个工行委、4个乡、5个街道办事处和1个经济开发区，开发区由两省区（青海、西藏）三方（青海、西藏、部队）、六大系统（市属、西格办、部队、盐湖集团、铁路系统、石油系统）组成，有地厅级单位5

---

① 赵英：《青海民族关系的新特点与民族团结进步示范区建设研究》，《攀登》2012年第5期。

② 卢红娟：《藏族定居城市后社会调查适应研究》，硕士学位论文，兰州大学，2012年，第7页。

③ 同上书，第9页。

个，县团级单位近80个。因此，格尔木市是中华人民共和国成立以来因资源开发而兴起的移民城市，也是以工业企业为主导的城市。

建设初期，其居民主要是来自省外工矿企业的技术人员、管理干部、工人以及从省内农牧区招聘的各族工人。自建设初期格尔木市就是一个多民族城市，这一格局一直维持到现在。第六次全国人口普查数据显示，格尔木市常住人口为215213人，其中，汉族人口150263人，占69.82%；各少数民族人口为64950，占30.18%；蒙古族3818人，占1.77%；藏族9021人，占4.20%；回族43780人，占20.34%；土族3302人，占1.53%；撒拉族2185人，占1.02%；其他少数民族2844人，占1.32%；与第五次全国人口普查相比，汉族人口增加了32667人，增长了27.51%；少数民族人口增加了17275人，增长了36.96%；少数民族人口比重由28.70%提高到30.18%。"从城乡角度分析，该市市区（即各街道办）常住人口达156779人，占全市常住人口的72.85%；各乡村达58434人，占27.15%，该市常住人口分布呈'城多村少'。截至2010年，格尔木市各乡镇常住人口分布状况：昆仑路街道54330人，占全市常住人口的25.25%；黄河路街道26863人，占全市常住人口的12.84%；金峰路街道39531人，占全市常住人口的18.37%；河西街道23958人，占全市常住人口的11.13%；西藏路街道12097人，占全市常住人口的5.62%；郭勒木德镇31940人，占全市常住人口的14.84%；大格勒乡2178人，占全市常住人口的1.01%；乌图美仁乡3831人，占全市常住人口的1.78%；唐古拉山镇1605人，占全市常住人口的0.75%；察尔汗行委7109人，占全市常住人口的3.3%；农垦（集团）有限公司11771人，占全市常住人口的5.47%。"[①]

改革开放之后的西部大开发和城市化建设使得格尔木市城市化水平进一步发展，吸引了省内外各民族人口来此定居。僧格等2005年9—10月间在格尔木的调查发现，格尔木市流动人口主要集中于昆仑路、金峰路、河西街道、市商业区和菜市场、河东三角地带等地，以籍贯、民族、职业为主要特征聚居；河东三角地带穆斯林流动人口比较多，市商

---

① 邓亚金、赵倩：《格尔木人口分布"城多村少"》，《柴达木日报》2011年6月11日第1版。

业区和菜市场大多是来自河南、四川的外来人口。①

少数民族人口的增加，对格尔木市民族居住格局影响最明显的当属回族。贾绍凤研究表明："回民起初是在城边的一块空地上摆摊做生意，后来经济实力强大了，自己集资修建了街道、市场，发展成为有达3万余人的贸易城。格尔木市的回民聚居区就是由回民自发集资建设的。"② 马学贤在研究中也发现了同样的现象，即在格尔木市，"回族以极快的速度形成格尔木市一个庞大的社会群体，主要分布在河西和河东两大社区。河东以金峰东路、江泰路、江源路、泰山路四条马路围成的方形区中，以河东清真寺为中心，形成了一个以回族为主的穆斯林移民新区。由于此地的多数移民没有当地户口，人们习惯上称其为'黑户'，称此处为'黑三角'。他们大多是来自青海东部湟水流域和甘肃等地的农民。以民族人口数排序为回族、撒拉族、东乡族、保安族、哈萨克族等。每年穆斯林传统节日——开斋节和古尔邦节，在河东清真寺聚礼的人数达到1万左右，加上妇女和儿童可能有3万多（大多数为'黑户'）。河西以河西清真寺为中心，在金峰路北侧形成一个以回族为中心的穆斯林聚社区。常住回族、撒拉族等800户、3000多人，每年穆斯林两节期间，聚礼的人数也有1万人左右，再加上家中的妇女和儿童有2万左右（大多数为'黑户'）。河东、河西两处的穆斯林群众的来源及人口流动情况基本相同。"③

综上所述，20世纪90年代以来，甘宁青地区大规模城市化建设不仅促进了该地区城市人口规模的增加，也使城市之中原有民族聚居区逐渐消散，多民族杂居特征更加明显，在一些城市周边形成了一些新的少数民族聚居区。

---

① 僧格、马宝龙：《格尔木市流动人口调查报告》，《西北民族研究》2007年第4期。
② 贾绍凤：《格尔木市的流动人口》，《人口学刊》1999年第2期。
③ 马学贤：《青藏线沿途穆斯林移民社会现状调查》，《青海社会科学》2007年第3期。

第七章　甘宁青地区多民族之间的社会文化交往

甘宁青地区自古就是一个各民族东进西出、南来北往的多民族地区，历史上的民族交往为当前各族和睦相处奠定了基础。但是基于文化差异、人口流动、社会竞争等各种原因，当地各民族之间的社会文化交往依然错综复杂。

第一节　藏区汉族、藏族和回族之间的社会文化交往
——以甘肃省天祝藏族自治县为例

甘肃省是我国少数民族人口较多的省份，第六次全国人口普查显示，各少数民族人口为2410498人，占9.43%。甘肃省现有54个少数民族，世居少数民族有回族、藏族、东乡族、土族、裕固族、保安族、蒙古族、撒拉族、哈萨克族、满族等16个少数民族，其中东乡族、裕固族、保安族为甘肃省的特有民族。从行政区划来看，甘肃省有2个民族自治州和7个民族自治县，具体包括：甘南藏族自治州、临夏回族自治州，肃北蒙古族自治县、阿克塞哈萨克族自治县、张家川回族自治县、天祝藏族自治县、肃南裕固族自治县、东乡族自治县、积石山保安族东乡族撒拉族自治县。从人口规模来看，汉族、回族和藏族是人数最多的民族。从宗教类型来看，伊斯兰教和藏传佛教是少数民族中信仰人数最多的宗教。值得注意的是，基督教近年来在部分少数民族中有所传播。本节选取天祝藏族自治县考察藏族、汉族和回族三个民族之间的社会文化交往状况及当地多元文化融合现象。

天祝藏族自治县位于河西走廊和祁连山东端，地处甘肃省中部，武威市南部。县域面积7149平方千米，占甘肃省的1.54%，武威市的

21.51%。东有景泰县,西邻青海省门源、互助、乐都3县,南接永登县,北靠凉州区、古浪县,西北与肃南县交界。天祝藏族自治县辖9镇10乡,176个行政村,18个居委会。天祝亦称"华锐",藏语之意为"英雄的部落"。1936年之前并无"天祝"之名,外界常以"番民之地"或"番地"称之,而本地民众自称为"华锐嘎布"。"民国二十五年(1936),为便于管理,取境内的天堂寺、祝贡寺二寺首字为名,成立天祝乡,始有该名。管辖祁连、哈溪、夏玛、莫科、不毛山(毛毛山)南北等处番民三十六族八千二百三十二人,隶属永登县。"① 1949年9月3日,永登县解放,同年成立了永登县天祝区。1950年5月6日成立天祝自治区(县级),属武威专区管辖;1953年10月22日改称天祝藏族自治区,1955年7月19日,更名为天祝藏族自治县。

一 天祝藏族自治县的民族和人口

(一)主要民族状况

1. 藏族的起源与发展

天祝藏族自治是一个以藏族为主体的多民族聚居区,是华锐藏区的主要组成部分。吐蕃势力进入之前,今天祝藏族自治县曾先后是古羌人、鲜卑、吐谷浑等游牧民族活动的地区,汉族王朝的势力也时有覆及。吐蕃占据河湟地区与河西地区后,便向统治区派文武官员、迁移人口,并在包括今天祝藏族自治县在内的新征服区推行"吐蕃化"政策。公元842年,吐蕃赞普郎达玛被弑,王朝解体后河陇一带的吐蕃边将大多卷入争夺王权的混战。公元857年,在今甘青地区爆发了以奴隶和平民为主的大起义,沉重打击了吐蕃在当地的统治。后来,起义军的一部分移居河西的凉州(今武威)一带,与当地的吐蕃融合形成了凉州六谷部。今天祝藏族自治县的藏族就是凉州六谷部的直接后裔,当然在此过程中也融合了部分汉、党项、吐谷浑等民族。至民国时期,今天祝藏族自治县境内的藏族仍然是部落和寺院统治下的藏族地区,其基本组织称为"措哇"。由于以畜牧为主,自然环境恶劣,以及受藏传佛教送男丁送入寺院为僧等因素的影响,当地人口出生率不高、人均寿命低、人口数量少。加之"清同治五年(1866),河州回民以马占鳌为首起事,

---

① 《天祝藏族自治县概况》编写组:《天祝藏族自治县概况》,甘肃民族出版社1986年版,第3页。

同年七月进入天祝。由于清政府玩弄阴谋，采取'以回制回'、'以藏制回'、'以汉制回'的反动政策，造成了各民族之间的相互仇杀。当时，夏玛寺活佛扎提·次成土丹尼玛联合本土二十余族，迅速组织兵马，在土门、裴家营等地进行了阻击，因寡不敌众，最终失败。马占鳌部更加大肆杀戮、抢掠财物、焚毁寺庙村舍，天祝各族人民的生命和财产的损失极其惨重，有许多人纷纷逃往青海避难。第二年又逢大旱，田禾枯焦，农牧双遭灾害。由于天灾兵祸，使藏族人口锐减到千人左右，后经清光绪十四年（1888）招垦，才逐渐达到二千多人。"[1] 至民国初年形成36族、14寺院。根据分布区域，36族由东山8族、红番5族、安远6族、哈溪5族、西坪山1族、华藏1族、南山4族、莫科2族、石门4族组成，另有鲁土司管辖的连城8族8寺。

2. 汉族的来源

早在明代移民实边时，天祝藏族自治县周边就有来自内地的汉族居民和将士，其后这些汉族军民的后代部分进入今天祝藏族自治县。清光绪十四年（1888）实施招垦开荒政策[2]后，汉族较大规模进入今天祝藏族自治县。"民国十六年（1927），古浪、武威等地发生了强烈地震，损失惨重，天祝的部分地区也受到了影响。第二年，天祝四邻的农业又遭受到严重的旱灾，迫使许多汉族、土族农民迁居天祝"。[3] "1946年以后，青海马步芳掌权疯狂扩充其军队，到处抓兵要款，该省东部农业区的藏族、土族、汉族等各族人民，纷纷逃离本土，避居天祝，使天祝人口急剧上升，居民中的民族成分也发生了很大变化。"[4] 中华人民共和国成立后，因支援天祝建设，数量较多的汉族干部、教师、医务工作者、专业技术人员迁入并定居。自改革开放以来，随着社会流动的加快，天祝藏族自治县吸引了来自全国各地以回汉民族为主的各族群众来此觅职经商，当地民族与文化的多元性进一步显现。

3. 其他民族的来源

地广人稀为其他民族进入天祝藏族自治县提供了条件，于是来自青

---

[1] 《天祝藏族自治县概况》编写组：《天祝藏族自治县概况》，甘肃民族出版社1986年版，第42页。

[2] 同上。

[3] 同上书，第60页。

[4] 同上书，第43页。

海、甘肃河西及其他地区的汉族、回族、土族等纷纷迁入。"天祝土族大部分是从青海互助、民和、大通等地迁来的";①"蒙古族大部分是从青海迁来的";②"回族大部分是从甘肃临夏和青海的大通、门源一带迁来的,除一部分因马步芳抓兵和生活所迫逃到天祝外,其余的人多是祖辈在天祝经商。"③ 中华人民共和国成立后,也有一部分从甘肃临夏回族自治州、宁夏回族自治区、青海省门源县等地迁来的回族,他们主要分布在华藏镇城区边缘的阴洼山、哈溪、石门、打柴沟、西大滩、东大滩、松山等靠近牧区和城镇集市的区域。

（二）天祝县各民族人口状况

中华人民共和国成立初期,天祝藏族自治县总人口 77572 人,其中藏族 14012 人,汉族 58111 人,土族 3005 人,回族 2355 人,蒙古族 75 人,满族 14 人;1956 年,天祝藏族自治县总人口为 89651 人,其中藏族 24394 人,汉族 60159 人,土族 4189 人,回族 715 人,蒙古族 161 人,满族 18 人,东乡族 5 人,壮族 1 人。④ 第三次人口普查资料显示,天祝藏族自治县总人口为 184410 人,其中藏族 44602 人,占总人口的 24.8%；汉族 1274827 人,占总人口的 69.1%；土族 10051 人,占总人口的 5.4%；回族 1462 人,蒙古族 597 人,满族 184 人,其他民族 87 人。⑤ 第五次全国人口普查数据显示,天祝藏族自治县总人口为 221347 人,其中藏族 66125 人,汉族 139190 人,回族 1986 人,蒙古族 493 人。第六次全国人口普查数据显示,天祝藏族自治县有藏族、汉族、土族、回族、蒙古族、满族、维吾尔族、苗族、彝族、壮族、布依族、朝鲜族、侗族、土家族、哈萨克族、傣族、黎族、佤族、拉祜族、东乡族、达斡尔族、撒拉族、怒族、保安族、裕固族、赫哲族 26 个民族,常住人口为 174793 人,其中藏族 53968 人,占 30.88%；汉族 107694 人,占 61.61%；土族 10525 人,占 6.02%；回族 1334 人,占 0.76%；其他少数民族占 0.73%,其他少数民族中人口上百的是蒙古

---

① 《天祝藏族自治县概况》编写组：《天祝藏族自治县概况》,甘肃民族出版社 1986 年版,第 56 页。
② 同上书,第 60 页。
③ 同上。
④ 同上书,第 37 页。
⑤ 同上书,第 37—38 页。

族673人、满族235人。

总之,清代以来,汉族、回族、土族等民族的迁入,对天祝藏族自治县民族构成、生计方式、宗教信仰以及地域文化等都产生了重要影响。中华人民共和国成立后,中国共产党民族理论和政策的实施,对天祝藏族自治县民族宗教和民族关系产生了新的影响。在新时期,维护天祝藏族自治县藏区的稳定,促进民族团结,是当前民族宗教工作的重中之重。

二 回汉商人与天祝藏族自治县社会文化变迁

天祝藏族自治县地处青藏高原、黄土高原和内蒙古高原的交会地带,是丝绸之路的必经之地,素有"河西走廊门户"之称。天祝藏族自治县境内河流广布,水草丰美,自然资源丰富。盛产白牦牛、岔口驿马、高山细毛羊、黄牛、犏牛、驴、骡等牲畜,鹿茸、麝香、冬虫夏草、党参、黄芪、羌活、大黄、秦艽等名贵野生中药材,其境内所产的蕨菜、野胡萝卜(俗称赛人参)、蕨麻、野蘑菇等野菜也享誉华夏。

民国之前,天祝一直是茶马贸易的前沿,"至清朝时,天祝境内的松山、岔口驿被辟为茶马主要交易点,私市贸易蓬勃发展。"[①] 民间的其他贸易也十分兴盛,活动于这里的回族商帮,山、陕、陇汉族商帮经常将天祝所产畜牧产品、名贵中药材、地方特产运至县外,将各种日用品、茶叶等商品带给县内农牧民。随着商业的发展,一些商人定居于今天祝藏族自治县境内。中华人民共和国成立前夕,在天祝县旧址安远镇"有毛阿訇的车马店,孙王二家的小店,严氏兄弟开办的小药铺和两家回民分别经营炒面片和羊杂碎泡馍生意,以及几个杂货铺。在这条丝绸之路的小镇上,尚不时传来人们祖祖辈辈听惯了的得得马蹄和叮咚驼铃之声。"[②] 有天祝本地研究者指出:"早在民国时期,天祝的哈溪、毛藏、双龙一带就有少量的回族在进行商贸活动,他们来自临夏、青海门源以及宁夏等地,从事的也主要是皮毛贩卖生意。最初的商贸方式并非建立在货币交换上,而是'物物交换'。他们用当地藏民需要的茶叶、香料、糖果、布匹、簸箕、筛子、绳子等各种生活必需品换取藏民的牛羊、半成品皮毛、酥油、奶酪、干肉、冬虫夏草、雪莲、藏红花等特

---

① 杨大立:《兴商富民活经济——天祝民族贸易60年发展综述》,《武威日报》2010年6月7日第1版。

② 《天祝藏族自治县概况》编写组:《天祝藏族自治县概况》,甘肃民族出版社1986年版,第25页。

产。一直到解放后这种'物物交换'的商贸方式始终没有间断。"①

改革开放以来，活跃于农牧交错地带的穆斯林开始发挥其传统的"农—牧传手"作用。有研究发现："近年来，在天祝藏族自治县境内活跃着一支回族经商队伍，被当地人称作'回回贩子'。他们贩卖当地藏区的牛羊、半成品皮毛、野生药材以及进行饮食、服饰等'买卖'，在当地畜牧业向经济效益转化的过程中起到了桥梁的作用，为畜牧业的纵深发展提供了契机，同时也繁荣了天祝经济。"② 这些回族商人或从事畜牧产品、野生药材等土特产的贩卖，或经营清真饮食业。从事土特产贩卖的主要是将当地各种物品收购后转销到外地，许多人已经小有规模；从事清真餐饮业的回族也以特色取胜，以"牛肉拉面"和"手抓羊肉"最出名，还有牛羊肉杂碎砂锅、清炖羊肉、羊肉焖肚饭、烤羊肉、烤牛肉、羊羔肉、牛排、油饼、麻花、饼子等清真特色小吃，仅天祝藏族自治县县城内就有二三十多家清真餐馆。改革开放以来，来自江浙川湘等地的内地汉族商人也在天祝开店经营，给天祝带来了巨大变化。

可以说，清末以来活跃在天祝藏族自治县境内的外地回汉族商人，既运来了当地群众日常生活所需的各种货物，又将本地盛产的畜产品、名贵药材远销县外。这种商业活动使天祝藏族自治县与外界有了更多的接触，在一定程度上加速了天祝畜牧产品和土特产的商品化，促进了当地社会的逐步转型，既改善了生活和发展了生产，又增进了藏族、汉族、土族、回族等各族之间的交流与了解，开阔了人们的眼界。

三 多民族、多宗教影响下的多元文化互动与融合

天祝藏族自治县以汉族和藏族为主，除此之外还有回族、土族等民族。文化多元性十分明显，从宗教文化来看，有以藏族、土族、蒙古族为代表的藏传佛教文化，有以回族为代表的伊斯兰文化，有以汉族为代表的儒释道文化。从生产生活方式来看，有游牧文化、农耕文化、工业文明、城镇文化、商贸文化，以及当代兴起的现代科技文化。

（一）宗教文化的多元性

1. 藏传佛教状况

在天祝藏族自治县的宗教史上，藏传佛教曾经极为兴盛。元代，藏

---

① 党春福：《回族经商与地方经济发展——以天祝藏族自治县为例》，新浪微博（http://blog.sina.com.cn/s/blog_ 642b1b480100g2iq.html）。

② 同上。

传佛教的萨迦派曾在此盛极一时。明清时期，藏传佛教的发展更为辉煌，当时著名寺院有天堂寺、东大寺、达隆寺、石门寺、妙因寺、华藏寺等。随着格鲁派兴盛，许多寺院改宗。格鲁派著名领袖五世达赖阿旺罗桑·嘉措、六世班禅罗桑华丹·益西、嘉木样二世久美昂吾等先后来此传教弘法。天祝藏族自治县境内的天堂寺、石门寺、达隆寺等规模不断扩大，其中的天堂寺更是声名鹊起，位列藏传佛教北方五大名刹之一，素有"自古天堂八百僧"之称，[1] 其中的石门寺一个寺院就有80多位高僧获得了"拉然巴"和"多然巴"学位。[2] 在藏传佛教文化的滋养下，这里诞生了许多著名僧人和佛教理论家，如著名大学者土观·罗桑曲吉尼玛、十三世达赖喇嘛的经师华热罗桑绕布萨、"掌印喇嘛"东科·图丹晋美嘉措、大国师章嘉·若贝多吉等。[3]

无论是元代兴盛的萨迦派，还是明清繁荣的格鲁派，都可以看出藏传佛教在天祝藏族自治县宗教史中的地位。但在清代至中华人民共和国成立后的改革开放前，藏传佛教在不同时期受到了不同程度的破坏，影响了其在天祝藏族自治县的发展。在清代，由于寺院僧人参与罗卜藏丹津反清，清军对石门寺等藏传佛教寺院进行了毁灭性破坏，其后清政府的政策更抑制了藏传佛教的规模扩张。清同治年间回民起义时，由于天祝藏族误判形势，致使马占鳌所在部烧毁夏玛寺、达隆寺、华藏寺等藏传佛教寺院，在回藏冲突中藏族人口损伤惨重，所剩人口不足2000人，寺院的恢复和发展可想而知。光绪二十一年（1895），河湟地区穆斯林再次发动起义，天祝的夏玛寺等再遭兵燹。民国时期，天祝藏传佛教发展艰难，但仍有"三十六族十四寺院"之说。有学者指出，至中华人民共和国成立初，天祝藏族自治县境内有22座寺院，僧人800余人。[4] 之后，藏传佛教继续发展，至20世纪50年代中期，有寺院22座，僧人千人。后来大多数藏传佛教寺院在历次政治运动中被损毁，僧侣受到不公正待遇。中共十一届三中全会后，党和国家在宗教工作中拨乱反

---

[1] 才让东知：《天祝藏传佛教文化发展概述》，佛缘网，2010年12月23日（http://www.foyuan.net/article-195050-1.html）。

[2] 华锐吉、张吉会：《浅谈天祝县藏传佛教寺院的历史、现状及发展趋势》，《西藏民族学院学报》2008年第4期。

[3] 才让东知：《天祝藏传佛教文化发展概述》，佛缘网，2010年12月23日（http://www.foyuan.net/article-195050-1.html）。

[4] 蒲文成：《甘青藏传佛教寺院》，青海人民出版社1990年版，第553页。

正，14座寺院陆续开放。20世纪90年代，有4位活佛转世坐床。天祝现有15座藏传佛教寺院，藏传佛教教职人员96名，活佛12名。

近年来由于人们信仰观念的弱化，藏传佛教在天祝藏族自治县的发展今非昔比了，一些寺院已略显凋敝，驻寺僧人稀少，就连曾经辉煌一时的华藏寺也显得极为冷清。调研时，华藏寺旁边的民族广场几位藏族老人回忆，民族广场周围很多地方原本有寺院的建筑，"文化大革命"中被毁，土地再未归还寺院，寺院一直不景气。但是，藏传佛教依然是天祝藏族自治县最主要的宗教信仰。

2. 伊斯兰教

伊斯兰教是天祝藏族自治县两大主要宗教之一，现有金强驿清真寺、华藏清真寺、安远镇清真寺、打柴沟镇清真寺、炭山岭清真寺、岔口驿清真寺等7座宗教场所。除华藏寺清真寺外，其他清真寺在中华人民共和国成立前就有，虽然它们也在历次运动中遭到了破坏，但是在改革开放之后的拨乱反正中又相继恢复开放。

改革开放以来，随着天祝藏族自治县回族人口规模的增加，伊斯兰教在该地区也得到一定程度的发展，华藏清真寺的建立就是典型的例子。华藏寺本是藏族聚居区，20世纪50年代后期才陆续有几户穆斯林居住，没有清真寺。1989年天祝藏族自治县县城迁至华藏寺镇后，当地的穆斯林居民增至39户150多人。为方便宗教生活，从1989年起，当地穆斯林就多次向政府相关部门申请修建清真寺，由于不符合当时的国家相关政策，建寺之事一拖再拖。因此，引起了当地穆斯林群众反复向国务院宗教局、甘肃省委、省政府、省民委、省宗教局等各级政府和宗教工作部门上访与申诉。1992年，甘肃省委领导批示天祝藏族自治县尽快研究解决。1993年，甘肃省宗教局建议给予解决。1995年，在城区回族群众的强烈要求和甘肃省有关部门的督促下，天祝县召开了由统战、民族、宗教、人大、政协民宗委、城建、佛协、华藏寺院（藏传佛教寺院）、华藏村等有关部门负责同志和民族宗教界上层人士参加的征求意见会，但因清真寺选择及部分佛教教职人员的异议而再次耽搁，这再次引起了华藏寺穆斯林的上访。1997年，国家宗教局要求协调当地有关方面关系，妥善解决此事。为此，1997年10月，甘肃省宗教局函告武威民族宗教处尽快妥善解决此问题；11月，武威地委统战部与行署民族宗教处联合向天祝藏族自治县县委、县政府发出公函，要求依据国家的宗教政策和实际情况就此问题进行研究，如同意开放可先履行报批手续，随后协调确定地方。1998年6月，天祝藏族自治县政府正式向武威行署民族宗教处上报关于在华藏地区开放伊斯兰教清真寺的请求；8月，武威行署民族宗教处发文同意开放清真寺。但由于建设用地等问题，直至1999年，天祝藏族自治县才在距县城3千米的国道边批准1.7亩土地并拨款修寺。2000年1月，天祝县政府发布了关于在华藏城区开放伊斯兰教清真寺的通知，华藏地区穆斯林长达12年的建寺要求终于得到解决。

3. 其他宗教

除藏传佛教与伊斯兰教外，天祝藏族自治县还存在道教、基督教、天主教。道教在天祝藏族自治县并无道观，宗教教职人员主要是居家的阴阳风水先生，所以不是官方认可的宗教。由于人口流动，闽浙一带的汉族将基督教和天主教带入了天祝藏族自治县，并通过非正式传播方式将其传给了当地汉藏群众。由于没有在政府登记、未有宗教场所，基督教和天主教也不是官方正式认可的宗教。关于这一现象，其他一些研究者尤其是天祝本地籍的研究者也有所发现。天祝籍的藏族学者韦仁忠指出，天祝藏族的宗教信仰与"其他藏区有很大的区别，在这儿并不是全民信佛。有的年轻人参加了基督教会，有的信佛也信道"。[①] 另一天祝籍研究者杨东兴对这一现象产生的原因做了解读，认为"随着移民或人口自由流动，宗教格局发生变化，多宗教、多教派并存的现象更加普遍。单一地区单一宗教的格局越来越少，同一地区多种宗教并存的现象非常普遍。"[②]

（二）天祝多元文化背景下的文化互动与融合

不同民族在长期交往互动中，互相影响、互相吸纳而产生的民族文化融合现象十分普遍。天祝藏族自治县地处藏传佛教文化与儒家文化互动的前沿，汉藏文化之间的文化融合就不足为奇。民国时期迁入的汉族迁居后便信奉了藏传佛教，进寺烧香、在家煨桑、礼佛过节，出现了学者们所称的"藏俗汉盛"的现象。即使在宗教文化受经济大潮冲击的今天，部分乡村的汉族仍然对藏传佛教十分虔诚。

[①] 韦仁忠：《关于民俗变迁、文化整合的新思考——甘肃省天祝县汉、藏民族杂居村落藏族生活变化探微》，《甘肃联合大学学报》2008年第4期。

[②] 杨东兴：《新时期民族地区藏汉民族关系的调查研究——甘肃天祝县哈溪镇为个案研究》，硕士学位论文，西北民族大学，2009年，第37页。

第七章　甘宁青地区多民族之间的社会文化交往 | 209

民族文化融合还表现在藏族对汉族文化的吸纳和采借。这种现象早在清代就已出现,"至光绪八年（1882）,由于天祝藏族地区的群众,长期来受到汉族先进文化的影响,曾出现过'仿汉俗'的热潮,使天祝藏族的社会风尚发生了转变。"① 明显的案例就是天祝藏族广泛使用汉姓和使用藏语能力的逐步丧失。天祝县藏族除了使用"赛、穆、党、东、札、珠"等古代藏族的"六大姓氏"之外,绝大多数藏族人都采用不同的汉族姓氏。② 天祝藏族广泛采用汉族姓氏的情况"是历史及生活环境的产物,也是社会发展、民族融合这一大趋势的产物"。③ 也是天祝汉藏民族历史交往、文化交流的见证。由于长期与汉族、回族的交往互动,天祝藏族自治县的藏语和"家西番"藏族一样已不再将藏语作为日常交际语言。一位藏族老阿妈说:"华藏寺的藏族和别的地方的藏族不一样,我们都不会说藏语。好多老人也不会。"一位来自牧区的藏族老人很失落地说:"这里的藏族不会说藏语,也分不清哪些是藏族哪些是汉族。"一位曾在天祝藏族自治县统战部工作的藏族退休老干部也认为,当地藏族大多数人讲汉语"是因为天祝藏族开放,善于学习先进的东西"。在传统的丧葬习俗中,"天祝藏民多实行火葬。近几十年来,也仿照汉俗实行土葬。"④

在多民族杂居地区或多元文化交汇地带,不同文化之间相互影响无时不在。从天祝藏族自治县情况来看,这里每个民族的生活习俗都会或多或少地受其他民族影响。以当地藏族为例,其"信仰也和其他藏区有很大的区别,在这儿并不是全民信佛。有的年轻人参加了基督教会,有的信佛也信道。在这里已很少能看到传统的藏民族对佛教信仰的虔诚和执着了。造成这种状况的原因之一是藏语言的丢失,因为藏传佛教的教理大多是以藏语表述的,语言的障碍使他们无法成为藏传佛教的真正信徒和继承者。"⑤ "在汉、藏民族杂居的村落,藏族在生活上和行为上

---

① 《天祝藏族自治县概况》编写组:《天祝藏族自治县概况》,甘肃民族出版社1986年版,第61页。

② 杨·才让塔:《华锐藏族姓氏浅析》,中国西藏新闻网,2007年5月10日（http://www.chinatibetnews.com/lvyou/2007-05/10/content_87091.htm）。

③ 同上。

④ 《天祝藏族自治县概况》编写组:《天祝藏族自治县概况》,甘肃民族出版社1986年版,第43页。

⑤ 韦仁忠:《关于民俗变迁、文化整合的新思考——甘肃省天祝县汉、藏民族杂居村落藏族生活变化探微》,《甘肃联合大学学报》2008年第4期。

表现出逐渐地、不自觉地学习汉民族的民俗文化的迹象，这说明社会形态较发达民族的文化容易向社会形态欠发达的民族扩散的这样一种文化传播形式。这种关系并不是简单的求学者与指导者的关系，它所引起的是文化要素的大面积吸纳和借用。藏族人生活习俗的变化是属于自愿的、主体选择的结果，而不是某种力量强迫的结果。"① 当然，这种状况也与天祝藏族自治县所处的地理位置有关，其周围地区大多数是农区，农区的藏族藏语能力和藏文化氛围相对较弱，长期得不到来自核心文化圈的文化补给，也是天祝藏区出现文化变迁的重要原因。

四　多民族社会交往及民族关系

天祝藏族自治县曾经是汉族（华夏）与羌族、氐族、吐蕃族、蒙古族等民族，羌族、氐族与其他民族，吐蕃（藏族）与蒙古族、党项族、吐谷浑族、回族等民族交往互动的场域，这种互动关系表现为或战或和，或文化交流，或经济互补，这不断促进了天祝藏族自治县县境的开发，也为该地区多民族社会交往和民族关系奠定了基础。

（一）不同民族成员之间的互帮互助

民国时期，青海马氏军阀征兵，其境内的汉族、土族、回族等纷纷逃入天祝境内，得到当地藏族的帮助才渡过了生产生活的难关。"民国十六年（1927），古浪、武威等地发生了强烈地震，损失惨重，天祝的部分地区也受到了影响。第二年，天祝四邻的农业遭受到严重的旱灾，迫使许多汉、土族农民迁居天祝。对于逃难来的人，天祝人民非常同情，供给事食物、住房，甚至土地、牛羊，以帮助难民恢复正常的生活。迁居来的群众将高产的农作物种子和较先进的耕作技术带到了天祝，改变了这里以往不选种、不施肥、不锄草的落后耕作方法，使这里的农业、手工业有了新的起色，从而也促进了各兄弟民族的友好关系。藏民学习了农业技术，改变了单一的经济状况；汉族也学习了畜牧业经营方面的知识，共同推动了各项生产的发展。在长期的相互交往中，藏、汉两族群众有的互相通婚，成为亲戚。"② 为了自身安全、尽快融入当地社会，许多避难而来的汉族加入了当地的藏族部落（措哇），给寺院和其他部落头

---

① 韦仁忠：《关于民俗变迁、文化整合的新思考——甘肃省天祝县汉、藏民族杂居村落藏族生活变化探微》，《甘肃联合大学学报》2008 年第 4 期。

② 《天祝藏族自治县概况》编写组：《天祝藏族自治县概况》，甘肃民族出版社 1986 年版，第 60 页。

人当"牛户",接受藏族习俗。他们的后代有的融入藏族之中,被人们戏称为"假藏族",有的民族成分现在虽是汉族,但也是明显"藏化"了的汉族。

(二) 族际通婚十分普遍

在天祝藏族自治县天堂寺乡和华藏寺镇等乡镇,汉族与藏族、汉族与土族、土族与藏族的通婚十分普遍,家庭有3个不同民族成员的现象屡见不鲜,这些民族通婚的后代被当地人形象地称为"团结族"。"团结族"现象的出现正是天祝藏族自治县民族关系和谐发展的写照。在通婚中,不同民族文化的交流和融合自然发生,文化的多向度渗透既会影响通婚对象双方,也会影响到"团结族"的其他家庭成员及其后代,这在一定程度上有利于民族关系的和谐。

五 天祝县处理宗教与民族关系方面的经验

天祝藏族自治县是一个以藏族为主的地区,步入县城华藏寺镇会有一股浓浓的藏族文化气息扑面而来,具有藏族文化特色的各类建筑遍布县城各处(见图7-1和图7-2)。同时各民族高度融合的文化也能让人感受到一种祥和安定的气氛。正如藏族同胞所言:"我们天祝藏族是最具包容性的""我们这里最安定和谐"等。各民族相互团结、和睦相处局面的形成与天祝藏族自治县正确处理民族宗教问题密切相关。

图7-1 天祝县县政府办公大楼

图 7-2　县政府前广场外围

（一）制定符合民族地方实际的法律法规，保障少数民族合法权益

1987 年，天祝藏族自治县根据《中华人民共和国宪法》和《中华人民共和国民族区域自治法》，结合当地的政治、经济、文化的特点制定了《甘肃省天祝藏族自治县自治条例》；2006 年，又对《甘肃省天祝藏族自治县自治条例》做了修订。1999 年，天祝藏族自治县根据《中华人民共和国宪法》、《中华人民共和国民族区域自治法》和《甘肃省天祝藏族自治县自治条例》的有关规定，结合天祝藏族自治县的实际，制定了《天祝藏族自治县藏语言文字工作条例》。

针对天祝县藏族民族语言能力正在逐步降低的情况，这两个条例专门做了规定。《甘肃省天祝藏族自治县自治条例（2007 年修正本）》规定："自治县内的国家机关、企事业单位、人民团体的印章、牌匾和主要文件，并用藏、汉两种文字。"《天祝藏族自治县藏语言文字工作条例》第十一条规定："自治县国家机关、企业、事业单位的公章、牌匾、公文头、证件和界碑等，要使用藏、汉两种文字。自治县内县城、乡镇的主要街道名称、门牌、路标、纪念碑和汽车门徽等，应当使用藏、汉两种文字。"第十二条规定："自治县内生产的产品名称、商标及商品广告等，根据需要使用藏、汉两种文字。"在天祝藏族自治县随处可见汉藏两种语言合璧的商铺牌匾和企事业单位门匾（见图 7-3、图 7-4 和图 7-5）。

第七章　甘宁青地区多民族之间的社会文化交往 | 213

图 7-3　天祝县店铺门牌均有藏文及汉文两种文字

图 7-4　天祝县清真餐馆牌匾上有阿文、藏文和汉文三种文字

图 7-5　天祝县城所有路标都有汉文和藏文两种文字

为了认真贯彻落实《宗教事务条例》和《甘肃省清真食品管理条例》，形成依法管理宗教事务的良好社会氛围。天祝藏族自治县将两个条例纳入"五五"普法教育内容。先后举办"学习贯彻落实两个《条例》"和"宗教和睦与社会和谐"研讨会，召开了贯彻《甘肃省清真食品管理条例》专题座谈会。天祝藏族自治县民族宗教局还研究制定了《天祝藏族自治县藏传佛教活佛培养教育中长期规划》和《天祝藏族自治县藏传佛教教职人员培训计划》等。2010年，根据武威市、天祝藏族自治县政协会议提案要求，天祝藏族自治县国土局对全县辖区内17个藏传佛教寺院和5个伊斯兰教宗教用地进行了实地权属调查和勘测定界，并颁发了土地使用权登记证。"十二五"期间累计投入4500多万元解决了多个寺庙的水、电、路和僧舍维修等基础设施建设，切实解决了寺院的实际困难；自2013年以来，县上每年为宗教活动场所管委会落实办公经费和工作补贴18.55万元；为全体宗教教职人员解决了最低生活保障，医疗保险参保率达100%；为15座藏传佛教寺院建成了"寺庙书屋"，配备了300多种、4000多册图书。[①]

（二）认真贯彻执行国家的民族宗教政策，维护藏区和谐稳定局面

2008年3月14日，"藏独分子"在西藏拉萨发动打砸抢烧杀暴力犯罪活动，随后在青海、四川、甘肃很多地方爆发了同样的事件，对国家和人民群众的生命财产造成了巨大损失，破坏了安定团结的局面，但是天祝藏区并未出现类似的事件。这主要是因为西藏"3·14"事件刚一发生，武威市和天祝藏族自治县党委、政府就以高度的政治责任感和敏锐性，深刻把握中央和省委有关精神，及早谋划，果断决策，做到了思想、人员、责任、措施、保障到位，在天堂乡等敏感地区及时派驻了负责维稳工作的武警官兵，及时和各主要寺院的宗教人士进行沟通，宣传国家民族宗教政策，让僧人认识到达赖分裂集团的真面目。通过扎实细致的工作，广大藏族干部群众认真遵守国家的法律法规，以坚定的政治立场，坚决与党中央保持一致，旗帜鲜明地反对分裂，反对暴力犯罪，最大限度地维护了安定团结的政治局面，并把使用和培养具有坚定

---

① 郭红：《省政协副主席德哇仓带领调研组调研我县藏传佛教寺庙管理长效机制建设工作》，天祝藏族自治县政府网，2016年5月28日（http://www.gstianzhu.gov.cn/jrtz/tzyw/201606/t20160617_5393.html）。

政治立场和勇于担当作为选拔干部的重要标准，注重使用在维护民族团结、反对民族分裂等重大问题上立场坚定、旗帜鲜明的少数民族干部，培养和选拔对党忠诚、关键时刻敢于发声亮剑、有较强群众工作能力的少数民族干部，对保持藏区和谐稳定起到了关键作用。①

（三）不断探索完善的宗教场所法制宣传教育体系，提升宗教治理能力建设

天祝藏族自治县在全县范围内多层次、多渠道对教职人员进行了培训活动。2012年3月，天祝藏族自治县举办了全县统战宗教干部和宗教教职人员培训班，统战部、民族宗教局全体干部，各乡镇分管领导、宗教专干和22座宗教活动场所管委会主任，部分宗教界代表人士共90余人参加了培训，本次培训宣讲了《甘肃省宗教事务条例》《宗教活动场所财务监督管理办法》以及《积极引导宗教与社会主义社会相适应》、宗教政策法规进寺观教堂等专题内容，向党员干部和广大宗教教职人员宣传了民族宗教政策和与民族宗教相关的法律法规。② 华藏寺镇以藏传佛教寺院法制宣传教育工作为抓手，以"在管理中教育，在教育中管理"为管理理念，采取理论宣讲会、政策座谈会、记学习笔记、专题辅导、个别教育等多种形式和渠道，加强对僧人的爱国教育和法制宣传教育，由分管综治的领导和综治办工作人员实行包僧人制度，一对一做好法制宣传和教育工作。③ 2016年5月24日，天祝藏族自治县组织文体、司法协等十余个单位及部门在朵什镇举行第十三个民族团结进步宣传月活动，通过民族政策法规展板和现场解答，向群众集中宣传了"共同团结奋斗，共同繁荣发展"等党和国家关于少数民族的方针政策、尊重少数民族风俗习惯的具体举措。④ 在伊斯兰教工作中巩固政策

---

① 张海涛：《天祝：着力加强少数民族干部队伍建设》，《武威日报》2016年7月27日第1版。

② 《天祝县举办统战宗教干部及宗教教职人员培训班》，甘肃省人民政府法制信息网，2012年3月28日（http://www.gsfzb.gov.cn/FZJG/ShowArticle.asp?ArticleID=51804）。

③ 王文武、李鹏德、瓦向军：《创新社会管理综合治理全力维护藏区和谐稳定——武威市天祝县华藏寺镇社会综合治理创新工作纪实》，甘肃长安网，2014年1月23日（http://www.legaldaily.com.cn/locality/content/2014-01/23/content_5227445.htm）。

④ 文占军：《天祝深入开展民族团结进步宣传月"三下乡"活动》，天祝藏族自治县政府网，2016年5月30日（http://www.gstianzhu.gov.cn/jrtz/tzyw/201606/t20160616_5316.html）。

法制教育成果,将"解经"和宣讲新编"卧尔兹"活动作为伊斯兰教与社会主义社会相适应的重要内容,做好有组织、有计划朝觐政策的宣传教育和朝觐活动的组织管理工作。

(四)发展县域经济,加强民族地区小康社会建设

天祝始终把加快自治县经济社会发展放在增强民族团结进步的突出位置上,结合县委制定的"1342"发展思路,帮助少数民族群众争取项目,优化经济结构,发展特色农业、特色畜牧业、特色旅游业,加强天祝藏区的小康社会建设。21世纪头10年,天祝积极为藏医藏药的研发争取资金上报项目,先后建成700亩藏药材种植基地,藏研所业务用房1000平方米,并为县藏医院及边远牧区乡镇卫生院投资建设卫生用房,改善卫生基础设施,购置医疗设备等;与此同时,积极协调解决民族工作中的热难点问题,先后为50多户困难群众家庭协调解决了农村低保和城镇低保;在每年的"藏历年"、穆斯林群众的"尔德节"期间,组织召开茶话会、联欢会,与广大少数民族群众共同联欢,共度佳节。① 天祝藏族自治县还根据甘肃省民委和武威市民宗委的文件要求,在省财政支持下开展针对少数民族劳务技能特色培训的"出彩工程",2015年12月,天祝县民族宗教局和县卫生和计划生育局联合培训了县直各医疗单位、各乡镇卫生院、村卫生室的95名藏医。②

近年来,着力提高少数民族群众生活水平和致富能力,大力开展扶贫工作。首先,实施生态移民搬迁工程。2013年实施下山入川生态移民工程以来,将全县8个乡镇的藏族、汉族、土族等各族群众894户3800多人异地搬迁建立德吉新村。③ 在搬迁安置地,把发展产业作为帮助搬迁群众脱贫致富的首要任务,因地制宜地制定产业发展规划,加强科技培训,使搬迁群众掌握了种植、养殖方面的技术,增强发展现代农牧业的能力。其次,发挥党员干部在精准扶贫、精准脱贫中的重要作用。选派260多名贫困村党组织书记、驻村帮扶工作队成员和110名科

---

① 杨大立:《众手浇灌团结花——天祝县民族团结进步工作纪实》,《武威日报》2011年5月31日第1版。

② 《天祝县举办"出彩工程"藏医技能培训班》,甘肃省民族事务委员会网站,2015年12月8日(http://www.gsmw.gov.cn/htm/201512/22_9560.htm)。

③ 郭刚:《甘肃:生态移民让藏区群众收获"德吉"》,新华网,2016年5月3日(http://news.xinhuanet.com/politics/2016-05/02/c_1118783771.htm)。

级及以上干部参加省市相关培训，实施农牧村实用人才培养开发行动，支持贫困村所在乡镇开展农牧村实用人才培养开发，扎实开展农牧民技术员培训、农牧民科技培训、农牧区劳动力转移培训。① 最后，发挥科技培训在精准扶贫中的助力作用。2016 年共组织农林水牧技术人员和科技特派员举办各类培训班 65 场（次），培训农牧民群众 0.78 万人（次）；联合农林水牧等单位，在全县举办培训班 38 场（次），培训农牧民群众 0.23 万人（次）、技术骨干 132 人（次），发放宣传资料 1.5 万余份，选优配强"一长四员"技术服务队伍，共调整科技副乡镇长 9 名，下派科技特派员 75 名，选派农业技术员 120 名，动物防疫员 163 名，特色林果技术人员 6 名；75 名科技特派员深入贫困村开展精准扶贫工作，共举办培训班 150 场（次），培训农牧民 0.91 万人（次），建设科技示范基地 7 个，科技示范点 8 个，培育科技示范户 98 户，开展培训活动 132 场（次），培训农牧民 0.54 万人（次）。② 2016 年以来，天祝藏族自治区紧紧围绕"六个精准"要求，编制下发了《精准扶贫生态环境支持计划实施方案》，从林业生态保护、林业经济发展、草原生态保护、国土资源整治、农村环境综合治理等多方面推进工作全面落实，精准扶贫生态环境建设工作有序推进。③

总之，天祝藏族自治县坚定不移地贯彻落实国家的民族宗教政策，加强民族区域自治制度建设，巩固和发展平等团结互助和谐的社会主义民族关系，真正实现了经济发展、民族团结、宗教和睦、社会和谐稳定。

第二节　回汉杂居地区回汉民族社会文化交往及民族关系状况

——以宁夏回汉民族交往为例

宁夏回族自治区是一个典型的回汉民族杂居地区。第六次全国人口

---

① 董钰山：《天祝："743"工作法有力推进脱贫攻坚》，《武威日报》2016 年 8 月 8 日第 1 版。
② 蔡泽成：《天祝科技培训助力精准扶贫》，《武威日报》2016 年 7 月 4 日第 1 版。
③ 蔡泽成、顾振董：《天祝精准扶贫生态环境建设有序推进》，《武威日报》2016 年 7 月 26 日第 1 版。

普查资料显示，宁夏总人口为6301350人，汉族人口为4069412人，占64.58%；各少数民族人口为2231938人，占35.42%，其中回族人口为2190979人，占34.77%。宁夏的回族人口约占总人口的1/3强，是我国回族人口最多的省区，也是唯一的省级回族自治地方。在长期历史发展过程中因政治、经济、军事等诸因素的影响及地理条件的制约，宁夏回族在分布格局呈现由南向北逐渐递减的特点，回族人口主要集中在宁夏南部和中部地区。第六次人口普查数据显示，固原市的人口中，回族人口为545072人，占全区回族人口的25.01%；中卫市的人口中，回族人口为374298人，占全区回族人口的17.17%；吴忠市的人口中，回族人口为659316人，占全区回族人口的30.24%；银川市的人口中，回族人口为459647人，占全区回族人口的21.09%；石嘴山市的人口中，回族人口为141485人，占全区回族人口的6.49%。宁夏实施"十二五"生态移民战略后，宁夏银川市、石嘴山市、吴忠市回族比例会略有上升，固原市回族比例会有所下降。除此之外，宁夏回族的分布还呈现乡村人口多、城镇人口少的特点。正如马戎所言："在一个社会、一个国家、一个地区总人口中每个族群所占的比例，可以说是决定族群关系最为重要的因素。人多则势众，这一因素无论是在历史上凭靠武力夺去自然资源的时代，还是今天凭靠选票的多少决定权力分配的时代，人口相对规模始终是影响族群关系总体势态的一个不可忽视的重要因素。"[①] 通过对宁夏不同地区回汉民族交往状况的考察可以看出，宁夏回汉民族交往频繁、民族关系非常和谐。

一 回汉民族混杂居住、和睦共处

民族居住格局是衡量民族关系状况的一个重要指标。不同民族在居住格局上彼此分离会使民族之间社会文化交往和彼此了解程度降低，民族之间的误解和隔阂也更容易显现；而长期混杂居住的民族居住格局一方面反映了民族之间关系的和睦，另一方面也会促进民族之间进一步的交往与相互了解。

清代陕甘回民起义时，回汉之间相互攻杀，对民族关系造成了巨大的伤害，致使回汉民族彼此之间缺乏安全感，回汉民族聚集性迁移形成

[①] 马戎：《民族社会学——社会学的族群关系研究》，北京大学出版社2004年版，第325页。

一些纯粹的"回庄"和"汉庄"。甚至出现了政府政策主导下的区域范围较大的回族聚居区——今泾源县（即清代设立的化平直隶厅）现在仍是回族占绝大多数的地区。战乱之后，大量田地荒芜吸引了邻近省份回汉人口的迁移，但迁入的汉族移民大多定居到"汉庄"，回族移民定居到"回庄"，回汉之间虽然并未发生严重的民族冲突，但心理隔阂依然严重。随着回汉民族关系的缓和，民间继续进行的"南杆移民潮"（包括近天水、陇南、定西一带的移民，以秦安移民为最）充实的不仅是"汉庄"，在"回庄"也落户了不少。如民国三十年（1941）前后，秦安等地的许多汉民迁至海原县关庄一带。[①] 民国时期，甘肃静宁、庄浪、会宁、天水、秦安等地农民迁移到固原境内，与境内回族交错居住。大量汉族移民的迁入在居住格局上打破了清同治以来回汉民族因隔阂而分庄居住的模式，形成了很多回汉民族杂居于同一村落的居住格局。随着回汉之间日益频繁的接触，双方的了解也逐渐深入，民族交往互动更加理性，回汉民族之间的社会文化交往与民族关系出现了新的局面。

二 经济及日常生活中相互协作、互帮互助

在我国民族杂居地区，生活在同一地区的不同民族具有相近或相同的生计方式。但因文化传统不同，各民族在自身发展模式和价值取向上有一定的差异。从宁夏中南部的情况来看，这里干旱少雨，自然条件恶劣，绝大多数回汉农民主要依靠种植耐干旱的小麦、土豆、糜子、谷子、荞麦等粮食作物来维持生计，生活十分贫困。改革开放以来，在探索致富的路上，回汉民族发挥了各自的民族传统优势，如在原州区的三营镇、海原县的七营镇，回族群众发挥其善于经商的传统和制作民族风味食品的优势，纷纷走出家门在市区、县城以及集镇上经营小商业和食品业。在这些乡镇的任何一个集市，都可以看到回汉民族熙熙攘攘、讨价还价，购买或出售自己的生活必需品或农产品。另外，当地"以农为本"的汉族充分开发土地资源，种植一些适应当地自然条件的经济作物，如枸杞、葵花等，带动了当地回族农业和商业的发展。

经济生活的密切交往和相互依赖，使原州区与海原县回汉农民之间建立了深厚的友谊，互帮互助更是随处可见。如在大面积种植枸杞的村

---

① 海原县志编委员会：《海原县志》，宁夏人民出版社1999年版，第129页。

庄，汉族农民常常会临时雇用周边回族农民帮其采摘枸杞。枸杞采摘下来之后，需放到阳光下照射使其变干，如果下一场阵雨，不及时收进屋内，枸杞就会变黑，一次可能会损失几千元。在这种情况下，回族同胞一般会无偿帮助汉族农民，及时储藏枸杞，避免遭受经济损失。汉族也会给路途较远的回族农民免费提供西瓜及清真食品。生活中的互帮互助极大改善了当地回汉民族关系。正如我国著名学者郝时远所指出的："互助，是民族关系和谐的动力。各民族共同团结奋斗、共同繁荣发展是通过互助实现的。没有互助，就不可能实现'共同'。互助是民族关系充满活力的表现，其特点是各民族之间互动关系的日益密切和相互依存。汉族离不开少数民族，少数民族离不开汉族，少数民族之间也相互离不开，这既是中国形成统一多民族格局的历史动因，也是中国实现中华民族伟大复兴的现实动力。"[1]

三 回汉民族之间的联姻与结亲现象十分普遍

"美国社会学家辛普森（George Eaton Simpson）和英格（J. Milton Yinger）在他们的研究中把族际通婚视作衡量美国各种族、族群之间的'社会距离'和族群融合的一个十分敏感的指数。"[2] 美国社会学家戈登在其提出研究测度民族关系的 7 个变量中，族际通婚被视为一个重要方面。[3] 在回族的形成与发展中，回汉通婚现象十分普遍。回族社会流传的"回爹汉娘"之说能充分说明回族并不排斥回汉通婚。在宁夏固原市，回汉通婚现象十分普遍，且日益被人们所理解和接受。在调查中，有很大一部分回汉群众表示可以接受回汉通婚，大部分回族青年认为只要尊重回族的风俗习惯，可以不要求汉族一方信仰伊斯兰教。在宁夏一些地方还出现了回汉"拟亲属关系建构"的现象，回汉群众给子女请其他民族成员做"干大"（干爹的意思），这在宁夏的固原市、中卫市和吴忠市均有。"回汉民族干亲交往是在回汉民族和谐交往文化导向下，基于民族认知与民族交往需要内驱力基础上，产生的一种'虚拟亲属关系'，它作为一种社会资本与社交网络，既能够联系回汉民族间的感情，又能够降低人际交往的成本，同时也可以加深民族认知，抵消

---

[1] 郝时远：《建设社会主义和谐社会与民族关系》，《民族研究》2005 年第 3 期。
[2] 马戎：《民族社会学——社会学的族群关系研究》，北京大学出版社 2004 年版，第 437 页。
[3] 同上。

了因文化差异带来的民族隔阂，促进地区和谐民族关系的发展。"① 无论回汉通婚还是回汉干亲交往都是在各种文化影响下，人们对他文化和他群体发自内心的宽容和接纳，也是民族之间和睦相处的充分体现。

四 回汉民族能够相互尊重、彼此包容

不同民族都有自己的禁忌，这些禁忌是民族社会生活的重要组成部分，与民族尊严和民族意识息息相关。一个民族对另一个民族的民族禁忌所采取的态度，在很大程度上也决定了民族关系的和谐与否。就回汉民族而言，宗教信仰是区别回族文化与汉文化的一个重要标志，也正是宗教文化特质使回族文化独立于汉文化之外，保持了它的独特性和生命力。而回族的宗教信仰和生活习俗中有很多不同于汉族的民族禁忌，这些民族禁忌容易被汉族侵犯。对回族民族禁忌和生活习俗的尊重是汉族与回族和谐共处的一个非常关键的方面。汉族对于少数民族禁忌的尊重程度以及少数民族对于无意触犯民族禁忌的包容程度是考量民族关系的一个很重要的方面。

在宁夏固原市回汉杂居村落，很少因为恶意触犯民族禁忌而发生民族冲突，回汉群众能够相互理解和包容。如固原市彭阳县的S村是一个典型的回汉杂居村落，贯穿于这一村落的一条河流将村中回汉两个民族分为两个不同的自然村，河东边主要为汉族（仅有两三户回族），河西边为回族。这条河流曾经是两族人民牲畜的共同饮用水，他们关系密切，没有因为水源产生过矛盾。"一般来说，尊重其他民族风俗习惯，有利于民族关系的正常健康发展……与此同时，民族关系好坏也直接影响到发生关系的民族双方或几方对对方民族风俗习惯的尊重与否。"②

五 文化上相互借鉴与融合现象突出

我国自古以来就是一个多民族国家，在几千年的文化交流、经济互动及人口流动过程中，各民族文化不断相互适应与融合，逐渐形成了民族文化区域共同性与民族差异性并存的特点。民族文化融合是指"两个以上的民族或其一部分，在长期的交往过程中，各自具有了对方的一

---

① 李静、戴宁宁：《文化人类学视野下的回汉民族"干亲交往"——以宁夏固原市为例》，《宁夏社会科学》2010年第5期。
② 徐黎丽、陈建军：《论风俗习惯与民族关系的互动影响》，《新疆大学学报》2005年第2期。

些民族文化特点，但是各自的民族共同体并没有发生变化的现象"。①

回族是我国人口较多，分布最为分散的一个民族，长期与我国不同民族特别是汉族共同居住与生活。在回汉民族长期沟通与交流过程中，民族之间的经济、文化、生活习俗等方面表现出很大的相似性，在一定范围内出现了民族文化融合现象。这种民族文化融合使回汉民族文化的民族差异性在某些领域逐渐减弱，逐渐形成民族差异性与区域共同性并存的文化特色。例如，在服饰方面，绝大多数回汉民族的服饰文化差异在减少，如很多回族青年男子，只有去宗教场所和家中有重大事件时才戴小白帽；在饮食文化方面，在宁夏中南部回汉成年男子均有"熬罐罐茶"习惯，这种茶是农家人的提神佳品；在油炸食品方面，回汉群众所做食物只是略有不同，汉族称为"油饼"的食物与回族称为"油香"的食物无论在外形上还是在做法上都基本相同；在普通的面食方面，回汉群众都做"搅团"、臊子面、酸汤面、洋芋片片、饺子等；在婚俗文化方面，在宁夏的传统婚俗中，回汉的传统婚俗大致相似，一般都要经过"提亲""看家""研礼""送大礼""填箱""完婚""回门"等过程；在丧葬文化方面，宁夏回汉群众的传统丧葬习俗都实行土葬；在祭祀亡者方面，回汉群众对新亡者均有"七七"祭祀习俗；等等。

随着市场经济的发展，民族之间、地区之间的经济联系日益紧密，也为民族地区不同民族之间的文化融合提供了有利条件。如宁夏中南部各县区的县城及其他乡镇每逢集市，回汉民族携带自家做的小吃、土特产及其他小商品到集市上销售，回汉民族互通有无，这不仅加强了回汉民族的经济交往，丰富了回汉民族的生活，更重要的是，在经济交往过程中增加了文化认知和互动。从经济发展水平来看，宁夏绝大多数地方回汉民族经济状况、生活条件基本相同，民族间的差距不明显，也是当地民族文化融合的一个有利条件。因为"一个族群与周围其他族群的差别方面越多，差别程度越大，他所具有的独立族群意识也就越强；反之，差别越少越不明显，自身的族群意识也就越淡漠，越容易与周围的族群形成认同"。②

---

① 李龙海：《民族融合、民族同化和民族文化融合概念辨正》，《贵州民族研究》2005年第1期。

② 马戎：《民族社会学——社会学的族群关系研究》，北京大学出版社2004年版，第85页。

总之，宁夏回汉民族在长期频繁的民族文化交流、经济交往过程中，相互学习，相互促进，民族间的服饰、饮食、风土人情等方面趋向一致，形成了适应当地经济生活的地域文化。正如美国著名的人类学家乔纳森·弗里德曼所言："文化不是只为权力所约束的任何人可参加的竞赛。它是稳定社会再生产自身中的特征的产物，是产生社会世界或世界的同类经验的倾向，是产生对世界和相似的欲望及动机结构进行解释的类似框架的倾向。这不是简单地对清晰明了文化模型的吸收，或对现实进行界定的问题，而是社会互动的问题，清晰明了的模型与主观经验是在这种互动中相互回应的。"[1] 由地域文化和民族文化组成的共同文化是和谐民族关系的心理保障，对于国家稳定、社会进步以及民族发展具有促进作用。

---

[1] [美] 乔纳森·弗里德曼：《文化认同与全球性过程》，商务印书馆2003年版，第114—115页。

第八章　甘宁青地区多元文化发展现状及趋势

　　甘宁青地区自古就是一个民族多样和文化多元的区域，在历史发展进程中，不同民族之间通过军事战争、政治结盟、经济交流、文化互动，促进了民族之间的融合与分化，最终形成现有的民族成分和民族居住格局。在千年历史涤荡中，各种文化之间既相互吸纳和混融，也相互竞争与制衡。21世纪以来，社会发展转型进程明显加快，现代文化和西方文化对甘宁青地区传统文化的冲击越来越多，各民族传统文化也不断彰显其魅力，不同文化之间的摩擦与竞争也越来越明显。许多因民族文化差异而引起的社会问题却以民族关系问题的形式显现出来，对和谐社会的构建造成巨大影响。

第一节　多元文化共生、共享与相互制衡

　　甘宁青地区自古以来就是一个多民族杂居的地带。在历史的长河中，经历了羌人游弋、吐谷浑称雄、吐蕃争霸、蒙古逐鹿、中原安抚等历史变迁，使之成为多民族发祥、融合、杂居地区。甘宁青地区也是中原通往中亚、西藏的重要通道，儒家文化、伊斯兰文化、佛教文化、道家文化、各种原始信仰在此交融汇集。可以说，甘宁青地区是一个多民族杂居、多元文化共存、多种宗教信仰共生的民族走廊、文化熔炉、民族摇篮。生活在这里的汉族、藏族、蒙古族、土族、回族、保安族、东乡族、撒拉族、裕固族等民族虽有各自独特的信仰和文化圈，但在长期历史过程中，这些分属于不同文化形态的民族又相互杂居、相互接触、相互融合。

一　甘宁青地区多元文化的多维性

　　文化是人类在千百年历史进程中创造的物质财富和精神财富的总

和。不同地区、不同民族的文化受特定地理环境、社会形态、历史传统等因素影响,其生成模式、演变轨迹、发展水平各不相同。甘宁青文化是长期以来生活在这里的各民族共同创造的,既有明显的区域特点,又有丰富多彩的民族个性。因此,要理解和研究甘宁青文化,必须要从多个层面透视和观察。

首先,从宗教文化来看,甘宁青地区有佛教、伊斯兰教、道教、基督教、儒家文化及各种民间信仰。若以宗教文化为切入点对甘宁青文化做一个横切面,我们能观测到的文化图谱将如图 8-1 所示。这些宗教文化既有根植于中华本土的道教、儒家、各种民间信仰,也有源自域外的佛教、伊斯兰教、基督教。而且甘宁青地区的各宗教文化之间并非泾渭分明,而是相互吸纳、相互影响,如佛教文化与青藏高原的苯教相结合而演变成藏传佛教,伊斯兰与儒家文化、道教文化相结合形成了独特的伊斯兰教门宦制度。

其次,从文化生成模式来看,甘宁青地区现有文化汲取了少数民族传统文化、汉族传统文化、西方文化、现代科技文化等多种文化成分。若以文化源流为切入点对甘宁青文化做一个纵切面,我们会看到如图 8-2 所示的文化图谱。甘宁青地区的少数民族传统文化和汉族传统文化都是在中华本土产生的传统文化,西方文化是民国以来传入甘宁青地区的外来文化,现代科技文化是与传统相对的、后起的时代文化。在人类社会进入 21 世纪 10 多年后,甘宁青地区传统文化依然浓厚,现代文化和域外文化并未却步于甘宁青地区之外,传统的挣扎与现代的浸入在甘宁青地区不断上演。可以说,在向现代的转型过程中,甘宁青地区文化正在经历转型的纠结,现代文化已嵌入传统文化的各个层面,传统文化正在经历自新、重构的过程。

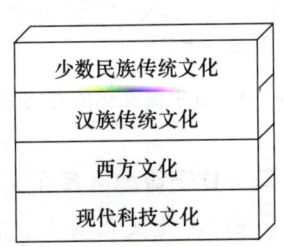

图 8-1　甘宁青文化的横切面　　　图 8-2　甘宁青文化的纵切面

再次,从生计文化来看,甘宁青地区包含农耕、游牧、商贸、城市生活等多种生计方式。若以生计方式为切入点对甘宁青文化做一个右向切面,我们可以看到如图8-3所示的文化图谱。甘宁青地区多元化的生计方式是甘宁青多元文化生成、发展的基础和赖以存在的根本。如游牧文化是藏族、蒙古族等民族的主要生计方式;农耕是汉族、回族、撒拉族等民族的主要生计方式;商贸文化是汉族和各穆斯林民族均有的生计方式,也是连通农耕和游牧的主要渠道,是不同民族交流互动的重要方式;都市文化是随着城镇的兴起和现代城镇的建设而产生的一种文化,代表市民文化和现代生活。近年来,随着城镇化的发展、牧民定居工程的实施、生态移民搬迁开发等,都市文化已经成为甘宁青地区生计文化中的后发文化。

最后,从地理环境来看,甘宁青地区有青藏高原、黄土高原、草原、荒漠等地理环境,与之相对应的是青藏高原文化、黄土高原文化、草原文化和荒漠文化等。若以地理环境为切入点对甘宁青文化做一个左向切面,我们可以看到如图8-4所示的文化图谱。这里的每种文化的生成、发展、演变无不与这里特定的自然环境密切相关,正是复杂多样的地理环境,使各种文化的独特性得以发展和存留,也使多样的文化在交流中互补、共存。

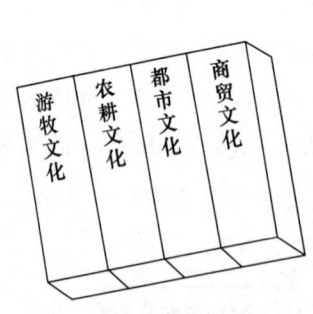 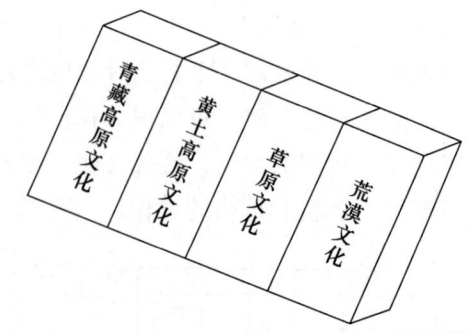

图8-3 甘宁青文化的右切面　　图8-4 甘宁青文化的左切面

二 甘宁青地区多元文化共生、共享现象及其原因

(一)多元文化共生、共享现象

甘宁青地区各民族在历史发展演变中,各文化之间相互吸纳,形成

了普遍的文化融合现象，一些文化很难固定到某一个特定的民族身上。就像长期研究甘宁青历史文化的杜常顺所言："从历史时期以来，甘宁青地区各民族间就结成了文化上相互影响、相互渗透和相互吸收的多元多边的互动关系，这种文化互动与甘宁青地区共同体文化的形成和发展的过程紧密相随并产生了重要影响，族际间文化互动还促成了大量的文化变异和文化同化现象。"①

1. 宗教信仰的吸纳与发展

漫步甘宁青地区，宗教兼容并蓄现象随处可见，人们很难用单一的民族宗教信仰分析和诠释很多民间文化与信仰。如在甘宁青地区，一些回族"受汉族风俗的影响，有些地区流行'吹都阿''写都阿'的方式治病驱邪，让病人将写好的'都阿'或吞服，或张贴于房内，或随身佩戴，以示驱邪镇魔，使'都阿'这一由原来意义上的宗教祈祷形式演变成类似咒术的迷信活动了。"② 这明显是回族将汉族的"画符送病"习俗吸收后，用伊斯兰教特有的"都阿"来表现的文化特色。青海循化县的"汉族也有到庵古录拱北祈祷、布施、烧香求缘者"。③ 宁夏原州区的部分汉族群众也经常到回族二十里铺拱北烧香求保佑。拱北本是伊斯兰教门宦首领的墓地，是本门宦教徒到此瞻仰、诵经、修行的地方，是伊斯兰特有的，汉族却将其等同为庙宇佛寺，回族也给予接纳，其事之奇妙难以简述之。青海民和县的汉族"在信仰上有这样的特点：不细分道教、佛教，更不细分汉传佛教和藏传佛教，常在同一场合下延请不同宗教人员进行法事活动"。④ 在贵德县，"汉藏群众共同修建文昌庙，对它们的祭祀方式也是汉藏糅合，庭院中置有煨桑炉，文昌塑像上戴着哈达的现象"。⑤ 在甘肃临洮，汉族、藏族、土族三族共同供奉明代大将常遇春。可见，在甘宁青地区，宗教文化融合现象十分普遍。

从一些著名的宗教建筑也可以看到不同宗教之间相互支持和宗教文化之间相互借鉴的文化现象。如青海西宁的东关清真大寺在大殿和唤醒

---

① 杜常顺：《论河湟地区多民族文化互动关系》，《青海社会科学》2004 年第 4 期。
② 朱世奎：《青海风俗简志》，青海人民出版社 1994 年版，第 14 页。
③ 循化撒拉族自治县地方志编纂委员会：《循化撒拉族自治县县志》，中华书局 1995 年版，第 752 页。
④ 民和回族土族自治县地方志编纂委员会：《民和县志》，陕西人民出版社 1993 年版，第 5799 页。
⑤ 何启林：《论青海民族文化的多元和谐》，《青海社会科学》2007 年第 5 期。

楼上建有藏传佛教的饰物。据介绍，民国时期东关清真大寺曾重修。修建期间，大通广惠寺、互助佑宁寺慷慨捐助木料，乐都胜番沟汉族范姓献出家坟中一棵参天巨松。大殿建成后，甘肃夏河的拉卜楞寺的僧众集资捐送了两个藏式鎏金金幢和一个鎏金宝瓶作为贺礼，被西宁的穆斯林树立在了大殿屋脊之上。民国三十五年（1936），东关清真大寺扩建时，建成了两座唤醒楼，湟中的塔尔寺赠送了两尊鎏金宝瓶作为贺礼，也被西宁的穆斯林镶嵌在了塔顶。再如，嘎地林耶门宦三大圣地之一的临夏大拱北，融合了许多道家文化。"'大拱北'深受道家哲理的影响，与道家思想很接近，因此，嘎地林耶有'清真道士'或'清真和尚'之称。大拱北既承认自己的教门是逊尼派的哈乃斐派，同时也承认是苏菲派的嘎地林耶。"① 可以说，其创始人祁静一在传教时就把苏菲派的遁世隐修思想与中国老庄哲学的"清静无为"思想相结合，其当家者均为出家人，主张出家静修。同样，大拱北建筑中就有来自道家的文化符码，如建有砖木结构的3层八卦形墓庐。拱北中的一副对联"非空非色，全凭用命寻元真；莫分宫三乘，道原一以贯之"，从中能看出其深受道家的影响。其内部的建筑将汉族的木雕、回族的砖雕和藏族的彩绘融为一体，同样体现了文化的融合与吸纳。

图 8-5　西宁东关清真大寺大殿屋脊上的藏传佛教饰物

---

① 《青海的伊斯兰教》新华网青海频道，2009 年 11 月 25 日（http：//www.qh.xinhuanet.com/2009-11/25/content_ 18331215_ 5.htm）。

第八章　甘宁青地区多元文化发展现状及趋势 | 229

图8-6　西宁东关清真大寺在唤醒楼上的藏传佛教饰物

图8-7　临夏大拱北祁静一墓冢的八卦形墓庐

图8-8　大拱北多元文化融合的木雕

2. 饮食文化的兼收并蓄

在甘宁青多民族杂居地区，文化融合现象十分普遍，尤其表现在饮食文化中。以饮茶习俗为例，甘宁青地区曾是茶马贸易的前沿阵地，人们对茶有着独特的情感，形成了特有的饮用习俗。甘宁青地区各族都有泡砖茶的习俗，并将给客人泡茶作为待客的上礼。穆斯林最具特色的盖碗茶习俗也是甘宁青地区茶文化的衍生。藏族、蒙古族饮奶茶的习俗是对这里独特茶文化的另一种彰显。汉族、藏族、蒙古族、土族等族都喜爱饮酒，每逢贵宾临门必以好酒款待，在蒙古族、藏族、土家族等少数民族中都有独特的"敬酒歌"。这里的汉族、回族、撒拉族、东乡族等都有炸"油饼"和"馓子"习俗，汉族、藏族、回族等都有食用炒面的习惯等。

3. 服饰文化的相互影响

由于共同的生产方式和环境条件，青海省蒙古族和藏族的服饰十分相近。"生产习俗的放牧、剪羊毛、打酥油等都是一样的；饮食习惯都以吃牛羊肉和酥油炒面、喝奶茶为主；婚俗也大体相同，多以牛、马、羊、氆氇、绸缎等物为聘礼……长期的水乳交融使一些地区的蒙古族、藏族群众同时会两种语言，有些蒙古族除穿本民族的服装外，也穿藏族服装，令粗心的外地人一时分不清他们属于哪个民族。"[①] 这种情况同样出现在甘宁青地区的各穆斯林民族之间。这一地区穆斯林民族的男子都戴白色的圆顶小帽，女性要么戴盖头，要么戴白色或浅蓝色的圆柱形白色小帽，仅从装束上很难分清回族、保安族、东乡族和撒拉族。

4. 文化艺术的共享

甘宁青地区的土族、回族、东乡、撒拉、保安族在婚宴上都有独特的"宴席曲"。"宴席曲"是热闹而又隆重婚礼上必不可少的娱乐活动，常给吉祥欢乐的婚嫁场面增添不少的喜庆和欢乐。除"宴席曲"之外，在甘宁青地区还流行一种称为野曲的"花儿"，流行于汉族、藏族、回族、保安族、东乡族、撒拉族、土族等民族当中。"花儿"是这些民族使用汉语唱的民歌，是多民族共享的文化瑰宝。无论在田间耕作，山野放牧，外出打工或路途赶车，只要有闲暇时间，这些民族都会吼上几嗓

---

① 朱世奎：《青海风俗简志》，青海人民出版社 1994 年版，第 4 页。

子悠扬的"花儿"。

总之,每种文化都有其顽强的生命力,使自己能够适应复杂的环境,能向别的文化系统渗透,也能将他文化渗入的因子改造后为我所有,这就是文化张力的主要体现。文化的张力是一种无形的磁场,具有辐射功能和吸聚功能。任何外来文化进入其文化系统,必然要经过其传统文化的洗礼,只有被改造,才会成为其文化的一部分。同时,它还将自我文化向邻近的民族辐射渗透,使其文化因子成为他民族文化的一部分。甘宁青地区各族文化正是在其传统张力文化的影响下,吸收他者文化,影响他者文化,因此,我们从生活在这里的许多民族中都能找到共性的文化或相似的文化。

(二) 各民族文化共生、共享的原因

文化的发展既不是孤立的,也不是静止的,不同文化之间总是在相互交流中发展,这就是文化之间的共生现象。"文化共生是指不同民族、不同区域、不同时代的健康进步文化之间的多元共存、相互尊重、兼容并包、相互交流互动和协同发展的文化状态。"[①] 甘宁青地区多元文化生成、运行、发展根源于其文化承载者——民族的多样性。可以说,民族多样性和文化多元性是研究甘宁青地区任何问题都离不开的基本要素。甘宁青多元文化的生成与发展演变就是多民族文化相互影响、相互吸纳的结果,是多种文化圈相互渗透的过程,也是不同文化分化、重构、再生的演进过程。具体原因包括以下几个方面:

1. 民族迁徙导致的文化传播

甘宁青地区地处中西交流的丝绸之路,是青藏高原文化、蒙古草原文化、中亚西域文化与中原汉文化交会之地。自远古时期开始这里就是不同民族交流互动的场所。唐时,吐蕃与中原王朝的战争使青藏高原文化向各地传播,而藏传佛教在元明清时期的兴盛使藏族文化为许多民族所接受。蒙古人的东征,使蒙古高原文化成为这里的主要文化之一,明代河套蒙古部落进入青海寻找牧场、明末固始汗向青藏进军使得蒙古文化在甘宁青地区的势力不断增强。蒙元时期随蒙古大军进入的穆斯林,使伊斯兰文化在甘宁青更大范围传播,明代来自西域的穆斯林贡使大量定居增强了穆斯林的数量,门宦的兴起与传播使得伊斯兰文化为人们所

---

① 邱仁富:《文化共生与和谐文化论略》,《天水行政学院学报》2008年第2期。

熟知。汉文化一直是甘宁青地区文化的重要组成部分，历代中央王朝的边疆治理、移民屯垦等使得儒家文化、道家文化等在这里与其他文化激流荡漾。

应该说，民族迁徙打破了民族隔绝状态，形成了甘宁青地区现有的民族杂居的居住格局，推动和加速了民族间的文化交流。在民族迁徙所导致的文化传播中，生活在这里的各民族在一定范围和一定程度上借用或采纳了他者的文化，促进了文化的交流与文化的融合。

2. 独特的地理环境产生了内容极其相似的民族文化

甘宁青地区位于黄河上游，干旱、寒冷。这里的高山草甸为发展畜牧业提供了良好的条件，境内的黄河、湟水河、大夏河、洮河、清水河等河流流经的区域是农业开发的理想场所。因此，人们的生计方式以农业和畜牧业为主，或农牧兼营。在这种相近和相似的环境中，人们形成了独有的区域文化。"地理环境的优劣影响着民族融合的进程。优良的地理环境加速民族融合的进程，而封闭的地理环境则延缓民族融合的进程，相邻或相似的地理环境更易造成民族融合。"[①] 生活在相同或相似地理环境中的人们常常在生计方式、生活习惯等方面有高度的融合性。如小麦是主要粮食作物，胡麻是主要的油料作物。除此之外，人们还种植燕麦、土豆、玉米等。大多数农牧民都喜欢抽旱烟，这与气候寒冷有关，因为夜间"水烟筒即吸即冰"，所以"用长杆旱烟，便无此患"。[②] 同时，由于天气寒冷，无论农区还是牧区，人们都用羊皮做衣服，藏族有羊皮做的藏袍，回汉有羊皮长袄。

人类文化产生、发展常常会打上环境因素的烙印，在一定的区域范围内，由于地形地貌、位置环境、纬度气候等大体一致，在此基础上就会形成具有相似性的文化。可以说，地理因素是影响文化生成、传承的一个重要因素，生活在甘宁青地区的各族在这里创造和发展了有明显区域特征的共性文化，并不断传承和发展。

3. 多元文化场域中形成了特有民族文化心理

甘宁青地区生活着汉族、藏族、蒙古族、回族、撒拉族、保安族、东乡族、土族、裕固族、哈萨克族等多个民族，有藏传佛教、伊斯兰

[①] 张济容：《浅析地理环境对民族融合的影响》，《历史学习》2004 年第 10 期。
[②] 裴景福：《河海昆仑录》，甘肃人民出版社 2002 年版，第 123 页。

教、道教、汉传佛教、儒家文化、各种民间信仰、现代文化，等等，是多民族、多元文化互动与交流的场所。生活在某些区域的各民族不仅熟识区域内其他民族文化，也能够理解他民族文化，并在心理接纳他者文化，进而将其中有利于自我的部分为我所用。在这样的场域中形成了甘宁青地区各民族宽容的文化心理。宽容就意味着承认他民族、他文化与自我的差异性，能在发展中求同存异，在自我的发展中尊重差异，吸纳共性，形成文化的交叉与融合。久而久之，宽容的民族心理融进每一个民族成员的心里。这种民族文化心理使民族关系更加和谐，文化交流更加顺畅。正是在多民族、多元文化的场域中形成了宽容开放的心理，河湟地区才有多元文化和谐共存、多民族和谐与共的局面。

三 甘宁青多元文化相互制衡现象及其原因

文化作为物质财富和精神财富的综合体，既有整合民族内部成员的凝聚力，也有抵御其他民族文化侵袭的防御力。在多元文化共存的地区，各种文化系统中都会有异文化的影子，这是文化渗透的结果；同时，各种文化能够共存而未被同化，这是文化制衡的结果。

甘宁青地区任何一种文化都未形成"一家独大"的优势文化，也未呈现出衰落的趋势，而是竞相发展，呈现出多元并存的态势。从宗教文化来看，藏传佛教、道教、伊斯兰教、民间信仰相互吸收、相互影响，但是，每种宗教文化都有相对固定的信众和信仰区域，如民族、村、部落、教区、寺坊等，在多元宗教共存区域里各种宗教形成了一个相对动态的制衡局面。因此，甘宁青地区文化的发展，是藏传佛教文化圈、伊斯兰文化圈和儒家文化圈相互制衡、相互吸纳、相互影响的结果，现代文化已经成为第四种影响力量，正在不断渗入甘宁青传统文化，甘宁青传统文化的自新已经成为历史发展的必然趋势。图8-9为甘宁青现有文化格局的图示，从中可以看到文化之间的关系和层次。出现这种文化多元与相互制衡的原因主要有以下两个方面。

其一，甘宁青地区有广阔的地域，可以为不同民族文化的发展提供足够的地域空间。如甘南草原和青海湖边的草场为藏族提供了游牧场所，河湟谷地和黄土高原为汉族提供了宜耕之地，各穆斯林民族农牧商兼作。各民族之间不存在严重的生存空间的竞争，每个民族都有一定的人口规模，每种宗教信仰都有一定规模的信众和信仰区域，这为多元文化的存在奠定了一定的人口基础和地理空间。

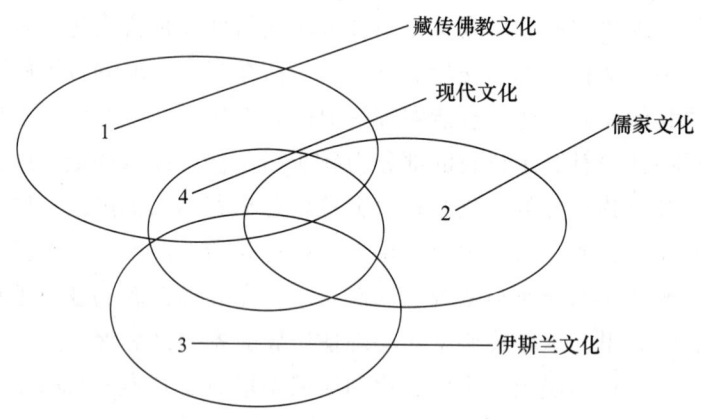

图 8-9　甘宁青地区不同文化之间关系

其二，甘宁青地区所处地理位置可以使不同文化都可以得到周边地区文化的补给，从而形成势均力敌和相互制衡的局面。在甘宁青地区，由于三大文化圈周围都有自己的主流文化区，文化得到不断补给，使各种文化都能繁荣昌盛，不至于出现一种文化独大的局面，或者某一种或两种文化被同化的现象。藏传佛教在甘宁青地区有很大影响力，其发展不仅有当地文化基因，也受来自川、藏两省区藏传佛教文化的不断补给。伊斯兰文化在甘宁青地区的发展史，是一部中东中亚文明不断东传的结果，也是伊斯兰文化在甘宁青地区重构、衍生的过程，在这一过程中，伊斯兰文化受到来自西域伊斯兰文化和内地其他伊斯兰文化地区的不断补给。儒家文化是中华文化的主要代表之一，其向边疆发展历千年而不变，而且在当地的适应性和再生能力极强，儒家文化的补给毋庸多言。所以，三种文化势力均衡，形成相互制衡的局面。每种文化在运行和发展中都表现出对他文化强大的攻势，而且"在文化博弈中，这些文化单元的最终共生走向是相互兼容与吸纳，消除冲突和对立，消解、淘汰腐朽、落后、反动文化，形成新的文化共生单元和文化合力。"[①]

因此，文化力的制衡、信仰群体的广泛性、民族传统的执着等，都

[①] 周炳群：《文化共生与民族地区文化发展产生的原因》，《广西民族大学学报》2008年第6期。

使得甘宁青多元文化能够共存。同时，每种文化都有其相对固定的信仰群体和文化边界，地位平等、竞相发展，从而形成一种相互渗透又相互制衡的多元文化格局。

四 甘宁青地区多元文化互生与制衡对于民族关系的影响

由于特殊的地理环境因素和不同的民族生计方式，甘宁青地区牧区与农区的交流十分重要。农牧互动和互补由此衍生出了多种文化共生的类别和多层次的文化共生模式，由此产生了"汉族—回族—藏族"之间民族交流为代表的文化共生。这种文化共生想象决定了不同民族之间相互离不开的历史与现实，协调着不同文化群体之间的关系，使大家在互动、互需中协调矛盾，寻求共同之处。

当前，由于民族文化的传统性与保守性，以及受生活地域的影响，绝大多数藏族难以在短时间内改变以牧业为主的生活方式。同样，绝大多数穆斯林和汉族也必须以农耕或农商兼作为其主要生计方式。受传统饮食习惯等因素的影响，农牧之间的互需将长期存在。因此，甘宁青地区各族之间的关系，从古到今一直是以和谐为主。"当多元文化之间的妥协达到一定的稳定性、长期性、共在性时，它们在交往过程中处在你中有我、我中有你的情况下时，多元文化的张力就逐渐趋向一种和谐的状态。"[1] 但是，甘宁青地区各个民族之间的文化多样性和相互制衡的特点也使该地区民族关系复杂多样，民族心理距离[2]在短期内难以消除。

因此，民族之间的对话与交流是构建和谐民族关系的重要途径，各民族只有以平等心态去理解他民族文化，客观分析本民族与他民族文化的差异和共性，深入发掘文化内部的隐性因子，消除残存在民族心理中的文化定式和偏见，才能达到深层次的跨文化交往，正视自己和他民族的价值观念，以客观的价值标准评判不同文化中的行为、观念。即在尊重个体差异性和社会多样性的基础上达到统一性，形成一个稳固、团结的集体。

---

[1] 邱仁富：《文化共生与和谐文化论略》，《天水行政学院学报》2008年第2期。
[2] 刘有安：《族际交往中的民族心理距离解析》，《云南社会科学》2008年第5期。

第二节 多元文化发展趋势

因地理环境、社会结构、经济发展水平等因素的影响，甘宁青地区社会发展相对迟缓，受现代文化和西方文化的冲击相对较小，传统文化在当地文化结构中仍占有重要地位。进入21世纪以来，中国社会发展的速度超过了历史上任何时期、任何国家，在国家实施第二轮西部大开发、新型城镇化战略、"一带一路"开放战略的宏观大背景下，现代化的车轮已经更快地驶入甘宁青地区的任何角落。在现代文化的传播中，甘宁青地区将经历一场现代化的洗礼，多元文化的历史格局将经历一场新的变革，文化多元性的形式、内容、特点将发生前所未有的变化。

一 现代文明的传播将使传统文化与民族文化进一步衰落

甘宁青是一个多民族地区，自古以来就是一个多元文化汇集、交流、融合的场所。走进甘宁青地区，到处可见清真寺、藏传佛教寺院、道观庙宇、摩天大楼；既有戴白帽子的穆斯林、穿藏袍的藏族，也有穿牛仔的时尚青年；不但可以听到最流行音乐，还能听到悠扬婉转的"花儿"、高亢迷人的草原歌曲；汉族的唢呐、蒙古族的马头琴、回族的口弦与西方乐器交相辉映……草原文化、农耕文化、都市文化到处激流荡漾，可以感触不同的文化，体味到别样的民族风情，这就是多元文化共生、共存的甘宁青地区。

在现代文明传播中，国内外的互动更加频繁，不同民族之间的交往日益增多，少数民族语言使用的范围和人群在减少，值得忧虑；传统工艺、传统医药的后继乏人，值得认真对待……虽然国家、社会已经对此采取了保护行动，但是现代文明是一种时代文明，是全世界的主流文化，其渗透力之大已无法想象。民族要发展、社会要进步都离不开现代文明。现代文化的传播方式也多种多样，如学校教育、传统媒体、现代媒体、生产生活用具等。所以毫不夸张地说，甘宁青地区人们生活的每个角落都充斥着与现代文明相关的东西，就连寺院也在广泛使用电子计算机和互联网。

现代文明的传播领域还将进一步扩展，不适宜于现代的传统文化因子被改造已成为一种趋势。在传统文化的保护中不能一味地认为现代文明与传统文化是相互对立的,应该理性看待传统文化的弱化与丧失。任何民族、任何时代的文化在发展中都要经历取舍与洗礼,某些文化因子的丧失是一种必然现象。传统文化需要在对现代文明的吸纳过程中不断自我改造,在经历了现代文明的洗礼后,或以新的面孔展现,或以新的方式存在。以农业耕作方式为例,随着现代科技的发展,人们已采用机械化的生产工具和劳动技术,既提高了生产效率,也改善了人民的生活水平。以牧民生活为例,随着蒙藏群众生活水平的提高,一些牧民有了越野车,自然不愿意骑马去城镇。

总之,很多民族文化与传统文化在部分领域的衰落与丧失已经成为甘宁青地区多元文化发展过程中的一个必然现象。对于传统文化该保护什么,如何保护需要理性对待,并采取合理的措施。

二 各种传统文化短时间内复兴,良莠不齐现象依然存在

改革开放以来,随着思想领域的开放,各种文化不断兴盛与发展,民族优秀传统文化得以恢复和发展,丰富了人民的精神生活,但是传统文化中一些文化糟粕和庸俗文化现象也趁机抬头,如铺张浪费、封建迷信活动等。

以宗教领域为例,改革开放以来,国家对"文化大革命"时期在民族宗教领域的"左"倾错误进行了拨乱反正,宗教领域的正确方针和政策逐步得到恢复和发展。甘宁青地区各级政府也因此认真贯彻党的宗教信仰自由政策,团结和教育广大信教群众,恢复并成立了伊斯兰教协会、佛教协会、基督教协会、道教协会等各级爱国宗教团体,保障宗教界人士享有充分的参政议政权利,恢复开放宗教活动场所,成立伊斯兰教经学院、佛学院,出版宗教典籍和经典,生产和供应宗教法器等。并积极引导宗教与社会主义社会相适应,依法加强对宗教事务的管理。于是,各种宗教场所建设如火如荼,民间信仰在社会宽容中得以恢复。但是,这一过程中出现了许多不规范现象,如利用这些活动在宗教内部争夺教众、搞迷信活动,不利于社会的和谐稳定。

三 文化的产业化趋势将更加明显,多元文化传承与发展路径逐渐多样化

甘宁青地区地处中国西北,民族众多、文化多元,生活在这里的各数民族创造了与内地不同的文化,这些文化具有丰富的内容、浓烈的地方特色、深厚的文化底蕴、鲜明的民族特点,丰富多彩的民族文化资源

是文化产业化的重要基础。文化的产业化将是弘扬和发展甘宁青地区多元民族文化的路径之一。

尽管甘宁青地区各地的文化产业化尚处于起步阶段，但是一些地方也做了一些尝试。最为明显的是民族文化旅游事业的发展。在旅游开发中，国内外文化消费者对这里的民族文化有了更多的了解，对地方经济发展、少数民族群众生活水平的提高都起到了促进作用。一些地方还举办民族文化节，以推动文化产业化。如青海举行的"青海民族文化旅游节"就是一种向外宣传和展示这里的非物质文化遗产特色，弘扬和挖掘高原特色地域文化和民族文化资源的活动。宁夏2002年开始在银川市永宁县纳家户清真大寺北侧建立的中华回乡文化园，是依托古老的纳家户清真大寺和回族风情浓郁的纳家户村所建，以展示回族、伊斯兰建筑文化、礼俗文化、饮食文化、宗教文化、农耕与商贸文化为特色。主要建筑包括主体大门、中国回族博物馆、回族礼仪大殿、民俗村、演艺大殿、餐饮中心。中华回乡文化园现已经是国家4A级旅游景区、国家级文化产业示范基地、全国民族团结进步模范集体、全国红色经典旅游景区、穆斯林爱国主义教育学习基地、回族非物质文化遗产保护基地。以文化为产业、以旅游为载体的民办公助的文化产业实体，既发掘、抢救、保护、弘扬了少数民族文化，也展示了中国伊斯兰文化、回族文化、中国民族政策建设的成就。

这些活动使甘宁青地区少数民族的一些濒临消失的非物质文化得以传承，增强了少数民族群众对本民族文化的认同感和自尊感，增强了他们的民族自信心，并对本民族文化加以珍视和保护。一些地方的人们穿起了搁置已久的民族服装，制作传统的手工艺品并向游客销售，还出现了产业化的小企业。地方政府也加大对当地非物质文化遗产的挖掘、保护和开发利用，使那些濒临消亡民族文化得以抢救性保护，不仅复兴了民族传统文化，也使濒临消亡的民族文化获得新生。如青海土族的盘绣2006年被列入第一批国家级非物质文化遗产名录；2007年经国家文化部确定，青海省互助土族自治县的李发秀为该文化遗产项目代表性传承人，并被列入第一批国家级非物质文化遗产项目226名代表性传承人名单。互助土族自治县威远镇大寺路村建成了互助第一家土族民俗刺绣厂，该厂有女加工能手72名，主要生产和加工以盘绣为代表的具有土族民族文化特色的宗教文化长卷、婚礼服、唐卡、民族工艺品和装饰品等刺绣产品,通过培训的方式,全县已有2000余名土族妇女基本掌握了具有民族特色的刺绣技法。①随着互助土族自治县旅游业的发展,土族盘绣已经成为游客喜爱的一种旅游纪念品,在一定程度上带动了这种民族传统技艺的传承与发展。

随着地方政府和外来投资者对这里文化资源的重视,文化产业化开发将会成为甘宁青地区发展中的一个亮点,规范的文化产业化企业将会使更多的文化资源和品牌推上市场,这是甘宁青多元文化向外彰显与展示的一个重要路径。

四 民族文化融合更加普遍,民族意识进一步凸显

中华人民共和国成立之前,甘宁青蒙藏地区仍然存在土司制度、部落制度,少数民族都保留着各自独特的民族文化,宗教对蒙族、藏族、回族等民族的影响力十分强大。中华人民共和国成立之后,国家在民族地区实行了民主改革和土地改革,与旧社会相适应的制度被废除,但是长期形成的独特文化仍然不同程度地存在,文化封闭性依然十分明显。

改革开放以来,人口的区域流动、阶层流动明显加快,不同地区之间、不同民族之间、不同文化之间交流互动的领域不断增多、频率不断增强,文化之间的主动渗透和吸纳超过了以往任何时代。随着甘宁青地区现代化的发展,现代文明成为甘宁青地区各族群众广为接受的文化,民族的外在文化特征,如衣食住用行及其他一些生活方式,越来越不明显,日常生活的一体化程度越来越高。在这一背景下,各民族文化危机意识也逐渐觉醒,民族共同体的内在文化特征,如民族意识、价值观念、思维方式、宗教信仰等,不仅没有消失,甚至在某种程度上更加自觉、更为强烈,民族心理认同和民族凝聚力在不断增强。特别是很多少数民族精英的自我民族归属感非常强烈,十分关注本民族的发展。这一民族意识的凸显,能够唤起民族文化自觉,对于保护自己文化灵魂有难以估量的精神力量。正如费孝通先生所讲:"一个民族的共同心理,在不同时间,不同场合,可以有深浅强弱的不同。为了要加强团结,一个民族总是要设法巩固其共同心理。……强调一些有别于其他民族的风俗习惯、生活方式上的特点,赋予强烈的感情,把它升华为代表这民族的

---

① 《声名远播的青海土族盘绣》,《青海日报》2014年2月7日第11版。

标志。"①

五 国外各种思潮不断进入，增加甘宁青地区民族与宗教问题的复杂性

在全球一体化的大背景下，各国之间的经济、文化交往日益紧密，世界各国都受益于现代社会的发展，甘宁青地区也因此而受益。随着我国"一带一路"战略的深入实施，甘宁青地区将与欧亚大陆国家联系更加紧密，如自 2010 年开始在宁夏首府银川举行一年一次的"中阿经贸论坛"，以及"中阿交流协会"等非营利组织的成立，一定程度带动了甘宁青地区与穆斯林国家的经济文化往来，促进了当地经济社会的发展。但是，由于甘宁青地区特殊的民族宗教特点，中东、中亚、东南亚等地的宗教思潮也不断向这里渗透，对甘宁青地区民族宗教方面的影响也值得关注，并应做出应对措施。以伊斯兰教为例，随着与国外穆斯林国家交往的便利，甘宁青地区很多宗教人士出国学习宗教知识，会将一些新思潮带入甘宁青地区，在丰富和发展伊斯兰教知识的同时也很可能增加伊斯兰教派内部的复杂性。

同时，一些西方国家也以文化交流、扶贫开发、捐资助学等方式与甘宁青地区进行多层次、多方位的交流。在这些活动中西方发达国家往往凭借其优势国力，不断向中国输出其文化，进行文化殖民活动，既包括西方的宗教文化思想，也包括政治学说。在宗教领域，近年来，基督教天主教在甘宁青地区广泛传播，信教人数不断增加。一些境外基督教组织常以"民间组织"的身份出现在各种场合，借助公益活动以及文化交流的方式进行宗教渗透和宗教传播。甘宁青地区是一个民族众多、宗教问题复杂的地区，少数民族都有自己传统的宗教信仰，绝大多数人对传统宗教信仰十分虔诚。但是，近些年来，基督教开始在甘宁青少数民族中传播，对当地社会稳定产生的负面影响值得警惕。

另外，在与国外的交流中，西方各种马克思主义流派、社会主义思潮不仅会以学术流派形式进入中国，而且试图演化为一种政治学说来影响我国的政治稳定，图谋引发中国版的"颜色革命"。这些思潮融合西方的民主、平等、三权分立等政治学说，将中国的国家体制予以对立，称为"集权体制"，忽视中国民主人权建设的成果，试图宣传他们所谓

---

① 费孝通：《费孝通民族研究文集》，民族出版社 1988 年版，第 174 页。

的民主与人权，有一定欺骗性。

总之，甘宁青地区社会问题复杂，西方各种社会思潮对各阶层人们的影响，必然会对社会稳定产生负面影响。如何切实维护人民群众的合法、合理要求，加强反腐制度建设提高执政能力建设，对甘宁青地区的基层工作提出了更高的要求。若对简单的社会问题处理不当，极易诱发群体性事件，若群体性事件中夹杂着民族因素，则会增加地方政府维稳的成本和难度。

第三节 促进甘宁青地区多元文化发展建议

当前，我国民族地区在发展中遇到了许多问题，对民族地区的稳定发展带来了挑战。处理好这些问题，不仅仅要有好的政策、先进的执政理念和社会治理能力，还应从民族地区社会运行机制中寻找善治的良方。在文化方面，要尊重民族地区的文化多元性，探讨多元文化和谐运行的内在机理，尊重不同文化的生存空间、发展权利。在文化建设中既要坚持主流引领，又要推进多元共生，两者不能偏废，以多元文化的协调对话为基础，广泛开展文化交流，在文化之间的交流对话中形成多元共存、相互尊重、相互兼容、取长补短、共同繁荣的文化发展态势。具体而言，需要政府和社会各界做好以下几个方面的工作。

一 坚持马克思主义在思想阵地领域的主导地位

随着国外各种思潮的传入，多党制思想、政党轮替思想、民主社会主义思想、西方的民族自主自决思想等不断传入，加之国外敌对势力对我国政治体制、意识形态的歪曲，一些不明真相的群众很容易被蛊惑。因此，要在思想阵地领域毫不动摇地坚持马克思主义。同时要让最广大人民群众享受到改革发展带来的成果，感受到国家的富强和希望、社会的公正与和谐。另外，在党员干部中进行马克思主义的教育，使其处理问题时真正做到想群众所想、急群众所急，坚持实事求是的态度。对事关群众切身利益的事情，一定要耐心细致地做工作。在实际工作中要坚持"吃亏了政府，赢得了民心；安定了社会，巩固了政权"的原则。

二 文化保护与产业开发有机结合

甘宁青地区文化多元、民族多样，这些文化没有优劣之分，都有发展的权利。在一个开放包容的社会中，只要是能够促进社会发展进步，有利于不同群体之间和睦相处的文化，就有存在的价值。文化之不同如人之面孔，只存在一种文化体系的社会是畸形的。文化的多样性和生物界的多样性一样，保护了与主流文化不同的文化，也就是保护了主流文化自身，自然会促进主流文化的发展。应该充分"认识到文化多样性已是人类的共同遗产，应当为了全人类的利益对其加以珍爱和维护"。保护文化多样性已是人类的共识，包括我国在内的世界各国都在为保护人类文化的多样性而努力。国内一些学者对此进行了探讨，国家也出台了一些措施，比如，《国务院办公厅关于加强我国非物质文化遗产保护工作的意见》（国办发〔2005〕18号），中华人民共和国文化部颁布实行的《国家级非物质文化遗产保护与管理暂行办法》。国家还决定从2006年起，每年6月的第二个星期六为我国的"文化遗产日"。

表8－1 国家颁布的四批国家级非物质文化遗产名录（甘宁青部分）

序号	项目名称	申报地区或单位	名录	领域
1	土族盘绣	青海省互助土族自治县	1	传统美术
2	庆阳香包绣制	甘肃省庆阳市		
3	夜光杯雕	甘肃省酒泉市		
4	临夏砖雕	甘肃省临夏县		
5	塔尔寺酥油花	青海省湟中县		
6	热贡艺术	青海省同仁县		
7	灯彩（湟源排灯）	青海省湟源县		
8	石雕（泽库和日寺石刻）	青海省泽库县	2	
9	藏文书法（果洛德昂洒智）	青海省果洛藏族自治州		
10	湟中堆绣	青海省湟中县		
11	传统箭术（南山射箭）	青海省乐都县	2	传统体育、游艺与杂技
12	赛马会（玉树赛马会）	青海省玉树藏族自治州		
13	土族轮子秋	青海省互助土族自治县		

续表

序号	项目名称	申报地区或单位	名录	领域
14	回族医药（张氏回医正骨疗法、回族汤瓶八诊疗法）	宁夏回族自治区吴忠市、银川市	2	传统医药
15	加牙藏族织毯技艺	青海省湟中县	1	传统技艺
16	藏族金属锻造技艺（藏刀锻制技艺）	青海省玉树藏族自治州	2	传统技艺
17	砚台制作技艺（洮砚制作技艺）	甘肃省卓尼县、岷县		
18	陶器烧制技艺（藏族黑陶烧制技艺）	青海省囊谦县		
19	毛纺织及擀制技艺（东乡族擀毡技艺）	甘肃省东乡族自治县		
20	保安族腰刀锻制技艺	甘肃省积石山保安族东乡族撒拉族自治县		
21	兰州黄河大水车制作技艺	甘肃省兰州市		
22	撒拉族篱笆楼营造技艺	青海省循化撒拉族自治县		
23	窑洞营造技	甘肃省庆阳市		
24	银铜器制作及鎏金技艺	青海省湟中县	3	
25	藏族鎏钴技艺	青海省	4	
26	古建筑修复技艺	甘肃省永靖县		
27	河西宝卷	甘肃省武威市凉州区、酒泉市肃州区	1	民间文学
28	格萨（斯）尔	甘肃省		
29	米拉尕黑	甘肃省东乡族自治县		
30	康巴拉伊	青海省治多县	2	
31	汗青格勒	青海省海西蒙古族藏族自治州		
32	藏族婚宴十八说	青海省		
33	阿尼玛卿雪山传说	青海省果洛藏族自治州	3	
34	骆驼泉传说	青海省循化撒拉族自治县	4	
35	回族民间故事	宁夏回族自治区泾源县		
36	祁家延西	青海省互助土族自治县		

续表

序号	项目名称	申报地区或单位	名录	领域
37	藏族拉伊	青海省海南藏族自治州	1	传统音乐
38	唢呐艺术	甘肃省庆阳市	1	传统音乐
39	回族民间器乐	宁夏回族自治区	1	传统音乐
40	裕固族民歌	甘肃省肃南裕固族自治县	1	传统音乐
41	花儿（莲花山花儿会、松鸣岩花儿会、二郎山花儿会、老爷山花儿会、丹麻土族花儿会、七里寺花儿会、瞿昙寺花儿会、宁夏回族山花儿会）	甘肃省康乐县、和政县、岷县；青海省大通回族土族自治县、互助土族自治县、民和回族土族自治县、乐都县；宁夏回族自治区	1	传统音乐
42	藏族民歌（华锐藏族民歌、甘南藏族民歌、玉树民歌）	甘肃省天祝藏族自治县、甘南藏族自治州、青海省玉树藏族自治州	1	传统音乐
43	回族宴席曲	青海省门源回族自治县	1	传统音乐
44	藏族扎木聂弹唱	青海省海南藏族自治州	2	传统音乐
45	佛教音乐（拉卜楞寺佛殿音乐道得尔、青海藏族唱经调、北武当庙寺庙音乐）	甘肃省夏河县、青海省兴海、宁夏回族自治区平罗县	2	传统音乐
46	道教音乐（清水道教音乐）	甘肃省清水县	2	传统音乐
47	汉族民间小调	青海省西宁市	3	传统音乐
48	撒拉族民歌	青海省循化撒拉族自治县	4	传统音乐
49	高跷（苦水高高跷）	甘肃省永登县	1	传统舞蹈
50	兰州太平鼓	甘肃省兰州市	1	传统舞蹈
51	锅庄舞（玉树卓舞）	青海省玉树藏族自治州	1	传统舞蹈
52	土族於菟	青海省同仁县	1	传统舞蹈
53	鼓舞（凉州攻鼓子、武山旋鼓舞）	甘肃省武威市、武山县	2	传统舞蹈
54	多地舞	甘肃省舟曲县	2	传统舞蹈
55	巴郎鼓舞	甘肃省卓尼县	2	传统舞蹈
56	藏族螭鼓舞	青海省循化撒拉族自治县	2	传统舞蹈
57	则柔（尚尤则柔）	青海省贵德县	2	传统舞蹈
58	藏族螭鼓舞	青海省循化撒拉族自治县	2	传统舞蹈
59	巴当舞	甘肃省岷县	3	传统舞蹈
60	安昭	青海省互助土族自治县	3	传统舞蹈
61	锅哇（玉树武士舞）	青海省玉树藏族自治州	4	传统舞蹈

续表

序号	项目名称	申报地区或单位	名录	领域
62	土族纳顿节	青海省民和回族土族自治县	1	传统民俗
63	太昊伏羲祭典	甘肃省天水市		
64	热贡六月会	青海省同仁县		
65	土族婚礼	青海省互助土族自治县		
66	撒拉族婚礼	青海省循化撒拉族自治县		
67	回族服饰	宁夏回族自治区	2	
68	土族服饰	青海省互助土族自治县		
69	裕固族服饰	甘肃省肃南裕固族自治县		
70	青海湖祭海	青海省海北藏族自治州		
71	撒拉族服饰	青海省循化撒拉族自治县		
72	藏族服饰	青海省玉树藏族自治州、门源回族自治县		
73	元宵节（永昌县卍字灯俗、九曲黄河灯俗）	甘肃省永昌县、青海省乐都县		
74	民间信俗（西王母信俗）	甘肃省泾川县		
75	抬阁（芯子、铁枝、飘色）（庄浪县高抬、湟中县千户营高台、隆德县高台）	甘肃省庄浪县、青海省湟中县、宁夏回族自治区隆德县		
76	婚俗（裕固族传统婚俗、回族传统婚俗）	甘肃省张掖市、宁夏回族自治区		
77	兰州鼓子	甘肃省兰州市	1	传统曲艺
78	青海平弦	青海省西宁市	2	
79	青海越弦	青海省西宁市		
80	青海下弦	青海省		
81	秦安小曲	甘肃省秦安县		
82	河州平弦	甘肃省临夏市	3	
83	宁夏小曲	宁夏回族自治区银川市	4	
84	曲子戏（敦煌曲子戏、华亭曲子戏）	甘肃省敦煌市、华亭县	1	传统戏剧
85	道情戏（陇剧）	甘肃省		
86	藏戏（黄南藏戏）	青海省黄南藏族自治州		
87	皮影戏（环县道情皮影戏）	甘肃省环县		
88	武都高山戏	甘肃省陇南市	2	
89	通渭小曲戏	甘肃省定西市	3	

但是，在市场经济条件下，不能带来经济效益的传统文化传承难以为继，简单保护显得苍白无力。当前，以文化产业形式促进传统文化的保护与复兴已经成为一种趋势。这种保护和适度的产业开发结合起来，让文化不断创新，以不同方式展演，既可以促进少数民族的经济发展，也使濒临消失的文化固化下来，成为生活中的一部分。

表 8-2　国家级非物质文化遗产名录推荐扩展项目（甘宁青部分）

序号	项目名称	申报地区或单位	名录	领域
1	佛教音乐（塔尔寺花架音乐）	青海省湟中县	3	传统音乐
2	花儿（张家川花儿）	甘肃省张家川回族自治县	4	
3	蒙古族民歌	青海省海西蒙古族藏族自治州		
4	藏族民歌（藏族酒曲）	青海省海南藏族自治州		
5	曲子戏	甘肃省白银市	3	传统戏剧
6	藏戏（南木特藏戏）	甘肃省甘南藏族自治州	4	
7	秦腔	宁夏回族自治区		
8	皮影戏（通渭影子腔）	甘肃省通渭县		
9	剪纸（会宁剪纸）	甘肃省会宁县	3	传统美术
10	剪纸（定西剪纸、回族剪纸）	甘肃省定西市、宁夏回族自治区	4	
11	砖雕（固原砖雕）	宁夏回族自治区固原市		
12	女娲祭典（秦安女娲祭典）	甘肃省秦安县	3	传统民俗
13	民间信俗（岷县青苗会、同心莲花山青苗水会）	甘肃省岷县、宁夏回族自治区同心县	4	
14	藏族服饰	青海省海南藏族自治州		
15	砚台制作技艺（贺兰砚制作技艺）	宁夏回族自治区银川市	3	传统技艺
16	碉楼营造技艺（班玛藏族碉楼营造技艺）	青海省班玛县		
17	生铁冶铸技艺	甘肃省永靖县	4	
18	地毯织造技艺（天水丝毯织造技艺）	甘肃省天水市秦州区		
19	滩羊皮鞣制工艺（二毛皮制作技艺）	宁夏回族自治区		
20	藏医药（藏医放血疗法）	青海省	4	传统医药
21	回族医药（陈氏回族医技十法）	宁夏回族自治区吴忠市		

在文化产业化开发中，要科学合理保护开发民族文化资源，考虑文化的传承性和承载力，不能一味追求经济效益忽视文化的可持续发展。弘扬和发展各民族传统文化，要防止在文化开发中将民族传统文化庸俗化倾向，使原本纯真和神圣的文化发生了走样。同时也要防止外来文化对当地少数民族文化形态、生活方式及价值观念带来的冲击。一个民族区别于其他民族最重要的标志就是本民族的传统文化。任何民族文化都包含隐性文化和显性文化两个方面，彼此独立又相互作用。外在的显性文化成分消失，在一定程度上也会对民族文化的内涵和基因构成威胁。而当一个民族发现本民族外在的显性文化濒临消亡时所产生的民族情感和民族意识往往会具有很强的反弹性，这对于各民族文化多元化发展和民族地区的稳定和谐极为不利。

三　加快甘宁青地区经济社会发展的步伐

改革开放 30 多年来，甘宁青民族地区经济社会发生了巨大变化。但是还要看到，甘宁青地区的发展离人民群众的期望还有一定的距离，城乡差别、地区差别、发展的不平衡问题依然存在。近年来实施的西部大开发战略给甘宁青地区带来了深远的影响，三省区经济迅速发展，人们生活水平不断提高，基础设施得到了改善。但是在甘宁青，还有"三西"贫困地区，有好多发展迟缓的牧区，有许多城市新贫困阶层，这些地区、这些群体面临的实际问题层出不穷，生产生活条件仍然十分艰苦。放眼全国，甘宁青地区与东部发达地区的经济社会发展差距不是缩小了，而是越拉越大。经济总量偏小、社会发育程度迟缓、发展速度慢、发展质量低，导致社会不稳定因素增多。因此发展不足、发展不当、发展不协调依然是甘宁青地区发展中存在的重要问题。

从表 8-3 可以看出，甘宁青三省的 GDP 与东部几个发达省市的 GDP 存在巨大差距。一些省市的 GDP 甚至是甘宁青三省 GDP 总和的数倍，且在发展中这种倍数的缩小状况并不明显。可以说，甘宁青民族地区的发展不仅仅是社会问题，也是经济问题，更是政治问题，不仅仅是局部问题，而是事关国家发展的全局问题。少数民族地区的发展和少数民族的发展是我国民族关系的主题，加快少数民族和民族地区发展，是中国共产党民族政策的基本出发点和归宿，是社会主义本质要求在民族工作上的体现，是现阶段民族工作的重要任务。

就广义而言，少数民族的发展和民族地区的发展包括经济、政治、

表 8-3 2010 年以来甘宁青三省区 GDP 总量与东部主要省市的比较

年份	省份	GDP（亿元）	约是同期甘宁青三省区之和的倍数
2010	上海	17165.98	2.4
	浙江	27722.31	3.87
	山东	39169.92	5.47
	江苏	41425.48	5.79
	广东	46013.06	6.43
	甘宁青三省区	7160.83	
2011	上海	19195.69	2.19
	浙江	32318.85	3.69
	山东	45361.85	5.18
	江苏	49110.27	5.61
	广东	53210.28	6.08
	甘宁青三省区	8757.3	
2012	上海	20181.72	2.04
	浙江	34665.33	3.51
	山东	50013.24	5.06
	江苏	54058.22	5.47
	广东	57067.92	5.77
	甘宁青三省区	9885.03	
2013	上海	21602.12	1.98
	浙江	37568.49	3.44
	山东	54684.33	5
	江苏	59161.7	5.41
	广东	62163.97	5.67
	甘宁青三省区	10934.12	
2014	上海	23560.9	1.98
	浙江	40153.5	3.38
	山东	59426.6	5
	江苏	65088.3	5.47
	广东	67792.2	5.7
	甘宁青三省区	11888.5	

资料来源：各省市区历年统计年鉴。

文化、教育、医疗卫生等社会生活的各个方面。当前，国家要着力解决少数民族和民族地区发展中遇到的困难和问题，切实提高民族地区的生产力水平，缩小与内地发达地区的差距。民族地区存在的矛盾和问题，归根结底要在发展经济的基础上来解决。要千方百计地加快民族地区经济发展，逐步缩小民族之间的发展差距，逐步实现各民族共同繁荣。

我国民族之间在经济和社会发展上的差距是历史遗留下来的。在发展社会主义市场经济过程中，少数民族地区由于原有基础薄弱，在某一段时期内，同发达地区的发展差距还可能有拉大的趋势。加快少数民族地区经济发展和社会进步，对于增强民族团结，促进全国的社会主义现代化建设，具有极为重要的意义。与东部地区的发展差距如果长期得不到缩小，就容易在民族交往中产生不平等，甚至导致民族之间心理失衡，这对于民族关系的和谐和民族地区的稳定极为不利。加快少数民族和民族地区经济文化等各项事业的发展，促进各民族的共同繁荣，是民族地区经济社会发展的客观要求，是少数民族干部群众的共同愿望，也是实现各族人民共同富裕、解决民族问题的根本途径。

因此，在新的历史时期，国家要把促进甘宁青地区的发展放到全国构建和谐民族关系和中华民族伟大复兴的大局中来通盘考虑。党和国家应该从利益上更多地考虑或照顾少数民族和民族地区的利益，借助第二次西部大开发、国家新型城镇化战略、国家"一带一路"建设的重大历史机遇，千方百计支持和帮助少数民族地区的发展，帮助少数民族改善生活。同时也要防止征地、拆迁、资源开发以及土地调整等热点问题成为引发民族地区群体性事件的导火索，从而影响国家的稳定与发展。

四 尊重其他民族的传统文化，特别是风俗习惯

民族风俗习惯是指各民族在服饰、饮食、居住、生产、婚姻、节庆、娱乐、丧葬、礼仪等生产和生活方面广泛流行的喜好、风气、习尚和禁忌等。民族风俗习惯是在民族发展过程中逐渐形成的，在不同程度上反映着一个民族的生产生活方式、历史传统和心理感情。

甘宁青地区少数民族众多，每个民族都有其独特的风俗习惯。在日常生活中，必须尊重各民族风俗习惯，才能切实维护民族团结。在现实生活中，由于不了解或不尊重少数民族风俗习惯等原因，引发民族问题的案件比比皆是。这就要求宣传、民族、新闻出版、文化等工作部门制定具体措施，在新闻出版和文艺工作中切实尊重少数民族的风俗习惯，认真贯彻党的民族政策，正确对待民族关系，严禁在各类出版物、网络媒体、广播、影视、音乐、戏曲和其他宣传活动中出现歧视和侮辱少数民族、侵犯少数民族风俗习惯、伤害民族宗教感情、煽动民族分裂、破坏民族团结的内容。

  一些商家由于缺乏必要的民族宗教文化常识与国家法律法规意识，不尊重少数民族尤其是穆斯林的风俗习惯，如未获民族宗教部门认定而随意使用清真标志、在食品存储与配送流程中未将清真食品与非清真食品分开，常常引发涉及民族因素的社会矛盾。2012 年，宁夏中卫市一汉族冒充回族经营清真早餐店，引发穆斯林群众的强烈不满，因市民族工作部门的及时处理才避免一场较大的冲突。2013 年，兰州市在联合执法检查组中，强行拆除不符合清真食品经营许可且私自悬挂清真标识的"保三汤牛肉面"餐馆的所有清真标志；对不符合清真食品经营许可但私自悬挂清真标识的"黄河宫"餐饮做出"限于当日拆除店内外所有清真标志，责令取消清真食品经营资格，限期整改"的通知。2015 年 5 月 1 日下午，青海省西宁爱里食品有限公司在为东关店配送食品原材料时，将独立包装的清真食品与独立包装的非清真食品同车运送，被人发现后引发若干不法分子对一家门店的打砸，同时此事在网络以不实消息迅速传播为非穆斯林生产销售"假清真食品"案件。此事发生后，西宁市市委、市政府成立联合调查组，展开全面调查，发现经营者均为青海籍回族，有个体工商户营业执照、清真食品生产经营许可手续和清真标志，该店自产自销，不存在生产、出售非清真食品的情况，引发此事的原因在于提供原材料西宁爱里食品虽有专用的清真食品仓库且原材料具有清真监制标志，但在配送中存在与独立包装的非清真原料同车运送情况，违反了《青海省清真食品生产经营管理条例》。虽然事后对管理部门、经营企业进行了处罚，对违法犯罪人员依法做出了处理，但相关企业缺乏应有的尊重少数民族风俗习惯和国家法律法规的意识，仍然值得引起我们的深入反思。2015 年 9 月底，银川市在开展节前市场食品安全专项检查中，执法人员共对 12 户擅自悬挂"清真"标识的经营户下发了责令整改通知书，督促办证 163 家，对 13 家超市将清真食品与非清真食品混放的行为予以现场纠正，拆除擅打清真标志餐饮单位广告牌 201 处。①

在多民族共同生活的时空场域中，减少不同民族文化调适过程中的激烈冲突，需要不同民族成员之间互相尊重彼此的传统文化，理解彼此民族风俗习惯中的禁忌。特别是在主流民族文化氛围浓厚、现代化高速发展的当代社会，少数民族常常会有文化安全缺失感，更加在意自己传统文化能否得以传承、民族风俗习惯是否被尊重。一旦民族风俗习惯被恶意侵犯，就会引起少数民族成员的激烈反应，轻则引起民族成员个体之间的摩擦，重则出现影响民族关系或社会问题的群体性事件。尊重少数民族传统文化，尤其民族风俗习惯，对于实现多民族国家的富强、民主、文明具有重要意义。

综上所述，随着国家"一带一路"建设的推进、西部大开发"十三五"规划的实施、甘宁青地区城市化与现代化的发展，甘宁青地区文化多元化的趋势将更加明显。国内与国外文化、传统文化与现代文化、汉族文化与少数民族文化、城市文化与农牧区文化之间的冲突与竞争持续上演。不同文化之间的摩擦与冲突在特定时期和特定区域还会以不同的模式出现，会对承载这些文化的各民族之间的关系产生一定影响。甘宁青地区多元文化发展与和谐民族关系构建依然是当前值得关注的重要话题。

---

① 束蓉：《银川开展食品安全专项检查 12 家擅自挂"清真"标识商户被整改》，《银川日报》2015 年 9 月 30 日第 3 版。

后　　记

本书是在本人主持的国家社会科学基金项目"甘宁青地区多元文化发展与和谐民族关系构建研究"（08CSH024）及江苏师范大学博士学位教师科研支持项目"民国以来的人口迁移与甘宁青地区民族居住格局的发展演变研究"（11XWR01）结项成果的基础上修改完善而成的。

甘宁青地区是中华文明的主要发源地之一，生活在此的各个民族对中华文明的发展与传播、我国疆土的拓展与巩固、中华民族多元一体格局的建构做出了重要贡献，蕴藏着宝贵的民族学研究资源。2008年以来在国家社会科学基金项目的资助下，我开始了关于甘宁青地区多元文化和民族关系的田野调查。在田野调查过程中，每一次看到藏传佛教寺院僧俗群众虔心向佛的场景，听到伊斯兰清真寺唤醒楼传出的诵经声，无不震撼着我的心灵。农牧民家里醇香美酒中蕴含着的情意、清香盖碗茶中散发出的真诚让人感受到这里风土人情中的豪爽与质朴。草原上闪动的羊角让"羌"字立马呈现脑海。耳边传来的声声"花儿"也让人仿佛看见远来的驼队……

感谢上苍的眷恋，让我有幸能行走在这片"乡土"上，并用民族学方法和视角将她的历史与现实呈现给学界。

感谢为我提供广泛而真实的一手资料的甘宁青地区各族兄弟姐妹，感谢在我收集研究文献资料时提供各种帮助的甘宁青地区各级政府部门、各地图书馆和档案馆工作人员。

感谢丈夫张俊明，作为课题组主要成员的他与我携手在田野中发掘学术研究资源，与我探讨学术观点，帮我收集、整理研究资料。

感谢一直以来给予我指导和帮助的兰州大学西北少数民族研究中心各位老师，感谢在教学与科研方面给我提供支持的江苏师范大学各级领导和各位同事。

感谢"江苏师范大学哲学社会科学优秀学术著作出版基金"为本

书提供出版经费资助,感谢中国社会科学出版社经济与管理出版中心主任卢小生编审为本书出版付出的艰辛劳动。

最后,这部著作所用资料涉及考古学、历史学、民族学等各个学科,由于学识有限,书中所提观点仅是一家之言,希望能抛砖引玉。不足之处,敬请各位读者批评指正。

刘有安

2016 年 3 月 31 日